新版
北海道の山と谷

大雪・十勝連峰
夕張山地・増毛山地・道北

3

山と谷作成会議

目　次

- 目　次……………………………………2
- 第3巻の内容について………………4
- 収録している山域、分野………………4
- 本書の責任及び注意点………………5
- アプローチの確認………………………5
- 記号と用語………………………………6
- 所要タイム………………………………6
- 難易度、グレード評価…………………6
- 新版北海道の山と谷作成会議………9

大雪山………………………………10
大雪山・表大雪……………………11
- 旭岳…………………………………13
- 北鎮岳・比布岳・愛別岳…………17
- 黒岳…………………………………23
- 凌雲岳・上川岳……………………30
- 白雲岳………………………………32
- 化雲岳………………………………40
- 小化雲岳……………………………41
- トムラウシ山………………………43
- 沼ノ原〜トムラウシ山……………54
- 三川台〜トムラウシ山……………56
- 層雲峡の氷瀑群……………………60
- 天人峡の氷瀑………………………72

東大雪………………………………76
- 石狩岳・音更山……………………78
- 三国山………………………………86
- 西クマネシリ岳・ピリベツ岳……88
- クマネシリ岳………………………89
- ニペソツ山…………………………90
- ウペペサンケ山……………………99

北大雪………………………………104
- 武華山………………………………106
- 武利岳………………………………109
- 支湧別岳……………………………114
- ニセイチャロマップ岳……………116
- 屏風岳………………………………117
- ニセイカウシュッペ山……………120
- 平山・比麻奈山・比麻良山………134
- 有明山・天狗岳……………………135

大雪山系の縦走路…………………140
- 黒岳・旭岳〜トムラウシ山………141
- 五色岳縦走路〜石狩連峰…………146
- 十勝連峰〜トムラウシ山…………148
- 大雪山冬期の縦走…………………151

十勝連峰……………………………153
- 十勝岳………………………………155
- 三段山………………………………158
- 上ホロカメットク山………………161
- カミホロカメットク山・
  　安政火口周辺の登攀……………164
- 八手岩………………………………167
- 化物岩………………………………169
- 上ホロ正面壁………………………171
- 富良野岳……………………………179
- 下ホロカメットク山………………187
- 境山…………………………………189
- 美瑛岳………………………………190
- 美瑛富士……………………………195
- オプタテシケ山……………………198
- 北西面の登攀ルート………………202

夕張山地 205

- 夕張岳 207
- 吉凶岳 215
- 鉢盛山 216
- 1415m峰（夕張マッターホルン） 222
- 芦別岳 224
- ユーフレ川本谷右岸の稜とルンゼ 236
- 夫婦岩 243
- γルンゼ左股奥壁 252
- 芦別岳頂上西壁 256
- 夕張中岳 259
- 槙柏山 261
- 中天狗 262
- 幾春別岳 264
- 夕張山地の縦走 265

増毛山地 267

- 暑寒別岳 269
- 群別岳 278
- 奥徳富岳 285
- 浜益岳 287
- 浜益御殿 292
- 雄冬山 294
- 知来岳 298
- 南暑寒岳 301
- 恵岱岳 304
- ピンネシリ 305
- 神居尻山 307
- 隈根尻山・樺戸山 308
- 雄冬大壁 313
- 増毛山地海岸の氷瀑 316

道北 320

北見山地 321

- チトカニウシ山 324
- 雄柏山 330
- 北見富士 331
- 天塩岳 333
- 天塩富士 338
- 渚滑岳 339
- ウエンシリ岳 340
- 函岳 345
- ポロヌプリ山 347
- 珠文岳 349

天塩山地 351

- 三頭山 354
- 釜尻山 358
- ピッシリ山 360
- 鬼刺山 365

利尻山 369

- 利尻山北峰 371
- 利尻山の登攀ルート 374
- 利尻山西壁 383
- 利尻山東壁 391

神居岩 395

- 利用できる山小屋一覧 401
- 沢グレード別検索 403
- 積雪期グレード別検索 406
- 3巻の編集を終えて 408
- 「北海道の山と谷」作成会議 411
- 記事・写真等を
  　　　提供協力していただいた方 411
- 参考文献 411

第3巻の内容について

　やっと最終巻を刊行した。各巻はページ数、地域等を勘案の上公平に分けたつもりだったが結果として第3巻が最もバラエティに富んだ内容になったようだ。この本のルート解説は最新の情報（2019年時点）であり、今まであまり知られていなかった山やルートが数多く収録されている。

　大雪エリアは沢のルートの多さに加えて、アイスクライミングでも新たに天人峡エリアが収録された。この地域はクライミング以外の自然に対する危機回避の能力も同時に求められる。東、北大雪はルート数が格段に多くなり、登攀関連ではニペソツ山東壁が新たに紹介をしている。夕張山地はメインの夕張岳、芦別岳に加えその周辺で今まであまり紹介されていなかった魅力的な山々を収録している。増毛山地は従来のルートに加え魅力的な沢と冬季のルートを大幅に増やしている。3巻の中でも道北は特筆すべきと思われる。ほとんど知られていなかった魅力あふれる山々を多く紹介していて、その山深い原始性と共に北海道らしい山を満喫できるに違いない。現在はネットで簡単にルート情報が入手できる時代になり、手軽でポピュラーなルートの情報はたくさんアップされている。これらの情報はアップした人の実力で内容が大きく異なるため判断に迷う事が多い。この本も前刊同様に「詳しくないが、必要なことは書いてあるガイドブック」をコンセプトに作成されている。登山者にはルートの存在とおおよそのグレードが分かれば十分であり、後は自分と仲間の力で困難に対処して解決してゆくのが登山の大きな楽しみというものなので、詳しいルートの解説（遡行図も含む）等は極力避けるようにしている。

　崿山の自然保護　崿山（きりぎしやま）を知っているだろうか。以前は登山道があったのだが現在は自然保護のため入山が制限されているので、この本には収録していない。崿山自然保護協議会が行っている行政（森林管理局・北海道）を巻き込んだ自然保護はとてもユニークな取り組みである。登山者を入山させない自然保護は全国でもここだけかと思える。この取り組みは法律に基づいた入山規制では無いのが特徴で、保護協議会が一般の入山者に対して「入山自粛のお願い」を呼び掛けている。始めてから20年という歳月が過ぎて保護の成果も上がってきていると聞いているが、しかし鹿の食害にも頭を悩ませているという。

収録している山域、分野

　本書の対象読者は夏道の登山から一歩出て、夏の沢、冬の雪稜、アイスクライミング、アルパインクライミング等の一般に言う「登山」を目指す方々に向けてのガイドブックである。夏道（登山道）を歩く登山については本書の中では簡単な紹介にとどめている。

　フリークライミング、ボルダリングは今や登山とは違った全く新しいスポーツの分野として確立されているので本書では触れていない。アイスクライミングでは新たに天人峡のエリアを紹介している。スケールが大きく気象、積雪状況にも左右されるルートで、ぜひ再登のニュースを聞きたいものだ。また今回、神居古潭のミックスクライミングエリアの紹介をしている。このエリアは日本を代表しているレベルなので、興味のある方はトライしてはいかがだろうか。ミックスクライミングエリアはそれ以外に千代志別エリアがあるのだが、事情があって本書では紹介していない。沢のルートはその沢がピークに突き上げているか、ピーク近くの稜線に出るルートを収録していて、途中の尾根筋に出る枝沢はほとんど収録していない。沢登りは沢であれば何でもよいわけでは無い。登って面白いと評価される沢を基本に紹介している。

冬季はどこでもルートになる季節でもある。本書では一般に登られているルート、より安全の高いルートを紹介している。昨今流行りのBC（バックカントリー）の滑走目的の急斜面、シュート等は登山とは目的が異なるので紹介していない。しかし、北海道ではスキー滑降の楽しみも重要である。本書で紹介している増毛山地、道北の山々は気象条件は厳しくても、素晴らしい深雪と疎林の大斜面が数多くある。ぜひ多くの山を登って楽しんでいただきたい。また、本書のルートに拘らず、自分で地図からルートを探して独自のルートを登るのも登山の楽しみを大きく広げ、より充実した登山となるだろう。

本書の責任及び注意点

　本書の収録分野は登山のコース、ルートの全ての登山の分野を網羅して収録している。それ故に、本書を利用されて山に向かう諸兄の実力も多岐にわたると思われるので、本書の使用にあたって著者、編者の責任を明確にすると共に注意点を挙げておきたい。

　我々はこの本を作成するにあたって現地に行き、実際に登った記録を元にして間違いのないことを期したつもりだが、同時に本書に正確ではない部分が含まれるであろうことも承知している。そのうえで、本書の中の誤謬、脱落、誤った記述等により読者諸君が受けるであろう思いがけない不利益や事故等について、著者、編集者一同は何らの責任を負うものではないことを記しておきたい。登山というものは登山者自身の責任において行われる行為であり、ケガや場合によっては死亡する可能性のある危険な遊びである。それゆえ、登山者は登山中に生じるすべての危険や困難に対して自分自身の能力と経験、責任に基づいて対応しなければならない。本書は出版時前後の時期における登山ルートの情報紙であって、それは安全な登山の為の情報では無いことに留意されたい。読者諸兄は自分の実力を正確に把握すると共に、安全登山を心掛け、実力以上のルートをトライするときは入念な準備の上実行し、できれば、力のあるリーダーの元に山行されることが望ましい。それと同時に、冬期登山、クライミング等の事故への補償、遭難救助費用も併せてカバーする保険に加入することをお勧めする。

　「登山」の世界に踏み込もうと考えたなら、それを大事に育てる為にしっかりした山岳会に入会することもお勧めする。わずかな会費で大勢の仲間と、多くの山行の機会と、技術向上の場まで用意してある山岳会を利用しない手はない。大概の山岳会は全くの新人でも山の知識を覚えながら、楽しんで向上できるシステムを持っているものである。

アプローチの確認

　登山道のアプローチには多くの場合林道を使う。森林管理署（旧営林署）が事業用に開削した林道は山奥深くまで延びていて、登山者はその恩恵を被っている。林道の主な目的は森林の管理、伐採、砂防工事等にあり、その目的が終わると放置される事も多いが、新たな事業の発生と共に再整備されることもある。林道は近年の異常気象の影響もあり2016年には特に大規模な水害に見舞われ、その復旧工事も手を付けたところ、付ける予定の無いところと状況は様々である。それに加えて毎年の雪崩、降雨等で季節ごとにアプローチ状況は変化している。工事中は入山を制限されることもあるので所轄の官庁、地方自治体へ確認の上入山されたい。

記号と用語

　所要タイムの中で「**h」とあるのは「**時間」の意である。同様に「**d」とあるのは「＊＊日間」の意である。1ピッチは歩行の場合は1時間の歩行を意味して、その中に10分〜15分の休憩を含んでいる。登攀の場合はロープスケールで1確保分の事で、40m〜50m以内を意味する。
　沢のグレードは最初の「北海道の山と谷1977年」に作られた「山谷」独自の評価方法を引き続き採用している。！から！！！までの3段階に加えて＊をつけて6段階評価である。本州では1級から5級までの5段階評価が見られるが、ほぼそれに対応しているといってよい。
　積雪期の評価も同様だが、地形、気象条件、積雪状況等でかなりのブレがある。最高グレードが！！＊になっているが、状況判断はしっかりしていただきたい。

所要タイム

　所要タイムはパーティの構成、経験、荷物の量、ルートの状況等で変わってくるのだが、そのコース、ルートの標準と思われる登高タイムを記入してある。
　1ピッチ（1時間）のうち10分〜15分の休憩を含んでいるが、それ以外に余分に休む大休止は含んでいない。下降タイムは記入していないが、登高タイムの2/3〜1/2程度を見ればよい。沢の下降は遡行と同じくらいかかることもある。

難易度、グレード評価

評価の条件

　沢は降雨が無く、水流は十分に減水している事、増水による遡行困難は考慮していない。
　冬季は概ね晴天で、風弱く、雪崩の心配がないこと。岩の登攀は晴天で、岩は十分乾いていること。天候悪化の中の登山行為は本書のグレードより何段階か増すこととなり、「簡単な」という表現が「困難な」、場合によっては「危険な」という状況になる。
　沢登り、冬期登山、登攀等は、高校、大学の山岳関連のサークル、または社会人山岳会で一応の登山教育を受け、登山技術に関して一通りの知識と経験がある事を前提にグレーディングしている。

一般登山道のグレード

道　一般向き	春、夏、秋のシーズンで登山道が利用でき、特に難しい所が無く、迷う心配がないコース。
道　経験者向き	踏み跡程度の道で、判別しにくい部分がある。読図力、判断力、体力と共に豊かな経験が求められる。

沢のグレード

　沢登りは沢及び川の水流を遡行して頂上や稜線に登る登山で、もちろん登山道は無い。専用のシューズや装備が必要で、上級のルートでは岩の登攀と同様のツールが必要となる。地形図を読んで現在地の把握、ルートの判断、悪天候時の対処等登山の知識と経験が要求される。

沢　！	ルート中に特に困難なところが無く、下降以外はロープを必要としないが、初歩的な地図読みとルートファインディング力は必要。
沢　！！	函、滝等が多くあらわれ、ロープを出して登る滝もある。高巻の下降にはラッペルが必要なところも現れる。適切で確実な状況判断、ルート、地形の読みが必要。沢の下降は難しい。
沢　！！！	ロープによる確保が必要な滝があり、ハーケン、カラビナ等の登攀用具が必要、高度な状況判断、地形、ルートの読みと登攀技術が要求される。
以上のグレード記号に　＊印　が付く場合はより技術的に難しいか、規模や距離が増大してより困難度が高くなる。	

積雪期のグレード

　積雪の少ない初冬期と4月以降の春季を除く一般の冬季を想定している。積雪期のルートはいろいろな選択が可能だが、その中で一般的に多く登られているルートを紹介している。冬期登山は縦走以外は登高ルートと下降ルートは基本的に同一と想定していて、森林限界までスキーを使い、その上はアイゼン、ピッケルの登山となることが多い。

　雪崩に対する注意、判断は常に求められる。

積雪期　稜　！	ルートに特に困難な所は無いが、地図を読み、現在地把握とルートファインディング力は必要。
積雪期　稜　！！	アイゼン、ピッケルの技術が必要で、適切な判断力とルートファインディング力が要求される。状況によってはロープワークが必要。
以上のグレード記号に　＊印　が付く場合はより技術的に難しいか、規模や距離が増大してより困難度が高くなる。	

登攀ルートのグレード

登攀のルートは開拓時の評価方法（UIAA又はデシマルグレード）を採用している。
ルートグレードは付けず、ピッチグレードのみにしている。
グレードの対比は下記の表を参照。

ロッククライミングのグレード

フリークライミング			エイドクライミング（人工登攀）	
UIAA	デシマル（アメリカ）		基本、残置プロテクションをたどるが、ネイリングも必要	
2級		時々手を使って登る簡単な岩登り		
3級		ロープによる確保を必要とする岩登りで、グレードが上がるのに比例して難しさが増す	A0	プロテクションをホールドにして登る
4級	5.5			
5級−	5.6		A1	傾斜は90°未満、プロテクションは安定していてあぶみの動作は易しい
5級	5.7			
5級+	5.8			
6級−	5.9		A2	プロテクションの間隔が遠いか、壁の傾斜が強い。あぶみの動作はやや難しい
6級	5.10a			
6級+	5.10b			
	5.10c		A3	プロテクションが不安定で、壁の傾斜が強い。あぶみの動作が難しい
	5.10d			
	5.11a			

氷瀑登攀

WI評価でグレーディングしている。ルートの途中で氷瀑が含まれる場合も同様である。

氷瀑のグレード

グレード	内　容
WI 2	45度までの氷　　ロープを使わない場合もある
WI 3	45度～60度までの氷　短い75度程度まで含む場合がある
WI 4	75度～80度までの氷　短い垂直部を含む場合がある
WI 5	80度～90度までの氷
WI 6	薄い氷、テクニカルな90度以上を含む氷

新版北海道の山と谷作成会議

代表　殿平厚彦

　2014年の春、最初の編集会議から完成まで足掛け5年になりました。多くの方々のご協力の結果最終巻を上梓できたことを作成会議のメンバーを始め関係したみなさんに感謝します。1977年に最初の「北海道の山と谷（堀井・大内版）」が発行され、再刊版を作成したのが20年後の1998年の事でした。それからまた20年、紙媒体による刊行はこれが最後かと思います。

　最後の第3巻を発刊するにあたり、「北海道の山と谷」作成会議のメンバーとその業績を紹介します。2014年、最初に声をかけたのは室蘭工大WV部OBのA氏でした。この人は知る人ぞ知る山の世界の有名人です。日高山脈の担当をお願いしたのですが、彼の能力は山だけではなく全ての山のデータベースを作成したのみならず、本の構成、編集のリード役を果たしてくれました。彼がいなければこの本は無かった事になります。

　第1巻は札幌近郊・道央・道南です。この巻はA氏と同人赤鬼沢の六角俊幸氏が中心になり記事と写真を作成してくれました。六角氏は目立たないけれど実に渋い登山を道央を中心に続けておられる方です。登攀関係ではグループ・ド・ロシェの橋村昭男先生のお世話になり、おかげで私が初めての岩場を幾つも経験できました。また、黒松内でガイドをしておられる辻野健治氏、室蘭工大WV部OBの菅野依和氏の協力もありました。

　第2巻は渋い山域の構成で、日高と道東です。日高に関しては責任者をお願いしたA氏の他に日高のスペシャリストと言われている元帯広労山（現中央労山）の小山田隆博氏及び長年日高の難しい沢に通っていた往年の名クライマー、札幌北稜クラブの金澤弘明氏が担当してくれました。日高の執筆陣としてはこれ以上は無い陣容かと思います。道東は「知床半島の山と沢」を出しておられる伊藤正博氏にお願いをしました。記録の無い、若しくは少ない山に実際登って記事と写真を作成し、完成にこぎつけたのは網走山岳会の高橋優太氏の活躍でした。道東を含めて道北の多くの山の山行記録を書いていただいたのは北見労山の井上孝志氏です。それに加えて、道東の登攀の主なものは釧路労山の山形章氏が担当してくれました。

　第3巻は実に広範囲になりました。大雪山の難しい沢や氷瀑、登攀関連で記事を埋めてくれたのは旭川山岳会の石井昭彦氏です。氏は古くからクライミングの第1線で活躍された方で、この本の作成に当たり多くの記録や写真の無い沢、氷瀑を再登してくれました。大雪山の夏等の最新記録を提供してくれたのは旭川山岳会の佐藤あゆみ氏です。カミホロ、ニペ、オプタテ等の記録の少ない登攀の記事と写真は帯広労山所属でガイドもされている西田晋輔氏で、彼のおかげで掲載不能か？と思っていたルートを幾つも埋める事が出来ました。

　夕張山地から主に登場するのは道北ヤブ山会の荻野真博氏です。彼は夕張山地の他、主に増毛山地、道北で記録の稀な山も含めてあらゆるルートから徹底的に登るというユニークな登山をしている方で、彼のおかげであまり記録の無い山の紹介が出来ました。芦別岳のユーフレ沢周辺の登攀ルートは札幌登攀倶楽部の長水洋氏に書いていただきました。氏は往年の北海道を代表するアルパインクライマーです。最後はやはり利尻山です。利尻はほとんどのルートが登攀ルートという特異な山で、近年「利尻山登攀史」と言うマニアックな本を書いた札幌登攀倶楽部の幕田茂樹氏が担当しました。そして札幌ピオレ山の会の櫻庭尚身氏が全般的に記録の無いルートの記事と写真の提供をしていただきました。ユニークな記事として第3巻に美唄登攀道場の奈良誠之氏が神居古潭ミックスクライミングの発表をしてくれました。このエリアは日本を代表する難度と内容のルートで構成されています。その他に天人峡の氷瀑群の記録がとてもユニークです。最後に、こんなに凄い北海道の山のスペシャリスト達の経験と実績を集約して3巻の本にまとめる事が出来た事と資料写真等を提供してくれた人に感謝申し上げます。

大雪山

白雲岳避難小屋　遠くに高根ヶ原とその奥にトムラウシ山

　大雪山は、日高山脈と共に北海道を代表する山域であり、大雪山国立公園に指定された大火山群である。一般に「大雪山」とは、北海道最高峰の旭岳を主峰としたお鉢火口周辺に聳える2000m級の山々（北鎮岳・北海岳・白雲岳・赤岳・黒岳など）と、それらの南部に連なる忠別岳・化雲岳・トムラウシ山までを集合した名称であり、単独の山を指す山名ではない。かつてアイヌの人々はこの地をカムイミンタラ（神々の遊ぶ庭）と呼んでいた。また、石狩岳やニペソツ山までを含めて広く大雪山という場合もあるが、その場合は前者を表大雪、後者を東大雪と呼び、特に石北峠の北側、武利岳、武華山、ニセイカウシュッペ山等の山々を北大雪と呼んで区別している。1977年には大雪山の広大な地域が特別天然記念物として指定され、高山植物の種類も多く、群落の広大なことは他に例をみない。その他に天然記念物に指定されているダイセツタカネヒカゲ、アサヒヒョウモン、ウスバキチョウの重要な生息地でもある。東南部の十勝川源流地域は道内随一の原生林地帯で、多くの種類の動物が生息しエゾマツ、トドマツを主とする原生林は他に類を見ないほどの壮大な森林相を形成し、これらを包含した面積22万6千ヘクタールの広大な地域はわが国最大の国立公園である。

表大雪

　表大雪は総じて広大な高原状の地形が多く、五色ケ原・黄金ケ原などは、見渡す限りお花畑が広がっている。その他にも高山植物の種類は豊富で、花の大群落が随所に現れる。周辺のロックガーデンには、氷河期の落とし子といわれるナキウサギが棲息していて、珍種固有種の高山植物と共に学術的な存在価値も高い。ただし特徴に乏しい地形は、冬期の登山者にとってはルートを見失い易く、寒冷な気象条件もあって、冬の登山は厳しいものとなる。夏山シーズンは短いが、張り巡らされた縦走路とその要所に建てられた山小屋を利用して、思い思いの山旅を楽しむことが出来る。

　一方中腹には、トドマツ・エゾマツ・アカエゾマツなど針葉樹の原生林が広がり、静かな原始の様相を保っている。その懐に抱かれて雪原にテントを張るのは、まさに至福の一夜となるに違いない。また山麓には、層雲峡・高原・旭岳・天人峡・愛山渓などの趣を異にした温泉郷があって、観光客で賑わい、山登りの拠点ともなっている。

　最近とみに自然保護が叫ばれているが、本当に自然を愛する気持ちで、原生林・高山植物などを大事にし、世の続く限り残しておきたいものだ。

白雲岳から旭岳と後旭岳

表 大 雪

旭岳 (2290.9m)

残雪の旭岳

　大雪山連峰は火山により生成された広大な台地状の連山である。その中で旭岳は最も高く、北海道の最高峰でもある。西側に馬蹄形の爆裂火口を持ち、基部より噴煙を上げている。ふもとの旭岳温泉よりロープウェイが「姿見の池」駅までついていて、夏季には多くの観光客で賑わいを見せている。そして春、冬は山岳スキーを楽しむ人々が多い観光地でもある。

旭岳温泉コース　無雪期　道　一般向き

　旭川より東川町を経由して旭岳温泉へ向かう。道路は舗装されていて冬期除雪も完璧だ。ロープウェイ旭岳駅の手前に公共駐車場がある。ここより姿見の池まではロープウェイを利用する方法と登山道を行く方法の二種類になるが、ほとんどの人はロープウェイを利用して登山道を利用する人は少ない。

　登山口はロープウェイ駅の横にある。針葉樹林の中を抜けて登ってゆくと、天女ヶ原と呼ばれる広大な湿原地帯に出る。湿原を過ぎ、盤ノ沢に沿った急な道を登り終えるとロープウェイ終点駅の姿見駅の前に出る。このあたりは観光客、ハイカー、登山者等多くの人が行き来するため、登山路の両側に柵があり、高山植物を保護していて勝手に道をそれる事は出来ない。姿見の池の脇に旭岳石室（避難小屋）があり、この付近まで人は多い。ここ

姿見の池ロープウェー駅から歩きはじめる

からガレた道を一気に高度を上げ、頂上直下の金庫岩の脇を通り旭岳の頂上へ登る。下山時は霧が濃いと踏み跡から外れ南斜面に下り、道迷いするケースがあるので十分に注意をすること。

Time 旭岳温泉（2.5-3h）　姿見の池（1.5h）旭岳

旭岳温泉ルート　　積雪期　稜！

　旭岳温泉からロープウェイを利用して終点の姿見駅より出発する。姿見駅から下の旭岳温泉までは山岳スキーのゲレンデとなっており、シーズン中はパウダースノーを求めるスキーヤーで賑わっている。

　姿見駅からはほぼ夏路に沿って忠実にルートを取る。眼前の旭岳避難小屋からは爆裂火口の右側尾根上の夏路上を登る。広く丸い尾根でクラストしてくるので適当なところでスキーデポをすると、頂上までは一息である。帰路は広く一様な傾斜の尾根の為、少しでも視界が悪いと現在位置の特定が難しく迷いやすい。下りには左側（南側）の斜面に入りやすいので注意をする。往復する場合は、天候の急変を考えて標識旗の用意をしておいた方が良い。

Time **姿見の駅（2.5～3.5h）旭岳**

晴れれば気持ちの良い登山になるのだが

厳冬期は風が強く尾根上の雪は少ない

強風に耐えて頂上を目指す　標識旗は必携

北鎮岳 (2244m)
比布岳 (2197m)
愛別岳 (2112.7m)

北鎮岳はお鉢平の北に位置する北海道第2位の高峰である。お鉢平を取り巻く山塊の中央部に位置するため、必ずどこかの山と共に踏まれることとなる。

裾合平コース　無雪期　道　一般向き

ロープウェイ姿見の駅から出発する。遊歩道のコースを夫婦沼（鏡池・摺鉢池）の方へ行き、分岐を裾合平へと分かれる。ここからは浅い涸沢を渡り小さい山ひだをいくつも越える。そこはお花畑の広がる気持ちの良いコースだ。やがて急な登りと共に大きな尾根を乗越すと裾合平の景色となり、裾合分岐に着く。左へ行くと当麻乗越を経て愛山渓温泉へと続く登山道である。ここは右へと路を取り、ハイ松帯を抜けると木道歩きとなる。両脇にはチングルマの広いお花畑が広がり、目を癒やしてくれる。

コースは谷の中に入りしばらく行くと中岳温泉だ。人の手の入った設備は何もなく、沢の脇の岩間に湯溜りが掘られているのみである。ここで温泉につかるのも山旅の一興である。ここを過ぎて尾根上を登ると火山礫の裸地で間宮岳－北鎮岳の間の縦走路の中岳分岐に出る。

中岳温泉は素掘りの湯舟があり、入浴できる

お花畑の中を通るコースは木道が整備されている

Time　姿見駅（2h）
　　　裾合分岐（2h）
　　　中岳分岐（1h）北鎮岳

愛山渓コース（あいざんけい）

無雪期　道　一般向き

　愛山渓温泉は旭岳温泉や層雲峡温泉のような賑やかさはないが、大自然の中の静かな温泉である。近くには雲井ヶ原の大湿原が広がり、旭岳方面への登山道も整備されている。愛山渓温泉へは国道39号線の安足間より右へ折れ、道々223号線（愛山渓・上川線）に入り終点が愛山渓温泉だ。この道路は冬期間の除雪はしていない。除雪開通は5月のゴールデンウィーク前後となるが開通日は不定なので確認が必要である。

　温泉からイズミノ沢に沿って登山道を歩いて行くと、すぐ三十三曲りを経て沼ノ平への分岐点となるが、そのまま沢沿いの道を進んで行く。昇天ノ滝、村雨ノ滝を過ぎると、再び沼ノ平への分岐点となり、道は沢から離れて永山岳に続く広い尾根に取り付く。登るごとに背後の沼ノ平が大きく広がり、やがて、尾根の右手に沢が入ってきて、銀明水と呼ばれる最終水場に着くが、ここの水も7月上旬には涸れる。ここから永山岳へはひと登りで、頂上の北東側は深く切れ落ち込んで大ノゾキ谷と云われる爆裂火口となっている。安足間岳、比布岳へはこの爆裂火口を見ながらの尾根伝いの道で、この深い谷をはさんで愛別岳の秀峰が間近に見える。比布岳を下りきると平坦な地形となり、北鎮岳へは、岩塔の連立する鋸岳の中腹をトラバースした登りとなる。北鎮岳頂上に着くと360度の大パノラマが展開してくる。眼下にお鉢の噴火口、東にニセイカウシュッペ山、南に旭岳が堂々と聳え立っている。

Time 愛山渓（3.5h）
　　　 永山岳（2h）北鎮岳

沼ノ平の池塘群　登山道もあり、沼めぐりができる

上川岳への稜線はなだらかな登り

比布岳から岩峰の鋸岳へ向かう

白川 (しらかわ)

無雪期　沢　!!*

上川から道道849号を走り、途中右折して白川に沿った林道に入る。林道は荒れてくるので適当なところから歩き、白川に近い標高770m付近で藪を漕いで谷に降りる。あるいは、白川林道に入り、望山橋から入渓すると、2.5kmほど河原歩きが増える。沢は鉄分の多い水が流れており、石が赤茶色ている。愛別岳沢出合までは単調な沢が続く。ほどなく8mの滝が現れ、右岸を巻く。この滝を過ぎると標高1400mに地形図にあるF1（40m）が現れ、左岸の雪渓から高巻くが右岸を直登出来るかも知れない。更に沢が右に曲がった奥に直登不能なF2（50m）があり、左岸を高巻くが、草付きとハイマツを抜けるのにロープを出す。次にF3、F4と続くが、いずれも高巻くしかなく、左岸から一気の高巻きでかなり消耗する。F4の上流にビバークサイトがある。標高1650m過ぎから巻くと水量もほとんど無くなり、ガレ場となる。詰めは永山岳〜比布岳間の崖を避け、左寄りに進んで愛別岳への吊り尾根に出る。上部は崩壊地が続くので、靴を替えた方が良いだろう。テン場は下部では真水に変わってからとF4の上にある。

Time 入渓地（8h）F4（2h）安足間岳

下流は鉄分が多い

F4　60m左岸を巻く

F2　35m左岸を巻く

天幕沢
てんまくさわ

無雪期　沢　！！＊

　この沢は、1080m二股を過ぎて出てくる連続する小滝と2段40m大滝の処理に面白さと難しさが集約されている。

　国道39号を層雲峡に向かい、バス停「天幕沢」の50m先にある林道入口を右折する。石狩川に架かる「青雲橋」は昨今の大雨によって橋台の一部が流失し、車での通行はできなくなった（2018年現在）。橋の袂に車を置いて天幕沢沿いに延びる林道を歩き、林道終点から入渓する。入渓してまもなく砂防ダムが現れ、その後1080m二股まで3mから10m程度の滝やナメ滝があきない程度に出てくるが、特に問題となるものはない。1080m二股を過ぎると、両岸が立ってきていくつか滝が出てくるが、大滝手前に連続する小滝登りが楽しい。どの滝も直登可能であるが、パーティの力量によっては、ロープ等を必要とするであろう。いずれの滝も直下でじっくり観察すると、登れる所がある。連続する釜滝を登り終えると、2段40mの大滝が現れる。水量が多いと、かなり豪快な瀑布となって落ちてくる。右岸の草付きから岩と灌木が混在した斜面を慎重に巻いて、滝の上に出る。大滝の上にも滝は出てくるが、特に問題となるものはない。1400m二股を過ぎると沢の水が濁るが、1490m二股の左股沢から入ってくる水は無色透明の水で飲み水を確保することができる。源頭部は大きな赤茶けたヌルヌルの泥をまとった汚い雪渓が続く。最後の詰めはガレ場登りとなる。比布岳を目指すか愛別岳を目指すかでルートを選ぶことになるが、いずれも稜線上に出ることになる。

2段40mの大滝

Time 取水ダム（4h）1080m二股（5h）稜線

大滝手前に連続する小滝を登る

源頭のガレ場の登り　稜線は近い

リクマンベツ川　無雪期　沢　!!*

　国道39号を層雲峡に向かい、バス停「陸万」の先で右折し、層雲峡青少年旅行村の中を抜ける道を過ぎて取水施設に出る。突き当たりに数台の駐車スペースがある。古い砂防ダムを二つ越えてしばらくは河原歩きが続く。標高880mで10mの滝が現れて左岸を直登する。1085m二股を右へ、次の二股を左、次を右に入ると鋸岳への直登沢となる。2段チョックストーンの滝は右岸を高巻き、次の2段40mも右岸を高巻く。その後も直登できない滝が続く。標高1400mの滝記号40mを左岸から高巻いてラッペルで降りると直ぐにハングした滝があり、その先にも100m近い大滝が確認出来るので右岸から一気に高巻いて笹の密生した斜面をトラバースして大滝の上に降りる。ここからは大きな滝も無く最後の雪渓のある二股は左を詰め、ヤブ漕ぎもなく、快適に鋸岳頂上へ達する。この沢は、上部に残る雪渓の状態によって困難度が大きく変わり、時期によってはアイゼン・アックスは必携だ。1085m二股より下部には、幕営地は沢山ある。

Time 取水ダム（4h）
　　　　1085m二股（6〜10h）鋸岳

源頭

10m滝　左岸直登

100m近い大滝

標高880m付近の10m滝

表大雪　北鎮岳・比布岳・愛別岳

白川尾根

積雪期　稜　!*

愛山渓温泉が起点となる国道39号線安足間より愛山渓上川線にて愛山渓に入るが、この愛山渓温泉までの約16kmの区間は冬季間の除雪をしていない。通常はゴールデンウイークの前後に開通となるが、時期が定まっていないので上川町役場に確認をすると良い。ここでは道路が開通した前後の時期のルートを紹介する。愛山渓温泉からは東北東へ閑散とした樹林帯を横切って行く。永山岳北尾根の下を通り浅い沢型の白川を越えたところが白川尾根である。標高1500m付近までは樹林帯で、ここを過ぎると視界が利き、愛別岳直下の岩尾根や永山岳周辺の岩稜群が見えてくる。尾根は次第に細くなりハイマツや岩稜が現れる。右側はすっぱり切れ落ちているので左側から巻く。部分的に氷化している所があるのでアイゼンを効かせて登る。左からの小尾根が合流してくると尾根は少し広くなり、頂上まではわずかである。愛別岳頂上から比布岳へは急で細い吊り尾根となっているが、技術的には容易だ。ここから北鎮岳へは1時間程である。愛山渓温泉に下る場合は永山岳を経由してほぼ夏道沿いに下ると良い。下りにスキーを楽しむのなら1294mから永山岳の横の広い斜面を下の夏道付近をめがけて降り、イズミノ沢に滑降するのが楽しい。又比布岳の稜線からピウケナイ沢に下り、大塚、小塚の下を巻いて当麻乗越を経由して愛山渓温泉に戻るのも楽しいルートだ。しかしいずれも広い雪原や特徴の無い地形を通るので、視界の悪い時は難しいルート取りになる。

沢を横切り樹林帯を行く

岩をかわしながら登ってゆく

頂上へあと一息だ

Time 愛山渓温泉（1h）
　　　白川尾根取り付き（4h）
　　　愛別岳（1h）
　　　比布岳（1h）北鎮岳

黒岳（1984.3m）

層雲峡コース　無雪期　道　一般向き

　黒岳は旭岳温泉コースと並んで表大雪の玄関口であり、層雲峡温泉が起点となる。層雲峡温泉街の奥に黒岳ロープウェイの駅があり、ここより5合目までロープウェイを利用できる。さらに7合目までリフトが運転されていて夏冬シーズンを問わずに利用できる。一方、登山道は昔のままについていて、ロープウェイ駅の脇の道を通り、駅を過ぎてから尾根に取り付く。ロープウェイの終点駅が5合目で、ここまでの路は急なところが多く、ジグを切って高度を上げるがほとんど利用する人はいない。7合目までのリフト沿いの道はよく整備されていて気持ちの良い針葉樹林の中を登ってゆく。リフト終点駅に登山届を出すようになっていて、ここからは視界の良い斜面を一面に広がる高山植物を見ながら高度を上げる。8合目を過ぎると森林限界で、層雲峡の谷とその向かいの山々のすばらしい展望が開ける。まねき岩が下に見えるようになると、ほどなく頂上に着き、眼前に広がる表大雪の大パノラマに疲れも吹き飛んでしまう事だろう。なお縦走路を頂上を過ぎて少し降りると黒岳石室（避難小屋）がある。夏季には管理人が常駐する大雪山では唯一の営業小屋であり、100人の収容が可能だ。キャンプ指定地にもなっていて、良い水が得られる。

Time 層雲峡温泉（2.5h）
　　　ロープウェイ終点五合目（1h）
　　　リフト終点駅7合目（1.5h）黒岳

まねき岩を下に見ると間もなく頂上に着く

ピークから凌雲岳、北鎮岳　眼下に黒岳石室が見える

黒岳石室は北海道には数の少ない営業小屋だ

白水川　　　無雪期　沢　！

支流からの滝
メロンの滝と呼ぶ人も

登りやすい小滝が続く

　層雲峡温泉から国道を下流側に2.5km進んだところが出合である。覆道手前には数台分の駐車スペースがある。近年の大雨により白水川沿いの林道はいたる所で激しく損傷し、車の進入は不可能なので石狩川に架かる「しらみずはし」から歩きだす。地形図上の破線は標高1090mまで記されているが、実際には標高900mまでしか道はなく、最終砂防ダムからの入渓となる。平凡な沢を進んでいくと、標高1000m付近は地熱地帯となり沢のあちこちで温泉が湧き出ている。右岸には古い蒸気井があって、轟音と共に水蒸気が谷間に立ち上っている。この地帯を抜けると、それまで白く濁っていた水は次第に透明に変わる。標高1350mにある滝がこの沢唯一の大滝（25m）で、手前右岸にある小ルンゼを使って容易に巻ける。その後はゴロゴロと大きな石の転がる転石帯となり、攀じ登るように進んで高度を稼ぐ。標高1700mを越えると源頭の雰囲気となり、周囲に高山植物の咲くせせらぎに変わる。1815m二股は右に入れば北鎮岳へ向かうが、左へ入ると黒岳石室はすぐだ。この沢は特に難しいところは無く下りに登山道を使えることから、初心者向きの沢といえる。尚、北向きのため上部では遅くまで雪渓が残る。

Time しらみずはし（3〜4h）1350m大滝（1.5〜2h）黒岳石室

滝記号のある25m滝

源頭は穏やかで気持ちの良い風景だ

黒岳沢本流

無雪期　沢　!!

表大雪　黒岳

　黒岳ロープウェイ駅より橋を渡って、林道を歩く。沢には標高900m付近まで砂防ダムが乱立し、それらを越えてようやく入渓する。程なく滝が現れる。これは直登も出来るが、右岸から簡単に巻ける。標高1050mの三段の函滝は左岸のルンゼから高巻く。ガレの埋める河原が続くが、標高1250mで狭い函状となって、数段の滝が落ちている。左岸のルンゼから高巻いて懸垂で沢に戻るが、この辺りから悪いシュルンドの開いた雪渓に苦しめられることがある。沢に戻ると北面直登ルンゼ出合だ。本流を進み、1420m二股を右へ進むと更に二股となり、左は、チムニー状の滝が出てきて急傾斜で一気に黒岳石室の裏手に突き上げている。右はガレが埋め、上部は急傾斜の雪渓が残り、桂月岳よりに出る。全体にシュルンドと脆い壁、不安定なガレと落石の連続で、快適な溯行は望むべくもない。

Time 層雲峡（5h）
　　　　1420m二股（2h）黒岳

多段の滝は左岸からまとめて巻く

遅くまで残る雪渓には苦労させられる

左の沢は簡単には越えられない

晩秋まで雪渓が残り状態によっては苦労させられる

黒岳沢左股　　無雪期　沢　！！！

1420m二股の左股は40mの大滝の壁となり、続いて20mの滝が行く手を遮る。黒岳頂上へは脆い岩盤を登ることとなる。

黒岳沢黒岳北面直登ルンゼ　　無雪期　沢

1300m二股で左に分岐してるのが黒岳北面直登ルンゼである。落差数十メートルのハングした滝が頂上まで連なっている。水はほとんど流れておらず、沢登りと言うよりも完全な岩登りとなるが、実際に登った記録は見ない。

頂上へ直上するルンゼはハングした滝が連なっている

赤石川　無雪期　沢　!!

　層雲峡の温泉街から紅葉谷へ向かう。散策道入口に駐車スペースがある。紅葉谷は両岸が柱状節理の岸壁で、散策道の終点に2段の「紅葉滝」がある。歩道を戻って左岸の柱状節理の壁に沿って高巻きを開始する。滝の上部は高い壁に囲まれた薄暗い回廊で、釜を持った越えられない滝がいくつか続いていて、早めに沢に降りても結局同じ所から巻き直しとなる。直線距離にして約500mの高巻きで、標高860m付近でようやく入渓すると中を進めるようになる。標高930mを過ぎると狭い回廊も終わり、函状ながら沢幅は広がり、巨岩の転がる沢となる。標高1180mで沢が曲がると、上部に轟音とすさまじい水煙を伴ったヤスヤスの滝と呼ばれる3段の大滝が見えてくる。前後の小滝を加えて6段とも数えられる。前衛の滝の右岸よりルンゼを利用して高巻き、リッジを下って6段目の上に降りる。その後は明るい雰囲気の巨岩帯の中に混じる小滝を快適に越えて行き、最後に「飛竜ノ滝」を乗越すと、広々とした美ヶ原に出て登山路にぶつかる。

Time 紅葉谷（3h）函終点（4h）ヤスヤスの滝上部（3h）美ケ原

この滝を越えるのが一つ目の核心

ヤスヤスの滝　本体三段の全貌

雪渓の奥に架かる飛龍の滝

美ヶ原に出るとせせらぎに変わる

黒岳北稜　　積雪期　岩　3〜4級

　このルートは黒岳に直接突き上げる岩壁にルートが取られていて、終了点が頂上という気持ちの良いルートである。夏季にも登られているが一般的ではない。ここでは岩が凍り付いた積雪期のミックスルートとして紹介する。層雲峡よりロープウェーとリフトを乗り継ぎ、その上はほぼ夏道に沿って登って行く。1780mの肩の上に出ると北稜は目の前だ。この肩にテントを張るのだが、雪庇を利用して雪洞も可能だ。取り付きは肩から黒岳沢へブッシュの中を降り、北稜の基部を巻いてトラバースをして北稜の向こう側（西側）に回り込む。このトラバースは冬季は凍ったガレなので安定しているが、夏季は崩れやすい。カンテを回り込んで30〜40m程進み、見上げると傾斜の落ちた凹角が有り、これがルートである。少し登って適当なところでロープを出す。

アプローチはスリップに注意

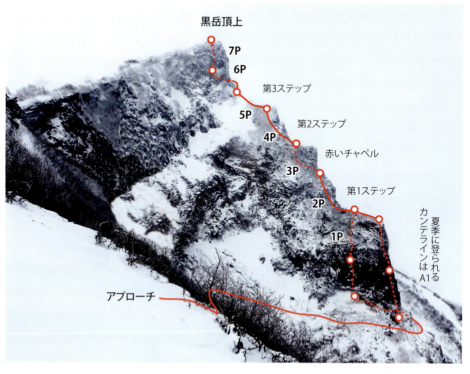

黒岳北稜

ルートライン / ルート（裏側）

黒岳頂上 / 7P / 6P / 第3ステップ / 5P / 第2ステップ / 4P / 赤いチャペル / 3P / 第1ステップ / 2P / 1P / アプローチ / 夏季に登られるカンテラインはA1る

1P 25m 3級
　大まかな岩をつかんで凹角を直上。第1ステップの稜線に出て　ビレイ。

2P 45m 3級−
　細いブッシュのある岩稜上を登り、赤いチャペルと呼ばれる岩壁の基部の潅木でビレイ。

3P 30m 3級
　赤いチャペル基部から右側へ20m程トラバースをしてから10mほど直上すると第2ステップである。

4P 50m
　リッジの左を木をつかんで登り、稜上に出て適当にピッチを切る。ここが第3ステップだ。

5P 30m
　コンテニュアス。もちろん状況によってはスタッカットになる。頂上岩壁の基部でビレイ。残置アンカーが有る。

7P 45m 3級−
　上部岩壁の右側に右上するバンドが有り、ロープをいっぱいに伸ばすと直上する凹角の下に出る。

8P 35m 3級＋
　凹角を直上する。岩も大まかで難しくはない。登り切ると頂上に出て終了だ。

　下降は夏道寄りの尾根を下ると15〜20分で肩に着く。肩からは素晴らしいスキーの滑降が楽しめるのも魅力だ。黒岳北稜は他にいろいろ自由にルートが取れ、記録も多い。

表大雪　黒岳

赤いチャペルへロープを伸ばす

バンドを右上して頂上岩壁基部へ

ここを登れば頂上

凌雲岳（2125m）上川岳（1884m）

凌雲岳は黒岳と北鎮岳の中程に位置し、丸いコニーデ型の姿の良い山である。高山植物を保護するために登山道は付いておらず、突き上げる沢もないので、積雪期しか登ることができない。一方上川岳は、凌雲岳の北尾根上にあるポコにしかすぎないが、最近は沢登りにより単独で目指されている。

白水川上川岳北東面直登沢　　無雪期　沢　！

1130m二股までは「黒岳・白水川」を参照。二股を右に入ると沢相が一変し、小滝の奥に20mの滝が架かる。この滝は門のような岩壁に挟まれるように垂直に落ちていて直登はできない。滝のすぐ右にある急なルンゼから小尾根を越えて滝の落ち口に降りる。これより上部も中小の滝が連続し、順調に高度を稼ぐことができる。沢の岩は滑らないので、ほとんどが直登可能だが、脆いので注意が必要だ。1570m二股は左に入りやすいが、右に入る。やがて水は枯れ、急な草付き斜面となる。最後はうまくお花畑の草付きを繋ぐと、ヤブ漕ぎ無しで楽に頂上に達することができる。頂上は高度感があって見晴らしが良い。なお、凌雲岳に続く北尾根は、夏場でもそれほど難しいことなく辿ることができる。

Time 1130m二股（3h）上川岳

直登して高度を稼ぐ

門の奥に架かる20m滝

山頂からは凌雲岳に向かって岩場が続く

凌雲岳北稜　　積雪期　稜　！！*

1461mPを過ぎるとルートの全貌が見える

凌雲岳から派生し、リクマンベツ川と白水川に挟まれた稜線を辿るルートである。「胡蝶岩橋」脇からリクマンベツ川の堰堤を渡り、尾根の末端付近から取り付く。最初は急なので、スキーによる登行はつらいが尾根上にあがってしまえば傾斜は緩く、少し行くと作業道らしい刈り分けも現れて、900m台地のすぐ下まで使える。その後もブッシュは少なく、広い尾根を快適に進む。1461mに出ると、両側が狭まって次第に尾根らしくなっていく。樹木も疎らになり、行く手には核心部の岩稜帯が望まれる。1550m付近はテント場に使われることが多い。この上から核心部に突入するが、見た目ほど困難ではなく、おおむねリクマンベツ川側を巻いていく。上川岳の山名は地形図にも出ているが、尾根上のポコにすぎない。最後の1973mへの登りが核心部で、中央の凹角を3級ほどの岩登り（15m）で越えてから、岩峰基部の白水川側を巻いて抜ける。懸垂下降もしくは慎重にクライムダウンし、少し細尾根を行くと凌雲岳手前の広いコルに出て核心部は終わる。凌雲岳の頂上は近くに見えるが見た目より遠い。帰路は黒岳に抜けるのが早い。

核心の1973mP

Time 国道（2h）尾根上（5～6h）
1550m（5～6h）凌雲岳

難しくは無いがここはロープを出す

白雲岳(はくうんだけ)(2230.01m)

　お鉢平を中心とした表大雪から忠別岳・トムラウシ方面への入口に位置していて、大雪山のどこからでも見えるがあまり目立たない山である。白雲岳直下の縦走路に白雲岳避難小屋があり、キャンプ指定地ともなっている。縦走の中継地として絶好の位置にあり、多くの岳人に利用されている。

白雲岳避難小屋へ　後ろは高根ヶ原

銀泉台(ぎんせんだい)コース　　無雪期　道　一般向き

　層雲峡より国道39号線を大雪ダム湖畔の国道273号線に入り、途中から砂利道の赤岳観光道路に入る。終点には無料の駐車場がありここが登山口となっている。樹林間の緩い登りを第一花園近くまで行くと視界も開け、お花畑が現れる。遅くまで残る雪渓を登りきって、ほどなくすると第二花園となり、一面砂礫地のコマクサ平に続く。最後の急傾斜な雪渓を登りきると、砂礫の平坦地となり赤岳分岐に出る。このあたりには、線状や環状の構造土が見られる。ここからは小泉岳、白雲分岐へ登山路が続いている。

7月はまだ雪渓も残る

Time　銀泉台（3h）赤岳分岐（1h）白雲分岐（0.5h）白雲岳

お花畑の中を赤岳に向けて登る

白雲岳がま近に迫る

緑岳コース　無雪期　道　一般向き

　高原温泉から小泉岳へ至るコースで、大雪高原山荘の前に駐車して出発する。山荘の前を通り過ぎてから、柴山尾根への急登が始まる。はじめは森林の中の道で視界は悪いが、標高1500mの台地状の尾根に出ると湿原地となり、心も和らぐ。ここからハイマツ、ナナカマドの中の道を抜けると緑岳（松浦岳）の登りが始まり、高度を上げるにつれて視界も広がってくる。緑岳から小泉岳へは、展望と高山植物に見とれているうちに着いてしまい、頂上から15分も西へゆくと白雲分岐となる。なお、緑岳から小泉岳への稜線上から左へ分岐する道があり、それを利用すると白雲岳避難小屋へはわずかで着くことができる。

Time 高原温泉（2.5〜3h）
　　　緑岳（1.5h）小泉岳

尾根の途中から　高原温泉の紅葉が素晴らしい

小泉岳から白雲の避難小屋へ向かう

表大雪　白雲岳

高原温泉・三笠新道コース　無雪期　道　一般向き

秋の式部沼は素晴らしい紅葉に包まれる

　層雲峡より大雪ダム湖畔の国道273号より高原温泉へ向けて分岐した林道に入る。大雪高原山荘には広い駐車スペースがあるが、観光客が増える紅葉シーズンには車両規制があるため上川町役場に確認をすること。なお環境省のヒグマ情報センターがあるのでそこで受付をした後入山となる。受付時間は7時よりとなっているので注意する。又、季節によっては入山規制も行われている。このコースは、美しい湖沼の景観を持ち、高根ヶ原のど真ん中に短時間で行ける良さを持っている。山荘の横の登山口から森林の中の道を行き、ヤンベタップ川を渡ると右回り、左回りの分岐に出る。左回りは数々の沼を巡りながらのコースで、右回りは沢沿いに進んで高原沼を過ぎ左回りと合流する。ここから登山路は高根ヶ原の大きな崖を左手に見ながらの急登となり、平ヶ岳の北側に出る。なお、ヒグマの繁殖期の7月初旬には通行止めとなるので注意が必要だ。

Time 高原温泉（2h）
　　　高原沼（1.5～2h）高根ヶ原

ヒグマ情報センターで最新の情報を得ると良い

高原沼　遠くに緑岳が見える

赤岳沢（雄滝の沢）　無雪期　沢　!!

「銀河の滝」と共に層雲峡の観光スポットとして知られる、「流星ノ滝」となって石狩川左岸に落ちてくるのがこの沢である。対岸の駐車場から石狩川を渡渉し、銀河の滝との間の樹林帯を登って流星の滝の上に出る。滝の上部は柱状節理の壁に囲まれたゴルジュとなっている。右岸から高巻いても良いが、ショルダーやハンマースローなどのトリッキーな技術を交えつつ中を通過するのも面白い。右岸前方の崖上に特異な岩塔を見るあたりで函は終わり、沢幅は広がって山の一角も見えてくる。ここから1270m三股までは何もなく、どこにでも泊まれる。中股に入ると再び沢幅は狭まり、すぐに滝が出てきて、時期によっては雪渓にも苦労させられる。大きな滝つぼがある10m位の垂滝は右岸をへつり気味に巻く。やがて赤色の岩壁を持つ30mの大滝にぶつかるが、傾斜がゆるいので左岸から直登できる。その後も10m位の滝がいくつか現れるが快適に越えていける。次第に大きな岩がゴロゴロしてきて、詰めは大雪渓が広がり、縦走路へ導いてくれる。

Time　駐車場（1.5h）
　　　流星の滝の上（4～5h）
　　　三股（5h）縦走路

この滝の右岸を登って滝上に出る

水量によっては函の中を通過するのも面白い

ロープの必要な滝も…

忠別川ユウセツ沢　無雪期　沢　!!*

　天人峡から遊歩道を歩き敷島ノ滝から入渓する。ここから標高1040mの大二股までは、水量の多い急な流れの渡渉やへつりを繰り返しながら進む。特に大曲りと呼ばれる870m屈曲点付近での渡渉やへつりは困難である。大二股は両岸が高い垂壁となって、沢底をえぐった函となって合流しており壮観な眺めだ。ユウセツ沢に入るには、大二股から少し戻って、右岸のブッシュに登り、1100mの函記号の切れ目を目指して高巻く。河原に降り、巨岩帯をしばらく行くと1200mの屈曲点となり、険悪なゴルジュとなる。中には5つの滝がある。最後の滝を越えると函は狭まるので、上部のテラスを利用するのがよい。函を抜けてしまえば核心部は終わりでその後現れる滝は楽に巻け、源頭付近はお花畑となっている。緩い丘陵帯に入れば、いずれ縦走路に出る。この川は登攀的な難しさはなく、ポイントとなるのは大二股までの渡渉と大二股の函の処理にある。増水時には十分な配慮が必要だ。

Time 天人峡（3～4h）大曲り（2～3h）
　　　大二股（1.5d）縦走路

大曲を過ぎ、核心の徒渉

大二股　右岸で幕営できる

表大雪 白雲岳

標高1300m忠別川出合

25m2段滝

源頭部の滑

化雲岳（1954.4m）

化雲岳は登山道のジャンクションの位置にある穏やかな姿の山である。そのため、この山を目指して登る登山者はほとんど無く、トムラウシ山やその周辺の山の縦走、沢登りの途中に踏まれる。頂上にはカウンのヘソと呼ばれる大きな岩塊が乗っている。

カウンのヘソは遠くからも目立つ

忠別川化雲沢　　無雪期　沢　!!*

大二股までは「白雲岳・忠別川ユウセツ沢」を参照。大二股から化雲沢を行くには、左岸のルンゼを登って大きく高巻く。枝沢を一本越えてから化雲沢に降りる。その後、小函や滝が幾つか出てくるが直登したり巻いたりして難しいものはない。1340m二股を左に行くと五色岳へ、右へ行くと化雲岳に至る。いずれも小滝群が現れるが楽に遡行できる。この沢のポイントは大二股までの渡渉と大二股の函の処理だ。増水時は遡行不可能である。

Time 大二股（8～9h）化雲岳・五色岳

忠別川下流のへつり

大二股、この手前右ルンゼを登る

小化雲岳（1924.4m）

ポンクワウンナイ川　無雪期　沢　！！

アプローチはクワウンナイ川を参照。クワウンナイ川の出合を過ぎて、ブッシュ被りの林道跡をさらに歩いて、砂防ダムを越えたあたりで入渓する。しばらくは荒れ気味の広い河原を進む。ところどころ滑床や小滝、ゴルジュが現れ始めるが、いずれも容易に通過できる。大きな石がゴロゴロとした巨岩帯を抜け、798m二股を右に入ってしばらく行くとF1となる。約15mの屈曲した二段滝で、一段目は左岸クラックを利用して登り、二段目は直登するか右岸のバンドを抜けることになるが、残置ハーケンが多数見られる。これより滝が次々に現れる。いずれも困難さは無く、直登したり巻いたりして快適に越えられる。やがて川幅が狭くなり、そのどんづまりに20mの大滝が現れ、直登はできずに右岸を巻くことになる。すぐ手前のルンゼ状を登ると手がかりが薄く次第に立ってくるため、少し戻って小尾根を使って高巻くとよい。この先にあるハングの滝は、崩壊によって越えるのが容易となった。これから先は、大小幾つかの滝が続くが面倒なものはない。クワウンナイにも似た綺麗な階段状のナメが約1km続き、1490m二股となる。この二股には良い草地のテン場がある。左股に入ると次第に水は切れ、草原状のお花畑が広がる。うまく獣道を利用してルートを取ると、ヤブ漕ぎのないまま小化雲岳山頂に出ることができる。

F1は屈曲した2段の滝となっている

Time 入渓地点（2〜3h）798m二股（1〜2h）大滝（2〜3h）ハングの滝（3h〜4h）小化雲岳

高度感のある滝が続く

大滝は迫力がある

カウン沢　　　無雪期　沢　!*

　クワウンナイ川の途中カウン沢出合からの遡行である。出合までは「クワウンナイ川」を参照。970m二股から左に入って間もなくF1が現れ行く手を塞ぐ。この滝は30mほどで、上部の15mはハングしている。左岸の沢形を使って滝上に出ると、再び平凡な沢に変わる。小滝や巨大なデブリ地帯を抜け、標高1350mでF2が現れる。30mの大滝で両岸は高い岩壁に囲まれ前進はできない。少し手前に戻って、左岸の小ルンゼを使い、途中からトラバースして滝上に出ると良い。その後すぐ上にある25mのF3を越えると、核心部は終わって沢は広がる。1500m二股を左に取り、適当な沢型から稜線に抜けると良い。稜線上はほぼヤブ漕ぎなしで山頂に到達する。この沢は登りよりも、ポンクワウンナイ沢〜カウン沢〜クワウンナイ沢の継続沢行で、下降に使われることが多い。

Time **カウン沢出合（5〜6h）**
　　　1500m二股（1〜2h）
　　　小化雲岳

F1は30mの2段滝だ

F2は30m大滝で豪快に落ちる

素晴らしい雰囲気の源頭部

トムラウシ山 (2141.2m)

　トムラウシ山は大雪山と十勝連峰のほぼ中間に雄大に聳え、かつまた秀麗な姿も見せてくれる岳人憧れの山である。頂上直下一帯は高山植物の咲き誇るロックガーデンとなっていて、ナキウサギの棲息場になっている。また、周囲には、トムラウシ庭園、日本庭園、黄金ガ原等のお花畑が広がり、北沼をはじめとする湖沼群も散在している美しい山である。近年は100名山ブームもあって登山者が急激に増え、オーバーユースの問題が出てきている。

トムラウシ温泉コース　無雪期　道　一般向き

コマドリ沢から前トム平へ

　新得町より道道718号の十勝川に沿った道を最奥のトムラウシ温泉へと走る。途中はダートの道もある。温泉付近にはトムラウシ自然休養林野営場があり、立派に整備されている。登山口は国民宿舎東大雪荘の横にあり、ここから歩くことになるが車道をさらに車で登るとカムイ天上の下部まで車の使用が可能であり、1時間程度の短縮になる。登山口からは温泉の裏手の尾根を登り続ける。やがてカムイ天上に出て、ここから登山路はいったんカムイサンケナイ川上流に下る。再び前トムラへの尾根に取り付き、風化した安山岩のガレ場を登り切ると前トム平となる。お花と岩の調和の美しいトムラウシ庭園を過ぎると、十勝連峰からの縦走路と合流する。この辺りがキャンプ指定地の南沼である。あとはロックガーデンを登り切って、展望の良い頂上だ。

Time　トムラウシ温泉（2.5h）カムイ天上（4h）トムラウシ山

急な岩の道を頂上へ

キャンプ指定地の南沼

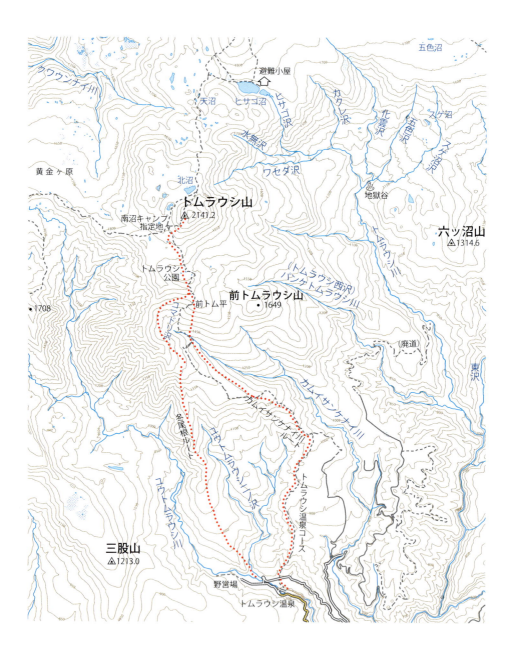

天人峡温泉コース 無雪期 道 一般向き

旭川より東川町を経由して天人峡温泉へ向かう。天人峡温泉は、古くは松山温泉と呼ばれた温泉で、温泉街の入口に広い公共駐車場がある。登山口は温泉街の奥にあり、すぐに涙壁といわれるジグザグの急な登りとなっている。間もなく尾根上に出てしばらく行くと、羽衣の滝の全容が眺められる滝見台に着く。

その後左手下に忠別川を見ながら尾根上の道をしばらく行くと、再び急登となり、標高1300mの第一公園の台地に出る。木道が敷かれた一帯は広大な湿原地で多くの高山湿原の植物群が見られる。ここからは狭い沢状の登山路が小化雲への登りとなるまで続いている。小化雲岳近くになるとハイマツと砂礫帯となり、かなり歩き易くなる。ここまで来ると、"化雲のへそ"と呼ばれる大きな岩のある化雲岳へはすぐだ。化雲岳から南へ1.5kmほど降りるとヒサゴ沼がありキャンプ指定地となっていて、避難小屋(収容人員40人、トイレ完備、無料)が立っている。化雲岳からトムラウシ山へは、途中に日本庭園と呼ばれる静かな沼地があり、数々の高山植物を見たり、大きな岩の間を歩くロックガーデンを通過して行くと、頂上直下の雪渓の残る神秘的な北沼に着く。ここからガレた登山道をわずかでトムラウシ頂上だ。

Time 天人峡温泉(1.5h)滝見台(2h)1300m台地(3.5h)化雲岳(3h)トムラウシ山

第一公園は木道を歩く

お花畑の中の登山道と小化雲岳

ヒサゴ沼キャンプ指定地
遠くはニペソツ山とウペペサンケ山

北沼には遅くまで雪渓が残る

表大雪 トムラウシ山

クワウンナイ川　無雪期　沢　!*

クワウンナイ川の入渓に関して、上川中部森林管理署のウェブページにて「クワウンナイ川入渓の取り扱いについて」というページを設けて注意喚起をしている。記載内容を遵守されたい。

天人峡温泉の手前、羽衣トンネルを過ぎるとクワウンナイ川で、橋を渡った左側に駐車場がある。その向かいからクワウンナイ川右岸沿いに作業道がついている。大きな砂防ダムを越えると道は荒れて半ば藪漕ぎでポンクワウンナイ川出合に至る。618m二股の先の小規模なゴルジュを右岸からへつる以外は単調な河原の渡渉の繰り返しでカウン沢出合（970m二股）に着く。ここは良い幕営地だ。カウン沢出合を過ぎて左へ大きく屈曲するとまもなく川幅いっぱいに落ちる魚止めの滝F1が現れる。釣りは禁止されていないが、狭い地域での生息数は限られているのでくれぐれも釣り過ぎないように気を付けたい。F1を過ぎるとすぐにF2となる。直登もできるが、右岸に巻道がある。黄金ヶ原からの流れ

下流部は渡渉を繰り返して行く

F1　ここが魚止の滝となる

すぐに現れるF2
水量によって直登も可能だ

が高い滝となって合流してくるところを左へ曲がると、この沢のハイライトとも云うべき「滝の瀬十三丁」が始まる。延々と続く滑床を沢靴のフリクションをきかせ、ひたひたと歩くのは何とも云えない喜びを与えてくれる。約1時間半でこの滑床は終わり、やがて放物線を描くハングの滝にぶつかる。巻き道が右岸についている。すぐに両方とも大きな滝となってる二股に出る。中間尾根に着いた踏み跡を登って左股に出るが、獣道や小さな沢筋が入り込んでいるので注意すること。沢の規模は一気に小さくなるが、なおも階段状の小滝が続いている。やがて沢沿いの踏み跡が現れ、遅くまで雪渓の残る源頭のお花畑に着く。ロックガーデンを越えていくと縦走路へぶつかる。この沢の降雨時の増水は極めて早く、それに起因する事故が多発しているし、流域が広いので減水にも時間がかかる。悪天が予想される時は入渓しないこと。

Time 駐車場（6h）
　　　カウン沢出合（5h）
　　　縦走路（2h）
　　　トムラウシ山

表大雪　トムラウシ山

右から銀杏ガ原からの滝が合流する　ここから名物の滑が始まる

延々とくるぶしを洗う滑が続く「滝の瀬十三丁」

まもなく源頭だ

カムイサンケナイ川　無雪期　沢　!!

　短縮登山口へと向かう道と分かれ、右のカムイサンケナイ林道に入ってすぐのカムイサンケナイ川に架かる神威橋から入渓する。標高815mから小規模なゴルジュがあるが、出口を突っ張りで抜ける以外は難しくない。標高1000mから凸凹のない高い壁に囲まれたV字谷になって川底は細い廊下となる。へつりと泳ぎで進んでいくと、2段10mのツルツルの滝が立ち塞がる。微妙なホールドとフリクションで登る。水路は更に続き、ツルツルの10mの滝をもう一つ登ると1060m二股で核心は終わる。左へ進むとすぐに2段20mの滝だ。左岸のカンテ状を登るが、崩壊気味なので慎重に。標高1200mで水がしみ出す岩壁に囲まれた涸滝を越えると水は涸れ、伏流の谷を進むといずれ登山道に出る。核心部は長くはないが、全く逃げ場がないので急な増水には注意する事。

Time 神威橋（5h）登山道

V字谷を微妙なへつりと泳ぎで進む

ホールドの少ない滝が立ちふさがる

ツルツルの滝が続く

トムラウシ川上流地獄谷　無雪期　沢　!

　地獄谷は、トムラウシ川上流に位置し、名前とは相違して川沿いに温泉の湧くトムラウシ山の景観が美しいところで、左岸に幕営の適地がある。

　トムラウシ温泉コース短縮登山口との分岐を右のカムイサンケナイ林道へと進む。林道は地形図上の987m標高点のある雨量観測所で閉鎖されている。林道はこの先も続いているが、笹が覆って所々崩壊している。2km弱（30分ほど）でパンケトムラウシ川を渡り、更に3km弱でトムラウシ川本流に出る。本流は特に何もない穏やかな流れで、遡行して4時間ほどで地獄谷に着く。この上流にある幾つもの沢を地獄谷をBCにして探索するのも面白い。

Time　雨量観測所（1.5h）
　　　入渓地（4h）地獄谷

表大雪　トムラウシ山

地獄谷までは単調な河原歩きだ

幕営地は地熱で暖かい

川の中に温泉が湧き出している

トムラウシ川ワセダ沢　　無雪期　沢　！

地獄谷から本流を250mほど戻ると合流点がある。河原の少ない沢で、規模の割には水量も多い。1300mあたりから数段に連なる滑滝や小滝が始まり、ぐんぐん高度が上がる。その後は穏やかな源頭を詰めていくと北沼に達する快適な沢だ。

Time 地獄谷（6h）北沼

河原が少なく以外と水量が多い

快適な小滝に高度が上がる

穏やかな源頭を登る

トムラウシ川ヒサゴ沢　　無雪期　沢　！*

地獄谷から250mほど戻ってワセダ沢に入る。右にカクレ沢を分けて30分もするとヒサゴ沢の分岐（1210m）だ。ヒサゴ沢に入って傾斜が急になってくると迫力のある30mの大滝（1390m）となる。これは左から巻くがぼろいので慎重に。すぐ上の15m、20mと続く滝も巻いて通過すると階段状のきれいな滑滝が続くので気持ちが良い。この上は雪渓が遅くまで残っている。沢筋を拾って行くと徐々に傾斜が緩くなって若干の藪を抜けるとヒサゴ沼へと導かれてゆく。

Time 地獄谷（2h）ヒサゴ沢分岐（3〜4h）ヒサゴ沼

1390mの大滝が見えてくる

この滝が唯一の見せ場だ

源頭の詰めは素敵な風景が広がる

トムラウシ川五色沢　　無雪期　沢　！*

　地獄谷から30分で絹糸ノ滝、すだれノ滝、らくだノ滝が現れてくる。その後しばらくするとV字状の壁の続く沢相となり、硫黄の臭気が漂ってきて、ガレで行き止まる。

ハイライトのすだれの滝

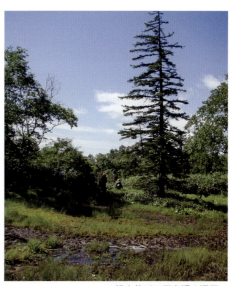
滝を抜けて五色沼の湿原へ

トムラウシ川スゲ沼沢　　無雪期　沢　！*

　五色沢の出合いから1時間も歩くと、長さ1kmほどあるV字谷となり、スゲ沼の湿原地に至る。その後滝状の流れを詰めてゆくと五色沼に出て、やがて五色ガ原の縦走路に抜けられる。比較的ポピュラーなルートである。

Time 地獄谷（4〜5h）縦走路

パンケトムラウシ川（西沢）　無雪期　沢　！*

　パンケトムラウシ川入渓地点までは「トムラウシ川本流」を参照。入渓するとすぐに美しい滑滝が現れ、ここから960m二股まで300mほど滑床が続いている。右に入ると白蝶の滝があり、左岸を越えると函の奥に湧水が二本の滝となって下部から湧き出す絶壁に突き当たる。これを左岸から高巻くと水流は無く、清らかな水を湛える釜を持った涸滝が断続する函が延々と続く。普通の水量であればそれなりのゴルジュであるが、涸れているのでいずれもさほどの苦労なく越えていける。標高1700m付近で沢形が尽きたら左へ進み、シカ道を通るとトムラウシ公園で登山道に出る。標高1530m付近で誤って右へ入りがちなので気をつける。

出合からすぐに美しい滑滝に出会う

Time 林道終点（0.5h）入渓地点（5h）トムラウシ公園

美しい釜を持った涸滝がいくつも続く

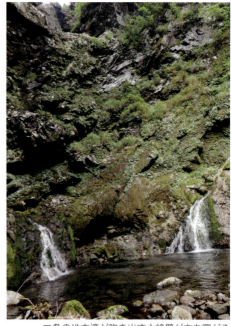

二条の地中滝が吹き出す大絶壁が立ち塞がる

カムイサンケナイ川ルート　積雪期　稜　！*

トムラウシ温泉までは冬期も除雪されている。トムラウシ温泉から夏道に沿って登り始める。林道を渡ってしばらくは急な登りが続くが、じきに平坦な台地となる。標高1300m付近でカムイサンケナイ川右岸台地に出たら、積雪の状況にもよるが、カムイサンケナイ川の右岸斜面に入って平行にトラバースして標高1400m付近で谷に降りて対岸の斜面を登る。雪が余りにも深いときや雪崩が恐いときには沢に降りずに尾根上を忠実に辿るが、アイゼンワークとなり、一部は岩場もある。前トム平付近からクラストしている部分もあるが、上部の平坦部では雪が深いので頂上直下まではスキーを持った方が良い。最後に急な斜面にアイゼンを効かせていけば頂上だ。このルートは厳しい気象条件と火山の山特有の複雑な地形が難敵で、標識旗は必須だ。

Time トムラウシ温泉（6h）
　　　コマドリ沢（2h）
　　　トムラウシ山

カムイサンケナイ川上流

スキーはできるだけ上まで使おう

頂上はもう一息

頂上はあまり広くない

沼ノ原～トムラウシ山

クチャンベツコース 無雪期 道 一般向き

　層雲峡から高原温泉への途中、石狩川沿いの林道へ分岐するところにゲートがある。ここから先は2016年の台風被害で通行止めになっている（2018年）。この林道は通行止めと復旧を繰り返しており、近い将来に復旧が期待できるが、以下は通行可能になった場合の記録である。

　林道を石狩川に沿って奥へ進み、クチャンベツ川とニシキ沢との出合いに登山口がある。出合の中間尾根に登山路がついており、林の中の1本道は急な登りが1ヶ所あるだけだ。小さな湿原に出てしまえば、沼ノ原は目の先で、トムラウシの秀麗な姿が見えてくる。さらに進むと沼ノ原の湿原となり、木道が敷設されている。大沼はキャンプ指定地だが、降雨後は満水でテントが張れないことがある。沼の水を使用する場合は煮沸をする等、気を付けて使用したい。ここから五色岳へ向かうと五色の水場があり、良い水が補給できる。さらに笹の覆いかぶさったジグザグ道を登り切ると、五色ヶ原に出る。五色ヶ原は見渡す限りの広々とした千紫万紅の憩いの楽園である。ここから見るトムラウシ山の見事さは例えようもない。道はやがて五色岳に着き、そこは忠別岳からトムラウシ岳への縦走路である。

Time 登山口（2.5h）
　　　沼ノ原（4h）五色岳

幻想的な沼ノ原の池塘群

沼ノ原・大沼から見るトムラウシ岳

五色岳から旭岳（左）・忠別岳を見る

ヌプントムラウシ温泉コース 無雪期 道 一般向き

　このコースは林道の大規模な崩壊と倒木のため通行止めとなっており、今後の復旧の見込みも予定も無い（2019年）。記事の掲載もためらわれるが、林道の再建を期待して一応紹介する。新得町よりトムラウシ温泉への道を曙橋の手前で右折するとすぐに通行止めとなっている。ヌプン峠を経てのヌプントムラウシ沿いの林道は大規模に崩壊、流失していて、ヌプン大橋は残っているものの川を遡行する部分も多い。曙橋からトムラウシの避難小屋まで14.5km、小屋は健在だが、ヌプントムラウシ温泉の湯舟は土砂に埋まっている。そして登山口はさらに1km先で標識がある。この林道を歩いてまで登る人がいるとは思えないが、登山口から先の変化は過少と思われるので一応2016年以前の記録を紹介しておく。

　登山口からヌプントムラウシ川の右岸へ丸木橋を渡って荒れた枝沢沿いのコースを進む。かなり途切れたコースを進んでから左手の小沢に入る。入口は狭い滑滝状である。さらに二股を右手に入ると、沢のコース上に7m位の滑滝がある。この上の細い滑床を100mほど進むと、右手の尾根に明瞭な登山路がある。樹林帯より沼ノ原山の西側の腹を巻き、コルから沼ノ原に出ると木道が続いていて、途中石狩岳方面への縦走路分岐がある。なお、沼ノ原山へは途中から踏み跡があるが、頂上近くは判然としない。

Time ヌプントムラウシ温泉登山口（4h）縦走路分岐（1h）大沼

沼ノ原は美しい大きな湿原だ

三川台～トムラウシ山

トムラウシ山はもう近い

俵真布コース　無雪期　道　!

表大雪　三川台〜トムラウシ山

　2016年の台風で上俵真布林道の入り口から通行止めになっている（2018年）。しかし上俵真布林道は事業用として使用されており、早期の復旧が期待できる。2018年現在では分岐から上の台地林道の入口ゲートまで8km、さらに終点の登山口（1120m）まで2kmの10kmを歩くことになる。ここから登山道となり、1時間ほど歩くとロックガーデンと呼ばれる岩の積み重なった所に出る。そこを登ると間もなく稜線で、扇沼山はすぐだ。ここからの眺望は素晴らしく、眼下に硫黄沼とさらに十勝連峰、トムラウシ山は間近に望まれる。ここからトムラウシ山へは兜岩の裾を巻いて辺別川の源頭へ降り、三川台へ上がる。三川台で十勝連峰からの縦走路と合流して南沼、トムラウシ山へは起伏の少ないお花畑が続いている。地理院図上に道の記載は無いが、明瞭な登山道である。

Time 台地林道ゲート（0.5h）
　　　登山口（2.5h）扇沼山（2h）
　　　三川台（2.5h）トムラウシ山

林道の入口にはゲートがある

扇沼山の頂上から見る十勝連峰

道は兜岩の脇を抜けている

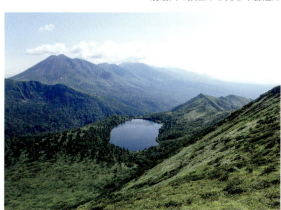
神秘的な硫黄沼と後ろに十勝連峰

ユウトムラウシ川　無雪期　沢　!*

トムラウシ温泉までは「トムラウシ温泉コース」を参照。トムラウシ自然休養林野営場から林道を歩き、800mを越えたあたりから小沢を利用して本流に降りる。開けた明るい沢を渡渉を繰り返しながら遡行する。途中の一枚スラブの岩が目を引く。標高1200mまでの間には幕営適地がどこにでもある。標高1280mにある12m＋5mの2段の滝は難しくない。3級程度の登りで越えられるが初心者がいればロープ確保をした方が良い。その後小滝がいくつも出てくるが概ね問題ない。やがて沢は大きく開け源頭の湿原になる。湿原は広く、美しく、まさにカムイミンタラ・神々の遊ぶ庭だ。気持ちよく湿原を詰めてゆくと、やがてオプタテシケ山からの縦走路に出て三川台だ。

Time 野営場（1h）
　　 標高800m（6〜7h）
　　 三川台

2段の滝　初心者にはロープを出した方が

快適な小滝が続く

夢のような美しい源頭風景

辺別川(べべつかわ)

無雪期　沢　！＊

辺別川沿いの上俵真布林道は中尾沢出合いの左岸まで続き、数台の駐車スペースがある。この林道の状況は「トムラウシ山・俵真布コース」を参照。入渓すると小規模なゴルジュが断続し、小滝や釜をへつっていく。標高980mで2段の滝が現れ右岸から高巻く。1010m二股からゴルジュとなっていくつかの滝が有るが、特段難しくはない。1030m二股を右に入ると、水流がX状になって落ちるチョックストンの滝が現れ、手前のルンゼから高巻く。この先にも滝は続くが、傾斜は緩く、徐々に岸が低くなって兜岩を仰ぎ見ながら登山道に至る。

Time 林道終点（3.5h）
　　　880m二股（4h）
　　　1030m二股（1.5h）
　　　登山道

滑の多い綺麗な渓相

中流部は中小の滝が連続して飽きない

三川台～トムラウシ山

上流部から見る兜岩

直登可能な滝が続く

層雲峡・天人峡のクライミング

層雲峡の氷瀑群

　大雪山国立公園にある層雲峡は標高約650mほどに位置し、3万年前の噴火により流れ出た溶岩が柱状節理に形を変え、10km以上にも渡り絶壁を連ねている。この絶壁から数多くの沢筋が北海道の母なる川である、石狩川に流れ落ちていて氷瀑やミックスルートを作っている。天人峡の忠別川の峡谷にも同様に凍り付いた大氷瀑が懸かり、12月末ともなると沢筋が大陸からの寒波到来と共に結氷し、道内では有数のアイスクライミング・エリアとなる。層雲峡は国道から短い時間で取り付けるため、古くから登られてきたが、天人峡はアプローチの大変さもあって、ごく最近の開拓である。アプローチの距離がある場合はスキーかスノーシューが用いられている。

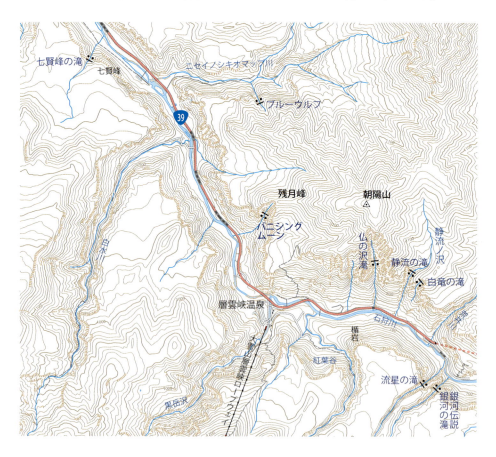

七賢峰の滝　積雪期　氷　45m　WI4

　車を駐車する場所は層雲峡発電所の手前にあるバス停「高山」が一般的だ。ここから陸万別側に引き返し覆道を出た適当な所から、凍った石狩川を対岸に渡り、40分程岸壁の下の平地をラッセルする。七賢峰の岩を通り過ぎて、最初の沢形に入り、100mほど詰めると氷結した滝が現れる。沢の入り口から滝は見えないので注意のこと。

　滝は1P、傾斜は80°程度で幅もあり、左右二本のルートは取れるが、薄氷状態の時もあるので、良く観察してから登ること。落ち口から雪壁を7m程登り灌木でビレイを取る。

アプローチが長いが滝はきれいだ

ブルーウルフ
積雪期　氷
40m～50m　WI3～4＋

　車は七賢峰の滝と同様にバス停「高山」に停める。ここから、ニセイノシキオマップ川に沿って林道を山に入って行く。1.3km程行き、右から入ってくる小沢が目指す沢で、しばらく詰めると幅の広い名前のとおり青いきれいな氷瀑が目に飛び込んでくる。幅が広く、右側が高くなっており、2ピッチ（50m WI4）となる。左側は1ピッチ（40m WI3＋）だ。2～3パーティーは同時に取り付くことができ、初心者から中級者まで楽しめる。アプローチが少し長いのが難点だろうか。

右と左で高さと傾斜が違い　いろいろ楽しめる

横に広いので同時に登ることができる

バーニッシングムーン　積雪期　氷　3P　70m　WI5

　車は残月峰下の国道39号線パーキングエリアに置く。ここから町営住宅の横を抜けてから急な沢をラッセルして行く。ブッシュも多く結構な登りだが、スノーシューを利用する方が良い。アプローチは少し大変だが見事な氷柱で楽しめる。

1P　20m　WI3
　60°程度の氷壁で、上部氷柱の下でピッチを切る。

2P　35m　WI5
　垂直でツララの集合した氷柱である。途中に小さな段状があり一息つけるが全体にシビアだ。落ち口に抜けて灌木でアンカー。

3P　15m　WI3
　2段になった傾斜の緩い小滝を越えて終了。下降は同ルートをラッペルする。

全景　素敵な氷柱だ

結氷状態は年によって大きく変わる

静流の滝　積雪期　氷　50m　WI4

　駐車は「白竜の滝」を参照。取りつきまで急斜面を頑張ってラッセルする。1Pだが上部が立っていて楽しい。抜けてから上の灌木で終了となる。

きれいな滝だがアプローチが長い

白竜の滝　　積雪期　氷　2P　70m　WI4+

きれいに氷結している

ツララを壊さないように

　なかなか結氷しないことが多いが、垂直部分が長い上級者向けの1本なので紹介する。車は、国道39号線から銀河の滝駐車場へ向かう途中の新銀河トンネルの入り口辺りに来ると左手に空き地があり、ここに駐車する。アプローチは国道39号線に戻り、清流の沢側の岩壁に筋状の氷が下まで届いていれば登れる。

1P　55m　WI5
　垂直部分を15mほど登り、抜け口のマントル返しが核心とも言える。抜けてから立木までつぼ足で歩き、少し氷を登りようやくビレイ。

2P　15m　WI3
　傾斜の緩い氷を登り、適当な立木で終了。下降は同ルートをラッペルする

流星の滝　　3P　110m　WI3+

　国道39号線から流星の滝と銀河の滝へ向かうと広い駐車場がある。この付近の石狩川は結氷しないので、銀河の滝の前の浅い部分を選んで長靴で渡る。この滝は水量が多いために中央部がなかなか結氷しない。登れる状態に凍るのは何年かに一度ということになる。下から眺めて登れそうならラッキーということで、ぜひ取りついてみたい。左右どちらも登ることができるが、左側（右岸）が少し易しく、残置アンカーもある。

1P　45m　WI3
　45°〜60°の雪氷壁で、右岸の潅木か残置でアンカーを取る。

2P　50m　WI4+
　きれいな氷が段状になっている。ここが核心部となり、50mいっぱいで1段目の落ち口に達する。途中に大きな音を立てている水流の脇を抜けるが不気味である。右岸の壁に残置ボルトがある。2段目に取り付くには直径10mぐらいの大きな釜があり左岸に渡って壁に沿って釜をかわし、取り付く。

3P　20m　WI3
　傾斜の落ちた氷壁にアックスを決め、ロープを伸ばして終了。
　下降は同ルートをラッペルする。

銀河の滝　積雪期　氷　5P　130m　WI3+

アプローチは流星の滝を参照。石狩川をゴム長靴で渡り、滝に向かってラッセルをするとすぐに滝の下に着く。滝は上段、中段、下段に傾斜によって分けられる。下段は左の岩壁に沿って登るとロープを必要としないが、中央部の傾斜のある氷部分を登りたい。中段は傾斜が緩い。右岸のアンカーは多く選択に困るほどだが、左岸のアンカーは下段から50mいっぱいで3ピッチ分ペツルボルトが新設されていて、登攀、下降共に利用できる。右岸、左岸、中間共ルートは取れるが右岸が易しい。

1P　30m　WI3
氷質の良いところを選んで気持ち良くロープを伸ばす。傾斜の緩い雪田に出て、右岸の残置のアンカーでビレー。

2P　40m・3P　40m　2級〜3級
右岸に沿って傾斜の落ちた雪田にロープをのばす。所々に氷が出てくるので油断はできない。

4P　40m　WI3
右岸沿いに登る、岩にいくつもアンカーが出てくるので適当なのを使う。

5P　35m　WI3+
右手カンテ状に出て直上する。立って来た氷壁にアックスを決めて体を上げると滝の落ち口となり終了する。左岸の壁にボルト群があり、雪をはらうとすぐに見つけられる。

下降は同ルートをラッペルすることになるが、下から登って来ている他のパーティーがいる時は注意。左岸も同様に登下降ができるが左岸の上部が若干難しい。

1P目は幅が広く傾斜もゆるいのでアップにちょうど良い

最終ピッチ　傾斜もきつくなり落ち口までが核心部だ

未完成の青春
積雪期　ミックス　30m　M10+NP

　銀河伝説の隣にあるフェイスクラック。最初から最後まで逃げ場がなく、休むことができない。クラックの利きも悪くアックスではほとんど使えず、フェイスにある細かいホールドを拾いながらじわじわ登ることになる。プロテクションはナッツがお勧めである。銀河伝説1ピッチ目と同じ松の木が終了点となる。

スタートからパンプを我慢するクライミングとなる

銀河伝説　積雪期　ミックス　2P　54m　M10+NP

　ルートは銀河の滝の左岸（右壁）の側壁にある。
　アプローチは銀河の滝を右岸から登る場合は3ピッチ終了点よりトラバースで左岸に渡り、顕著なコーナークラックが銀河伝説の取り付きとなる。左岸から登る場合は1、2ピッチ目の氷穴に注意しながら登り直接取り付きまで上がる。

1P　26m　カム00番〜6番
　コーナークラックは徐々に広がりルートの6割ほどで6番は使えなくなる。フェイスには細いクラックがありマイクロカムを入れながら登れる。どちらのクラックも氷が張り付いておりカムが完全に決まることはあまりない。小さなハングを超えると全くプロテクションはとれなくなるので、そこから10m弱はランナウトとなる。マントルを返すと松の木が1本あり、そこでピッチを切る。

2P　28m　カム00番〜6番、ナッツ、トライカム
　出だしのワイドクラックから徐々に閉じていき最終的には無くなりフェイスクライミングとなる。クラックと壁に張り付く苔をそっと使いながら登り、中盤頃にクラックはフレアとなりカムが利きづらくなっていく。ナッツ・トライカムをかませながら我慢のクライミングで上部まで登り、そこからはプロテクションのとれないフェイスとなる。ランナウトしながら上部草つきをはい上がるが、ここが意外と難しい。エイド開拓時に使ったリングボルトがあるが使うことはない。
　クラックは氷が張り付き、カムが完全に利いている保証はないので、落ちないことをお勧めする。また国立公園内のためボルトの設置やプロテクションの残置などは止めたほうがよいし、壁の掃除はできない。

コーナーを登るがスタンスは少ない

雲井の滝　積雪期　氷　4P　140m　WI4

　銀河の滝の駐車場から歩く。観光用の旧国道をしばらく行くと雲井の滝が見えて来る。石狩川の結氷したところを探して渡る。滝に向かって右岸沿いに登るとすぐに氷瀑の下に着く。

1P　F1　40m　WI4+
　中間のバンド状まで左右のどちらから取り付いても良いが、そこからは中央のカンテ状が登りやすい。立っているが体が壁より飛び出して快適に登れる。落ち口の立ち木でビレー。この1ピッチ目が核心部で面白い。

`Time` 国道（1~1.5h）取り付き

2P　30m
　雪壁。ロープは付けたままで状況によってはスタッカットにする。

3P　F2　30m　WI3
　すっきりした傾斜の緩い滝である。立ち木でビレー。

4P　F3　40m　WI4
　シュークリームの滝と呼ばれるおかしな形をした氷瀑である。水流と風の具合で不思議な形に結氷してしまうようだ。右から取り付いて左上するルートが一般的。落ち口付近の水流に注意。下降は同ルートをラッペルする。

層雲峡の氷瀑群

F3　シュークリームの滝は風の影響で変わった形に氷結する

F1　上部は傾斜のきつい滝で楽しめる

早乙女の滝
積雪期　氷　12m　WI4

　大函の中に懸かる小さな滝である。垂直な部分もあるが5mほどだ。大函の中にはこの滝の他に名前を付けて幾つか登られているが、いずれも規模が小さい。

プリンセスストーリー 積雪期 ミックス 5P 190m M8 WI5

アプローチは錦糸の滝から石狩川の左岸側を歩くのが一般的。

このルートは、現在、姫岩の滝を登る一般的なルートである。下部はミックスルートであるが、ほとんどドライ、中間部は傾斜の緩い氷で2ピッチ、上部の氷の取り付きまで雪面をラッセル。

ギアはクイックドローとスリング長短おり交ぜ20本程度、スクリュー 5〜8程度、ロープは50m以上のもの2本

1P　35m　M8
　ほとんどがドライツーリングである。中間部で休める所もあり、終了点のアンカーも安心できる。

2P　30m　WI3
　30°〜60°の氷壁で問題無い。

3P　45m　WI3＋
　60°〜70°の氷壁で傾斜が落ちたところで立ち木にてビレイ。

4P　40m
　上部氷柱の取り付きまで雪壁をラッセル。

5P　45m　M8・WI5＋
　核心部。氷が下まで繋がっていない事が多いので、右岸からドライツーリングで10mほど登って氷に乗り移るミックスラインが主流になっている。垂直の氷柱を25m程登ると落ち口となり、立ち木で終了。

下降は同ルートをラッペルする。

Time 駐車場（1h）取り付き（1d）落ち口

プリンセスストーリーの全景

1ピッチ目

氷は例年つながらず

右岸をドライで氷りまで

錦糸の滝　積雪期　氷　4P　120m　WI4+

新銀河トンネルを大函側に抜けた右手の駐車帯に車を置き、旧国道を下流に向かって歩く。石狩川の河原に降りるには護岸のコンクリート壁を懸垂するが、ここは帰りのためにロープをフィックスしておく。

1P　40m　WI4+
滝の下部は幅が広くスケールも大きく迫力が有る。ルートは自由に取ることができるが右に寄ると立ってきて難しくなる。右岸沿いにロープを伸ばし、岩壁のアンカーにてビレイ。

2P　20m　WI4
滝の中央に出て、上部の倒木の下の落ち口まで20m程ロープを伸ばすと左岸に残置アンカーが有る。この滝は1、2ピッチがハイライトで、気持ち良くロープを伸ばすことができる。なお右から取り付くと50mいっぱいで落ち口のアンカーに達することが出来る。

3P　30m
傾斜が30°〜40°の雪壁。

4P　30m　WI3
傾斜の落ちた滝を登り倒木でビレイをして終了。

下降は同ルートをラッペルする。

見栄えの良い形に凍る錦糸の滝

表大雪　層雲峡の氷瀑群

錦糸の滝1P目

ライマンの滝 　積雪期　氷　45m　WI4

アプローチは錦糸の滝を参照。

この滝は雪の状態によってはアプローチのラッセルに大いに汗を流すことが有る。

取付きから10mほど登ると氷柱になるが段状になっている。ロープいっぱい伸ばして終了、残置アンカーも立ち木も有る。下降は同ルートをラッペルする。

Time 駐車場（0.5h）取り付き

規模の小さい滝で
結氷状態もシーズンによって変わる

NAKA滝　積雪期　氷　18m　WI4

新銀河トンネルを大函側に抜けた右手の駐車帯に車を置いて国道を渡り、覆道の外側を層雲峡方面へ歩く。最初の滝がこれで、次いで尾滝、パラグーフォールと続く。下部は傾斜が強く太い氷柱なので、トップロープにして練習にちょうどよい。

短いが傾斜の強い氷柱で
TRも可能

尾滝 　積雪期　氷　15m　WI3

傾斜も緩く高さも無いので、初心者の練習やアップにも使われる。

短くて傾斜が緩いのでアップに使われる

パラグーフォール 　積雪期　氷　25m　WI5

一番奥の氷瀑で尾滝から100mほど歩くと、パラグーフォールである。高さは25mで、下部10m、上部15mに分かれている。上下とも垂直の氷柱で、特に上段は氷柱が細くなっているので中央のカンテ部分を登りたい。上部の灌木でビレイ。中・上級者向きである

すっきりとした氷柱で登りごたえもある

ツララを壊さないように

表大雪　層雲峡の氷瀑群

天人峡の氷瀑

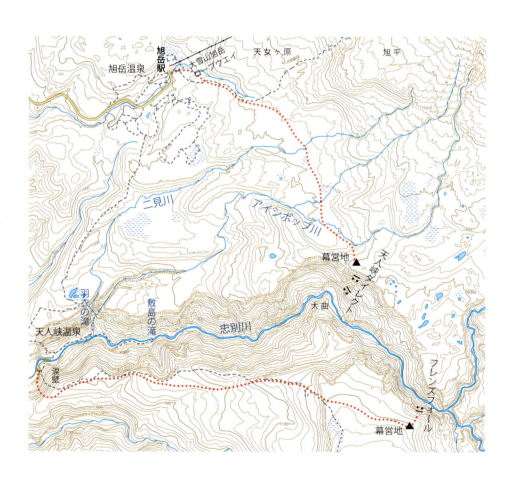

天人峡ダイレクト （天人峡大ルンゼ＋天人峡フェローズフォール）

アプローチ
旭岳ロープウェー駐車場より出発、スキーゲレンデを約20分歩き、緩斜面が続く辺りで忠別川方面ヘトラバースする。旭岳盤の沢ゲレンデを滑り降りたトレースがあると解りやすい。ゲレンデから分かれ、森の中を進み、忠別川右岸、地理院地図の1322m地点手前でテン場作成する。同じ景色と似た地形が続き、目印になるようなものは全くない。

下降
下降点は木の間隔が大きく開いた所だが、似たようなポイントはいくつもある。ロープを使い試しに50mほど降り、顕著なルンゼ地形があればそこが下降ポイントだ。ルンゼは180mあるが、途中下降に耐える支点を作ることができる木は2本しかない。左右の岩壁にも使えるクラックやリスは見当たらない。80m以上のロープをつなぎ下降を行う。ルンゼ下は降雪と雪崩で溜まった雪が積もり、胸以上のラッセルとなる。そこから雪田を約150m雪崩に注意しながら下降しアイスフォール上部を目指す。アイスフォール上部も非常に解りづらいので、事前に写真で松の木の配置を覚えておく方が良いだろう。そこから3ピッチ下降し、氷の末端に到着する。忠別川まではさらに1ピッチ分あるが、その斜面は歩くと踏み抜いて下に流れる水の流れに落ちることになる。登る価値が無いので氷末端をルートのスタート地点とする。

表大雪　天人峡の氷瀑

天人峡大ルンゼ　　180m　3P

　フェローズフォールを登り、雪崩に気を付けながら雪田をルンゼ下部まで詰める。
　ルンゼ内は60度～90度で、しっかりしたプロテクションを決めることは難しい。
　スノーバーやイボイボなどを気休めで使いながら這い上がる。
　ルンゼ左右の壁から雪崩が落ち、ルンゼ内センターラインで大きな雪崩となるので登攀ラインの選定には注意が必要。

天人峡大ルンゼ全景

ルンゼ内部は雪崩の危険が常にある

天人峡フェローズフォール　　3P　115m　WI5

　陽のあたる面にあるので表面はグズグズだが、その奥には安心してスクリューを打てる厚さの氷がある。最初から立っている氷で非常に気持ちが良い。幅は見渡せないがラインを選べばいろいろなグレードのクライミングを楽しむことができるだろう。
　上部の雪田からのチリ雪崩は頻繁に起こるので、大きな雪崩が起こらないことを祈るばかりである。ピッチは所々にある棚で切ればビレーも安定して行うことができる。

1P目

2P目

天人峡フレンズフォール　50m　WI5+

アプローチ

　天人峡温泉手前の天人橋横駐車場よりスキーで入る。夏道で使う滝見台までの道は急すぎるため、巻いて上がるがそれなりに急で細い。アップダウンを繰り返し、距離6km、標高差700mほどのラッセルとなり空身で5時間、フル装備で8時間強ほどかかる。忠別川の左岸沿いに登り、第一公園を通過し忠別川大二股手前をテン場とするのが良い。

下降

　雪田を110m歩いて降り、そこからロープで40m下降する。氷が出てくる所でピッチを切り、スクリューで支点を作り更に135m下降するとフレンズフォール取りつきに到着する

　きれいな円柱形のスタンディングピラーでしっかり立っている。開拓前調査1月30日に対岸から確認した時は真っすぐだったが、2月23日のクライミング時には上部で完全に折れ、手前に倒れていた。氷はミルフィーユ状で薄い氷の層が重なっているため、スクリューをとるためにかなり掘らなければならない。傾き傾斜と氷の悪さからWI5+としたが、時期によりもっと簡単に登れるのかもしれない。陽が当たると周囲の雪壁が崩れ落ち取りつきに向かって隕石のように落ちてくるので注意が必要である。

　氷を抜け、下降してきたラインを登り返すが、途中は簡単な氷のクライミングがあるだけで、あとは雪崩に気をつけながら太ももくらいのラッセルをして歩いて上がる。

下降中も周囲の雪崩の音に注意が必要

フレンズフォール全景
初登時は上部で完全に折れていた

東大雪

　大雪山東部の山とは、山への拠点である「十勝三股」をとり囲むようにして聳える石狩連峰、ニペソツ山、ウペペサンケ山、クマネシリ山塊など石狩川、音更川源流域の山々を指し、一般には東大雪あるいは裏大雪と呼ばれている。

　石狩連峰は、大雪山系では珍しい非火山性の古い構造山地であるために浸食が激しく、険しい山稜、深い谷を造っている。主峰石狩岳は日本登山界の先蹤者・大島亮吉の紀行文「石狩岳から石狩川に沿って」にその深山幽谷が語られていて、この文章を読むとき、ふと、古き足跡を辿って静かな山旅をしてみたい心境にもなってくる。

　冬ともなると、これらの山々は迫力を増し、黒い針葉樹の森の中から白く輝く雪稜を惜しみなく見せてくれる。

春の石狩連峰

石狩岳（いしかりだけ）（1967m）
音更山（おとふけやま）（1932.1m）

　十勝三股に立つと、石狩岳を主峰とする石狩連峰の山並みが深い谷と豊かな残雪、そして切り立った山ひだをまとって迫り、素晴らしい景観を見ることができる。

　石狩岳は南北二つのピークからなり、かつては北側のピークが最高点だったが、近年の測量結果で、南側が最高点になった。さらにその南にある1924mは小石狩岳と呼ばれている。音更山は登山の目標にして登られることはほとんど無く、コースの途中や縦走の途中で踏まれることが多い地味な山だ。

音更山を下ると石狩岳は目の前だ　左はニペソツ山

石狩岳の新アプローチ（2019年）

シュナイダーコース 無雪期　道　一般向き

　十勝三股から音更川に沿った林道は2016年の台風被害で通行できない。代替のアプローチとしてシンノスケ四ノ沢林道から他の林道をつないで登山口まで整備されている（2018年）。地図を掲載しておくが、元の林道が復旧整備されるかどうか不明である。

　御殿大橋手前に登山口があり、駐車スペースと簡易トイレがある。ニ十一の沢沿いに進み、飛び石で沢を渡渉して少し行くとシュナイダー尾根取り付きとなる。道は急で細い尾根に忠実に付けられていて、容赦のない急な登りだ。登り切って主稜線に出ると石狩岳と音更山のコルで広場になっている。ここからもうひと登りで石狩岳に着く。

Time **御殿大橋（1h）**
　　　シュナイダー尾根取り付き
　　　（3h）主稜線（1h）石狩岳

最初は沢の渡渉を繰り返してゆく

ここから急登の尾根になる

急峻な上部は岩を巻いて登る

十石峠コース 　無雪期　道　一般向き

　登山口までは「石狩岳・シュナイダーコース」を参照。登山口前の駐車スペースは大きくない。しばらくは作業道跡を辿る。歩道に入って1136mから急斜面の樹間をジグを切って登るが近年整備されて歩きやすい。尾根上に出て視界が開けると1576mの十石峠だ。ユニ石狩岳が目の前に見えて、ハイマツの中の苅分道を行くと1時間ほどで頂上に着く。

　十石峠から音更山、石狩岳を目指す。十石峠からなだらかな稜線を行き、小ピークを一つ越えると1626mブヨ沼キャンプ指定地がある。沼の水は良くないので水場は北東側のブヨ沢に少し下ると良い水がとれる。小屋やトイレは無いので、携帯トイレを持参すること。ここから音更山へは急な登りとなる。音更山は岩の積み重なった石垣の山で、視界が悪いと道が分かりにくい。ここから下りになり、下り切った広いコルがシュナイダーコースの合流点になる。ここから一登りで頂上へと至る。

Time 登山口（3h）十石峠（1.5h）
　　　ブヨ沼キャンプ指定地（1.5h）
　　　音更山（1.5h）石狩岳

十石峠から見るユニ石狩岳

登山道は歩きやすい　何故か道沿いにコマクサの群落が

音更山から石狩岳をみる　遠くはニペソツ山、ウペペサンケ山

石狩沢
(いしかりさわ)

**無雪期　沢　!*　**

　層雲峡から高原温泉への途中、石狩川沿いの林道までは「トムラウシ山・化雲岳・クチャンベツコース」を参照。林道入口から7kmほど行き、春嶺橋を渡って左に分ける石狩沢林道へ入る。ここも入口で通行止めになっていることがある。ペテトク沢の出合いが林道終点で、広い土場になっている。入渓してからしばらくは単調な河原歩きが続き、何も無いままに高度を上げる。標高1500mで流れは右に大きく曲がる。その先の1540m二股に左から滝になって合流してくる枝沢が頂上へ向かう直登沢だ。このあと2〜3小滝が続くが難しくはない。ハングの滝を急な草付を登って巻くとその上は傾斜のある滑が続く。小滝滑滝群を越えて行き、沢型が切れてからは背の低いハイ松と高山植物帯の急斜面を登って行くと石狩岳頂上付近の稜線に出る。一方、1540m二股を右の本流へ真っ直ぐつめると、何もないガレ沢で次第に流れが細くなり低いハイマツとお花畑を踏んで小石狩岳のコルに出る。下りは、大雪の雄大な景色を眺めながらニペの耳を越えて沼の原への夏道を下り、途中1289m付近よりペテトク沢へ降りると入渓点に戻る事ができ、それも楽しい山旅となる。

Time 石狩沢林道終点（5〜6h）石狩岳

崩れた沢に大きな滝は無い

直登沢は左から滝になって合流している枝沢だ

滝が終わると滑が続く　滑らないように

音更川二十一の沢左股本谷　無雪期　沢　!!*

シュナイダー登山口までは「シュナイダーコース」を参照。河原は2016年の台風で流されて大きく様子が変わっている。シュナイダーコースを歩き、適当なところから笹を漕いで沢に降りる。見通しが悪いので早めに沢に下りて二股を確認したい。標高1000mあたりから沢は狭まって、両岸が切り立ってくる。二股から小1時間で滝が出てくるが問題はない。やがて左岸に崩壊地が見え、早い時期ならば残雪が現れてくる。1160m二股で沢幅は急激に狭まり、大きな滝が二つ出てくる。い

雪渓にはご注意ください

ずれも直登は難しく右岸から高巻く。シュナイダー尾根分岐（1770m）からの沢と、直登谷が立て続けに左岸から滝となって合流してくる。次の二股は小石狩谷との出合で、かなり遅い時期でも大きな雪渓に埋まっている。本谷は、ここから直角に曲がっている右股の方なので間違えないように。雪渓のあい間に出てくる小滝群は快適だが、雪渓の処理が難しい。両岸はボロボロの壁で、容易にへつったり高巻いたりできないからである。雪渓が終わるとガレ沢となり崩れやすくて歩きにくい。お花畑が出てくるとたいしたヤブ漕ぎもなく、自然に1924m北側直下のコルに出る。この沢は、時期によって雪渓の処理が核心となる。

シャワークライムの滝もあります

雪渓の合間に滝が出現

音更川二十一の沢左股石狩岳最高点直登谷　無雪期　沢　！！！

　直登谷は狭いV字の岩溝から直瀑となって合流している。左岸のルンゼを詰めて、細い岩尾根を乗っ越す。ここから先は深い函に不安定な雪渓が残って苦しめられることが多い。1370m、1500m二股をそれぞれ左に入ると、狭い樋状のシャワークライムが続き、最後に急なルンゼを詰めると藪漕ぎなしに最高点（1967m）の北側に出る。沢は細かく分岐していて読図が難しいが、どれを詰めても大差ないだろう。

`Time` 直登谷出合（6h）石狩岳最高点

いやな雪渓が残る事がある

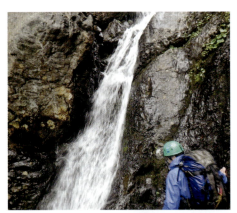

標高1500m付近の滝

ショルダーで登る　難しいシャワークライムになる

稜線直下

シュナイダー尾根　　積雪期　稜　!!

　シュナイダー登山口までの経路は「シュナイダーコース」を参照。国道273号線から「音更川コース」登山口まではおおよそ11.5km、そこから21の沢出合まで2.0km、5〜6時間の林道ラッセルとなる。21の沢出合からは夏道に沿ってシュナイダー尾根の末端まで進む。そこから直接尾根に取り付くのは、傾斜が急でブッシュもうるさいので、右股の平坦な沢をさらに1時間ほど詰め、傾斜の落ちた右岸斜面に取り付く。適当に疎らな針葉樹の斜面は快適で、標高1200mを越えたあたりでシュナイダー尾根の上に出る。ここまで1日目のテン場を上げることが出来たら、翌日の行動が楽になる。尾根上も、出来るだけスキーを使った方が有利だが、核心部の岩稜帯が現れたらスキーデポとなる。それらの岩稜を慎重に巻きながら、急登のラッセルに耐えると、やがて雪面が固くなってシュナイダーの頭に達する。主稜線上は積雪が少なく、快適にアイゼンがきしんで、残り200mの登りもそう時間がかからないだろう。

Time 十勝三股（5〜6h）21の沢出合（6〜8h）主稜線（1h）石狩岳

音更川二十一の沢右股・第3尾根　　積雪期　稜　!!

21の沢から見る石狩連峰

　右股沢へのアプローチは、「シュナイダー尾根」の項を参照。21の沢を右に入るとシュナイダー尾根の東側に3つの小尾根があり、3本目（第3尾根）を利用することが多い。いずれも主稜線近くになると急峻になるので、雪の状態によっては雪崩に注意が必要だ。また条件次第では、スキーがかなり上部まで使えるが、両側の沢には入り込まないように気を付けた方が良い。5月頃の残雪期で雪渓が残っていれば、沢を利用して容易に主稜線に達することが出来る。雪氷をまとった稜線を登り切ると頂上だ。

Time 21の沢出会い（4〜5h）主稜線（1〜1.5h）石狩岳

三国山（1541.4m）

音更川中ノ川六の沢　　無雪期　沢　！

国道273号の十勝三股と三国峠の間の894m標高点の少し三股よりに入口がある林道に入る。林道に入って2本目が目的の沢だ。標高1000mあたりに出現する小滝を越えると、すぐにきれいな滑滝が続く。洞窟のようにえぐれた滝を抜け、1080m二股を左に行く。標高1200mに現れる15mの滝は右岸を登る。1240m二股を左へ進むと、1350mあたりで水が切れる。藪漕ぎは1時間ほどで大分水嶺と、山頂の間のコルに出る。

Time 六ノ沢入渓（4h）三国山

洞窟のようにえぐれた滝を抜ける

1200mの滝は右岸を巻く

三国峠ルート

積雪期　稜　!

　三国トンネルの北側出口から200mくらいの所に駐車帯がある。トンネルの脇から沢に入る。1320m二股を右へ。これを登り切ると稜線に出る。20分程で「北海道大分水嶺」の標識があるJPに着く。ここから三国山山頂までは20分くらいの距離。スキーなら帰りはJPから稜線を200m程北西に移動して、広い沢を滑るのも楽しい。1320m二股で登りのラインと合流する。

Time 三国トンネル（2h）
　　　三国山

オープンバーンを滑る

山頂を望む

東大雪　三国山

西クマネシリ岳（1635m）
ピリベツ岳（1602m）

シンノスケ三の沢コース　無雪期　道　一般向き

　国道273号線を十勝三股からシンノスケ三の沢林道へ入るのだが、この林道は2016年の台風被害で通行止めになっている（2018年現在）。標高902mの登山口まで決壊した林道を4km歩き、ここから1040m上二股の広い土場まで荒れた林道跡をたどる。土場からの道はアキタブキのジャングルとなっていて、1200m附近で西クマネシリ岳から南西に延びている尾根に取り付く。この登山道の入り口は判りにくいので注意をしよう。尾根に上ると登山道ははっきりして、頂上直下の脆い岩場に出る。落石に注意をして岩場を登りきると、前衛峰に着く。頂上はさらに奥にあり展望が非常に良い。隣のピリベツ岳へは途中から明瞭は踏み跡があり、1時間ほどだ。

Time　国道（1.5h）登山口（0.5h）上二股（2h）西クマネシリ岳
　　　上二股（2.5h）ピリベツ岳

沢沿いは蕗をかき分けて歩く

尾根に入ると道は明瞭だ

頂上からクマネシリ岳が間近に見える

クマネシリ岳（1585.8m）

美里別川コース　無雪期　道　一般向き

置戸町から芽登へ抜ける道道88号線を走り、途中から美里別川に沿った林道へ入る。10km程のところの橋の手前を左の荒れた林道に入ると広い土場があり、ここから歩く事となる。このコースには一切の指導標が無く、若干の目印のテープがある程度なので、地形図上で確認をして登ることが必要だ。荒れた道を10分程で上の土場に着き、作業道を登って行くと急斜面となり、尾根上に出ると頂上はすぐだ。

Time 土場（2.5h）クマネシリ岳

山頂付近から見る西クマとピリベツの双耳峰

ニペソツ山 （2012.9m）

　表大雪と異なり、ニペソツ、石狩岳を始めとした東大雪の山々は急峻な尾根と深く切れ落ちた谷で構成されていて、とても魅力的な山容を見せている。ことにニペソツ山は雄々しく東側に切れ落ちる岩壁を持つ頂上は見事な眺めであり、石狩岳と共に登りごたえのある山である。

厳冬期のニペソツ山

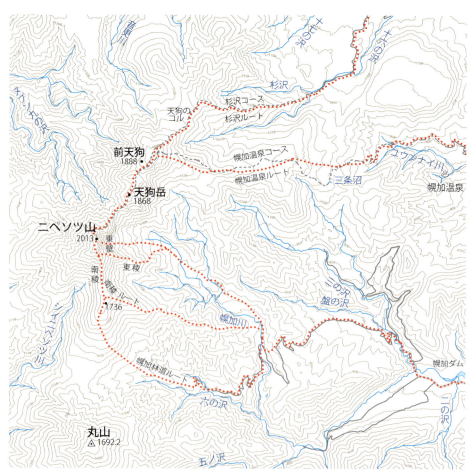

幌加温泉コース　無雪期　道　一般向き

　このコースは2016年の水害で杉沢コースへの林道の通行ができなくなったことに伴い、2017年に再整備された。国道273号線から幌加温泉への道に入り、すぐに右の林道に入る。林道ゲートに広い駐車スペースと、簡易トイレが設置されている。ここから林道終点（Co810付近）まで約2km通行が可能で、駐車スペースがある。ここから古い林道跡の登山道となり、曲がりくねりながら少しずつ高度を上げる。標高1150mにある三条沼の水は飲めない。その後急斜面を登って深い樹林帯の台地を抜け、標高1540mで稜線に上がると視界が開けニペソツ山東壁の威容を望めるようになる。1662mPを過ぎて、谷に降りてから急斜面を落石に注意して200mほど登ると主稜線に出て杉沢コースと合流する。ここから前天狗岳を横に見て急な登りが終わると天狗岳となる。ここで途中から見えてなかった頂上が、切れ落ちた東壁を従えて聳え立つ素晴らしい景観が眼前に広がる。天狗岳から頂上へは少し下ってから急峻な登りとなり、忠実に尾根道を行き、右手に大きく巻いて登ると頂上となる。

Time　林道ゲート（0.5h）
　　　林道終点（4h）
　　　前天狗（2h）ニペソツ山

東大雪　ニペソツ山

三条沼

前天狗への急な登り

天狗を越えると突然ニペソツ山が見える

杉沢コース　無雪期　道　一般向き

　国道273号線を十勝三股より音更川沿いの林道に入るのだが、音更川沿いの林道は2016年の台風被害で寸断されて通行止めになっていて、復旧の見通しは立っていない（2018年）。国道から十六の沢沿いの崩壊した林道を杉沢出会いの登山口まで7.5kmの歩きとなる。登山路は沢を渡ってすぐに尾根伝いの道となる。始めの頃は針葉樹に囲まれた視界の無い道だが、急坂を登り切り巨岩を乗り越えると天狗のコルに着く。広々とした天狗平は水もとれて良い幕営地だが、7月を過ぎると水は涸れていることが多い。ここから尾根道を登って行くと前天狗の手前で幌加温泉コースと合流する。

Time　杉沢登山口（3〜4h）
　　　天狗のコル（3h）
　　　ニペソツ山

簡単な岩を越えると天狗平だ

前天狗を過ぎると主峰ニペソツ山が見える

天狗岳からコルへ降りると一登りで頂上に着く

幌加温泉ルート　　積雪期　稜！*

　林道入口から15分ほど歩くと夏の登山口がある。歩きやすい林道を行くが、周りは針葉樹の森で視界は無い。その後はほぼ夏道沿いのルートとなる。1500m付近で針葉樹林の台地を抜けると一気に視界が開け、ウペペ、阿寒の山、そして、ニペソツの東壁側が素晴らしい迫力で見える。1662Pの尾根は細いので左に降りて平坦な沢地形を進むのも良い。主稜線への出口は雪庇の出ぐあいを判断して乗り越す。主稜線に出るとアイゼンに換えて少し登ると前天狗だ。前天狗から頂上下の細い稜線に出るまでは迷いやすい地形なので注意をする。ニペソツへの登りは、ほぼ夏道沿いになるが上部は傾斜がきついので、なるべく下部をトラバース気味に巻くと良い。最後に大きく回り込むと頂上になる。

Time 登山口（6h）
　　　前天狗（2h）ニペソツ山

東大雪　ニペソツ山

ニペソツ山と天狗岳

前天狗を望む

天狗を越えると徐々にニペソツ山が近づく

杉沢ルート

積雪期　稜　！*

　林道の状況は「杉沢コース」を参照。登山口までは国道から7.5km程の距離があり、倒木、渡渉、ラッセルも考慮して5〜6時間はかかる。杉沢出会いからはほぼ夏道沿いのルートだが、すぐに尾根に取り付くのも良いし、杉沢をある程度つめてから尾根に取り付くのもよい。尾根上に出ると樹林間の緩斜面が天狗のコルまで続く。天狗のコルは雪が多く、樹林の間の幕営も快適だ。ここから頂上をアタックするのが一般的である。上部はアイゼンが快調にきしみ、幌加温泉ルートが合流して、やがて白く大きなニペソツの姿が見えてくると前天狗だ。ここからは「幌加温泉ルート」を参照。

Time 林道入り口（5〜6h）
　　　杉沢出会い（4h）
　　　天狗のコル（4h）ニペソツ山

渡渉がアプローチの核心になる

最初は急斜面のラッセル

天狗のコル　正面は前天狗だ

山頂直下

ニペソツ山南稜　　積雪期　稜　!!*

国道から幌加川林道へ入り起伏に乏しい林道をひたすら進む。幌加川ダムまで除雪されていることが多いが、降雪が心配な場合は国道から入ってすぐの地点に駐車した方が無難だ。

林道を西に進み、ヘアピンカーブの後Co1004の峠から林の中を下ってショートカットすると程なく橋に着く。ここからなだらかな河原を進むと、やがて東尾根下部に取り付く。樹林帯の尾根を登るにつれ徐々にニペソツ山東壁の威容が林間から望めるようになってくる。西にウペペサンケを望みながらさらに標高を上げていくとやがて広くなって頂上稜線にぶつかる。ここは視界が無いときは要注意。ここから頂上に近づくにつれ尾根は険しく細くなっていくので雪庇に注意しながら登っていく。

Time 幌加ダム（4h）
　　　東尾根取り付き（3h）
　　　Co1274（5h）
　　　ニペソツ山

下部はスキーが使える

適当なところでアイゼンに換える

尾根も細くなるので雪庇に注意

東壁中央稜　　積雪期　ミックス

　林道途中までは「ニペソツ山南稜」を参照のこと。林道の橋から幌加川を遡り標高980m付近の三つ又を超えて東壁下部の疎林の中が一日目の良いテン場となるだろう。翌日、アタック装備でテン場を出発したら雪崩に注意しながら中央のリッジ下部へ取り付く。しばらく登って傾斜が強くなった藪と岩のミックス稜あたりでロープを付ける。ロックバンド下部までロープを伸ばしたら、ここからが核心。傾斜の強い凹状の岩壁を左上しつつ垂直の草付きにマントルを返し、傾斜が落ちたらピッチを切る。ここから雪崩と雪庇に注意しながら雪壁を2ピッチ登ると頂上にダイレクトに出る。核心はかぶっていて難しい（5級A1）。

`Time` 林道橋（3h）東壁下部（3h）
　　　中央稜取り付き（5h）
　　　ニペソツ山

東壁直下から急斜面のアプローチ

取り付きにてビレイの準備

最初は除雪しながらのクライミング

出だしから厳しい登攀となる

デルタルンゼ　　　積雪期　稜　!!

東壁の下部からニペソツ山の北の肩に切れ込んだ広いルンゼで、東壁登攀後の下降やスキーでの滑降の対象となる。雪が安定していれば快適だが、急峻な地形のため雪崩と枝ルンゼからの雪庇の崩落に注意が必要である。

マニアック向けのルンゼの滑降

雪が安定していると普通に登下降できる

東壁二峰リッジ　積雪期　ミックス

アプローチと下降は「東壁中央稜」を参照のこと。東壁基部の顕著な岩塔が南峰東壁の取り付きであり、これが目印ともなる。岩塔脇の浅い凹角を登り、コル状にてからボロボロのスラブ状を登ると、やがてヒマラヤ襞状の雪壁になる。ここからランナーが取れない垂直雪壁や、キノコ雪の辛いセクションをこなして南峰へ。南峰から本峰へは30分程である。登攀中は、キノコ雪の崩壊に十分注意されたい（5級）。

Time **2峰リッジ取り付き（10h）頂上**

チムニーを上がったところ。草つきにイボイボでビレー

3P目はピラー横を右上するチムニー状

ここから垂直な雪壁、きのこ雪に注意

ウペペサンケ山 (1848m)

ニペソツ山ほどの華やかさはないが、東西に長く頂稜を横たえている姿は優雅で、女性的な優しさを感じさせる。山頂は三角点のあるコブ（糠平富士）ではなく、西の外れの少し手前にある1848mピークである。頂上からは眼下に糠平湖の全景が手に取るように眺められる。

長い頂稜を持つウペペサンケ山

糠平コース　　無雪期　道　一般向き

　糠平川沿いの林道は短い周期で決壊による通行止めと復旧を繰り返している。2018年現在、通行止めであり、復旧の予定は決まっていない。歩く場合は入口から登山口まで7kmの林道歩きになる。登山口にはかなり広い広場がある。ここから樹林帯の中の急登を登るとすぐに以前の登山口からのコースに合流する。合流して約10分で冷たい湧き水の最終水場に着く。ここから樹林帯の中を1399峰の稜線上まで急登が続く。そこからはハイ松とダケカンバのなだらかな稜線となり、見晴らしもよくなる。1696m附近から頂稜の一角である三角点の糠平富士（1835m）までは砂礫地になっていて少々きつい登りである。糠平富士から本峰（1848m）までは岩の混じったやせた長い尾根になっていて、途中に100m程の登下降もあり思ったより時間がかかる。

Time　登山口（2h）1399m（2h）
　　　糠平富士（1h）
　　　ウペペサンケ山最高点

登山口は地図上より手前に新しく付けられた

稜線に登ると糠平富士が望まれる

糠平富士は頂上では無く最高地点はこの先大きなギャップを越える

糠平富士から狭い稜線だが見晴らしは良い

幌加川北面直登沢　無雪期　沢　！*

車は幌加川沿の林道が四ノ沢出会いの手前でヘアピンカーブになっている所まで入れる（2018年）。ここから林道を五の沢に向かうと間もなく砂利に埋まった望山橋の欄干が見え、そこから五の沢に降りる。五の沢の上流には有名な噴泉塔があり、温泉成分で滑りやすい。遡行する北面直登沢は五の沢の支流で、出会いは分かりやすくすぐにF1（最初の滝記号）が出てくる。左右どちらからも登れるがロープは必須だ。次のF2は水が途中に突き出た岩にぶつかって二股に分かれて落ちている。これは登れないので高巻く。枯れ滝登りがしばらく続くとそのあとにガレの急登になり、稜線に上がる急斜面はほとんどやぶ漕ぎなしで稜線の登山道に出る。下りは四の沢を利用すると水量の少ないガレ沢で早い。

Time 入渓地点（1h）
直登沢出会(7h)ウペペサンケ山

東大雪　ウペペサンケ山

1150m滝　ここはロープを付ける

人の字の滝15m

源頭部は急斜面だがお花畑

メトセップルート　積雪期　稜　！*

　国道273号線を糠平から幌加方面へ6kmほど行くとメトセップ橋が有り、さらに300mでメトセップ林道入口がある。林道入口付近に駐車スペースがない時は、メトセップ橋の手前の駐車スペースを利用すると良い。メトセップ川沿いに林道を進み、標高1020mのカーブ付近から分岐するブル道を利用して1595mの北東に伸びる尾根に上がる。1595mの北東斜面は緩く、ダケカンバの疎林で快適な幕営地となる。スキーは1696mのコブまで使うことができ、ここからアイゼンに換えると良い。糠平富士（三角点）から最高点までは起伏の多いやせた稜線で、風の強い時は気を付けなければならない。

Time **メトセップ林道入口（4h）**
　　　尾根取付（3h）
　　　1595m（1h）
　　　糠平富士（1h）
　　　ウペペサンケ山最高点

1696mPまでは広い稜線だ

尾根は強風にさらされることが多い

1848m最高点

東大雪の稜線

ニペソツ山〜ウペペサンケ山　積雪期　稜　!!

　ニペソツ山南稜は細く急で、雪の付き方によっては雪崩も恐い。1736m周辺は平坦だが、吹きさらしで幕営には適さない。丸山とのコルへは広い扇状の斜面が広がっているが、1500m付近まではクラストしている。丸山北面の1460mの火口周辺は雪が着いておらず、丸山の名にそぐわない細く急な尾根が続く。東丸山へは主稜線を辿るより、幌加川五ノ沢源頭へ下り、東丸山の西面を直接登った方が楽だろう。ウペペサンケ山へは、1700mジャンクション付近から尾根が細くなる。

Time ニペソツ山（6h）丸山（4h）東丸山（4h）ウペペサンケ山

丸山

ニペソツ山頂上より
ウペペサンケ山を望む

北大雪

　石北峠及び、層雲峡より北に位置して大雪山に連なる山々は「北大雪」と呼ばれている。地理学的には北見山地に属されることもあるが、登山界では既に広く「北大雪」として定着しているので、ここでは北大雪として取り扱うこととする。
　これらの山々は、表大雪の華やいだ雰囲気を持たないが、山麓に鬱蒼とした原始林を抱き、奥深いところに独特な風貌で静かに聳え立っている。それゆえ、山頂に立った時は、ひとしおの歓びが加わるだろう。

ニセイカウシュッペ山頂より見る北大雪の山並み

武華山（1759.0m）

東尾根コース　無雪期　道　一般向き

　国道39号線石北峠を北見方面へ進むと途中に「武華山登山口」の看板があり、ここからイトムカ川に沿った林道に入る。約1.5kmで通行止めになり、若干の車が駐車できる。ここから部分的に崩壊した林道を2km程歩くと登山口だ。（このアプローチ状況は2018年）。登山口にはおいしい湧き水があり、20分ほど歩くと、東尾根コースとライオン岩コースの分岐に出る。ライオン岩コースは台風による倒木によって廃道状態となっており、復旧の予定は無い。東尾根コースは分岐から川に沿ってしばらく行き、東尾根に取り付く。急な斜面に高度を上げ、ハイマツの刈り分け道を進むとやがて左手に頂上があらわれ、阿寒、知床の山々も見えてくるので、周囲の展望をじっくり楽しみながら歩を進めてゆけば良い。山頂からは表大雪や東大雪の山々、目の前には武利岳の姿が大きく見える。なお、ライオン岩は頂上から往復可能だ。

Time 登山口（2.5h）武華山（0.5h）ライオン岩

ライオン岩コースの分岐

途中からライオン岩が見える

前武華平から見る武華山

岩の積み重なった頂上

ライオン岩より見た武華山

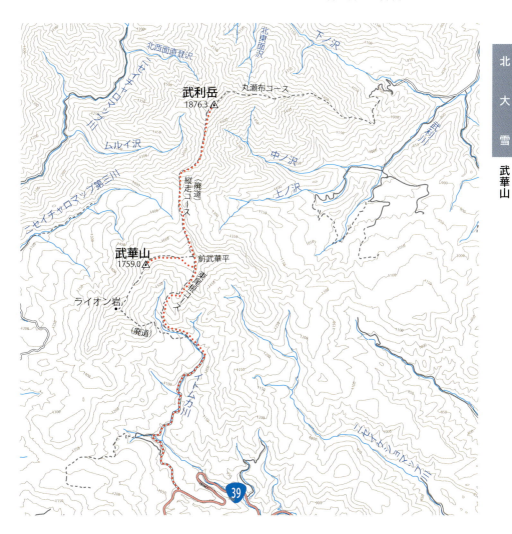

イトムカ川ルート　積雪期　稜！

ほぼ東尾根コースに沿うルートである。武華岳林道は入口近くに駐車スペースが無い。石北峠から歩いてもたいした労力ではないだろう。部分的に崩壊している長い林道を歩き、夏道登山口を過ぎて沢沿いに進み、1160m二股を左に入ると滑滝が出てくるので巻いて越えると分岐が出てくる。ここからは右回り（東尾根）コースに沿って進む。徐々に沢から離れ、1574mから尾根に沿って行くが、前武華（1747m）は西の広い斜面をトラバースしてコルに出る。武華山頂上へは尾根が細くなる。クラストしてくるとアイゼンに換えてすぐ頂上だ。

Time 国道39号線（2h）
　　　　登山口（3h）
　　　　前武華（1h）武華山

長い林道を歩いて夏の登山口へ

沢から離れて右手の尾根へ

前ムカから武華山への稜線

頂上は岩の上

武利岳(むりいだけ) (1876.3m)

前武華平からの武利岳

丸瀬布(まるせっぷ)コース　無雪期　道　一般向き

細い岩稜帯は気持ちが良い

遠軽町丸瀬布から武利川に沿った道道1070号に入り途中から大規模林道滝雄厚和線に入る。若しくは国道39号線の北見市留辺蘂町厚和から同林道に入って山越えする。この林道は立派な舗装道路だ。カクレ沢橋から「武利本流林道」に入り、途中「下ノ沢」沿いに別れ、5.7kmで広い土場の駐車場の登山口に着く。過剰インフラとも思える大規模林道は災害時の復旧遅れのために通行止めとなっている場合もあるので、事前に留辺蘂町及び遠軽町に問合せをすると良い。最初は林道歩きだがすぐに細い登山道となる。道は武利岳東尾根の枝尾根に付いている。6合目あたりまでは森の中の道で視界がなく鬱陶しいが森林地帯を過ぎると視界は見事に広がり、尾根は細くなり露岩も現れ周囲の急峻な景観はアルパイン的である。頂上は細尾根上にあって、オホーツク海、遠くに阿寒、知床も望め、素晴らしい展望が広がる。

`Time` 登山口（3.5h）**武利岳**

頂上からの眺めはすばらしい

武利川中ノ沢

無雪期　沢　！*

　武利本流林道までは「丸瀬布コース」を参照。「下ノ沢」分岐に入らずに本流に沿って進み、標高810mの分岐に駐車する。ここから上ノ沢分岐まで林道を歩いて入渓する。しばらくは平凡な河原歩きだが次第に流木が多くなり一部は川を埋めている。これは武利岳の斜面からの過去の大規模な雪崩が原因だ。途中の幾つかの滝はいずれも直登できるが岩は黒いチャート質で滑りやすい。1120m二股は右股を取る。流木も少なくなり、小滝群を越えての1180m二股は両方に大きな滝がかかっている。左股が本流で3段になっている。1段目を登り、2段目からは左のルンゼを利用して巻く。登る場合は3段目が難しく、いずれもロープが必要だ。すぐ上の二股を右に入ると上部は標高1500m付近まで延々と直登可能な滝が続き飽きさせない。水が無くなっても急峻なお花畑に沢型は続き、藪こぎが無く稜線の登山道に出る。頂上まではわずかな歩きだ。

`Time` **810m分岐（2〜3h）1180m二股（3h）武利岳**

下部は流木が多い　合間に小滝が現れる

三段滝その2

1500mまで切れ目なく小滝が続く

源頭からの詰はお花畑の急斜面を登る
岩の切れ間が稜線だ

武利川下ノ沢　　無雪期　沢　!*

次の滝は右岸を高巻く

　丸瀬布コースの登山口までは「武利岳・丸瀬布コース」を参照。登山口から林道を100m程戻り、最初のカーブから作業道跡に入り右岸の鹿道から適当に入渓する。まもなく沢が狭まりF1が現れる。左岸の一枚岩を登り、次の滝は右岸を高巻きラッペルで沢に降りる。滝はこれで終わる。1140m二股を左に入り、1726m標高点へのなだらかな沢形を登り、最後に高度差100mのハイマツを1時間ほど漕ぐと夏道に出る。

Time 登山口（2.5h）1375m二股（1.5h）夏道

F1の一枚岩を登る

下流は小滝が連続する緩やかな沢

武華山～武利岳縦走コース 無雪期 道 経験者向き

　武華山から武利岳への縦走路は廃道状態で藪こぎとなる部分も多く、一般的ではなく地図が読める経験者向きになってくる。武華山東尾根コース上の「前武華平」（1747m）から北へ向かう尾根上に武利岳へ向かう踏跡が付いている。コル付近は笹藪に覆われて踏跡はかなり不明瞭だ。細い尾根上に上がれば踏跡は再び明瞭になる。何度かニセピークにだまされながら岩尾根を進めば武利岳だ。なお途中に水場は無い。

Time 武華山（3h）武利岳

不明瞭なところもあるが…

稜線上の踏み跡は明瞭なところもある

ライオン岩

武華山〜武利岳　積雪期　稜　！*

前武華平までは「武華山・イトムカ川ルート」を参照。前武華平から、ダケカンバの茂る武華沢源頭部を滑り、武利岳との最低コルへ下る。広いコルから尾根を目指すと、1600m付近でクラストし、傾斜も急になるのでアイゼンに換える。稜線上は細く、岩場も点在しているが、ロープを必要とするほどではないだろう。南西の広い肩から細長い尾根を少し行くと頂上だ。幕営地は、前武華平付近か、最低コルにとると良い。イトムカ川から往復する場合、帰路の前武華平への登り返しが辛いが、ニセイチャロマップ林道に下っても丸1日はかかるので、がんばって登ろう。

Time 前武華平（1h）
　　　最低コル（3h）
　　　武利岳

スキーはできるだけ使った方が

稜線は岩が出ていて歩きにくい

まず下る　先は長い

支湧別岳 (1687.8m)

上支湧別コース　無雪期　道　一般向き

　白滝市街地から支湧別川沿いの道を上支湧別へ向かう。そこから分かれてパンケシユウベツ川に沿った林道に入るが2.5km入ったところ（標高540付近）で2016年の水害の為に通行止めになっている（2018年）。ここから登山口まで3.5kmを歩くが、林道は大規模に崩壊、流失している。登山道には大きな被害は無く、木の根の階段やらで急登の連続である。ふかふかの苔が綺麗だが、最近は苔が薄くなっているようだ。頂上からの展望は良く、北大雪の山々が一望できる。

Time 登山口（3h）支湧別岳

頂上は狭いが見晴らしは良い

パンケ支湧別川　　無雪期　沢　！

登山口までは「支湧別岳・上支湧別コース」を参照。支湧別岳の登山口からすぐに入渓する。入渓して1020m二股まで水量の少ない苔むした渓相が続く。沢の中には倒木が目立つ。二股を右へ行くと、1100mにこの沢最大の滝が出てくる。この滝は直登した方が楽しめる。初心者はロープがあれば安心だ。水が切れたら灌木の藪を20分ほど漕ぐと稜線に出て頂上はすぐだ。下山には登山道を使えるのがうれしい。

下流部は倒木が多い

Time 登山口（1h）1020m二股（2.5h）支湧別岳

北大雪　支湧別岳

苔の小滝を登る

大滝の途中で

ニセイチャロマップ岳（1760m）

　武利岳の北西に位置する、支湧別岳のある支稜の分岐にあたる1760mのピークのことを指す。ニセイチャロマップ川の源流にあたる事からこの名で呼ばれている。夏道はなく、年間通して訪れる人が少ない静かな山である。山頂からは支湧別岳、武利岳、天狗岳、有明山など北大雪の山々が展望できる。

石ノ沢ニセイチャロマップ岳北西面直登沢　　無雪期　沢　！

　上支湧別までは「支湧別岳・上支湧別コース」を参照。上支湧別の集落を抜けてから、町道を標高590m付近まで通行できるが、その先は林道になって2016年の水害のため通行止めになっている（2018年）。林道を1km弱歩いて、大滝沢の出会いから入渓する。河原は倒木が多い。標高1000mの滝は右岸を高巻く。標高1060mのチョックストーンは右岸から巻いて、岩の上を渡り左岸に回り込む。1530m二股を左に入って間もなくツルツルの滑滝がある。降りはロープを使った方が安全だ。頂上直下の急斜面は小さいハイマツを掴んで難なく登れる。

Time　入渓地点（4h）880m二股（1.5h）ニセイチャロマップ岳

標高970m付近　ここらから枯山水が始まる

標高1550m付近

ピーク直下

屏風岳（1792.7m）

　この山は大雪山の主峰群から離れた独立峰の位置にあり、山容もよく360度の素晴らしい展望が広がっている。しかし、夏冬を通してあまり登られていない山である。

堂々とした姿の屏風岳

北大雪　屏風岳

ニセイチャロマップ川第一川（九滝の沢）南面直登沢　無雪期　沢　！＊

九滝の沢は特に面白いという沢ではないが、この山へ登る唯一の沢らしい沢である。国道39号線からニセイチャロマップ林道に入るのだが、2016年の水害で1km弱で通行止めになっている（2018年）。ここから九滝ノ沢までは約4.5kmの距離で、出合のすぐ脇に造材用の広い土場がある。沢の出合は薄暗く貧相だ。道路から見える砂防ダムを越えてすぐにF1、そして次の砂防ダムと続くが簡単に越える。しばらくは単調な河原だが途中の函状の中のF2を巻くとすぐにF3だ。平凡な流れの後の930m二股は左股に入る。左股は細くなった水流と蕗とイタドリのかぶった汚い沢で、1040m二股から頂上に向かう沢に入ると小滝が連続する。源頭はお花畑になっていて、やがてササからハイマツの藪こぎとなり、稜線に出るとすぐに三角点以外は何もない簡素な頂上となる。降りは930mの右股の沢を利用すると1200m二股までガレ沢で何もなく本流に合流する。本流の黒い岩はチャートでとても滑りやすいが滝はいずれも巻いて降りられる。

Time 出合（1.5h）
　　　930m二股（4h）屏風岳

最初の滝は次を期待させるのだが

あまりきれいでない小滝の連続

藪は薄く見晴らしは良い

屏風岳南西尾根　積雪期　稜　!*

林道は崩れている部分がある

段のある稜線は登りにくい

国道39号線層雲峡から新大函トンネルを潜ると、ニセイチャロマップ川の出合だ。そこに車を置き、ニセイチャロマップ林道を少し行き函越橋を渡る。左の支線林道に入って適当な所から尾根に取付く。始めは広い尾根だが標高1200mあたりから尾根筋もはっきりしてくる。さほど細い稜線ではないが、波打った固い雪面に左はダケカンバのブッシュ、右は雪庇で快適な登高とは行かない。西の肩に上がるまでは辛い急な登りが続く。西の肩から頂上までは緩やかな稜線となって一息だ。頂上からの展望はすこぶる良い。

Time 大函（5h）1500m地点（3h）屏風岳

西の肩に上がると歩きやすくなる

頂上からの眺めはすばらしい

ニセイカウシュッペ山(1879.1m)

石狩川を隔て、表大雪山連峰と相対してそびえている姿の良い美しい山である。なだらかで静かな頂上台地とは対象的に、層雲峡からのび上る稜線上には小槍、大槍の鋭い岩峰が立ち並び、男性的な景観を見せている。頂上からの展望はすこぶる良く、正面の黒岳を初めとする表大雪の眺めは素晴らしく、絶好の展望台とも云える。

ニセカウ南面

古川林道コース　無雪期　道　一般向き

　国道273号線の上川町市街と北見峠の間に登山口を示す標識看板がある。これに従って脇道に入り、同じく看板に従って古川砂金越林道へ曲がるとすぐにゲートがある。あらかじめ森林管理署に入林許可と鍵のナンバーを取得しておくこと。ゲートを開けて、標識に従って登って行くと終点に広い駐車場と登山口がある。木立の中の広い尾根を登っていくと次第に尾根は細くなり、迫力のある大槍、小槍を眺めながらの登山道となる。大槍を登り気味に巻くとなだらかな山容となり頂上は間近だ。頂上からは表大雪を始めとして天塩岳、武利岳、武華山等の大展望が開けている。また花の山としても名を馳せていて、初夏から秋には素晴らしい花畑が広がる。

　なお、以前にあった層雲峡から朝陽山を経て小槍を越えるコースと層雲峡・清川から古川林道へ出るコースはいずれも廃道になっている。入口にかすかな踏み跡が残るが踏み込まないように。

Time 登山口（3h）
　　　ニセイカウシュッペ山

新緑の尾根にさわやかな風が吹き抜ける

初夏の稜線上は部分的に雪が残る　向かいは大槍

頂上から振り返ってみる
大槍は迫力がある

北大雪　ニセイカウシュッペ山

ニセイカウシュッペ山～アンギラス～平山　無雪期　道　経験者向き

比麻良山・平山の登山道とニセイカウシュッペ山をつなぐ縦走路で、2kmほどの短い距離でつながっている。中間にある見栄えの良い岩峰に正式な名称は無いが、誰が付けたものかアンギラスと呼ばれている。これは1960年代の東映映画の影響だ。

ニセイカウシュッペ山登山道からアンギラスへの道に入るのだが、入口が分かりにくい。アンギラスとのコルまでは急な斜面に道が付いていて、コルからは尾根上の道になり、歩きにくいが明瞭だ。岩稜部分もあるので注意して歩こう。アンギラスから比麻奈山へは同様だが若干分かりにくい部分もある。

Time **登山道分岐（1h）アンギラス（1h）比麻奈山分岐**

比麻奈山分岐から見るアンギラスとニセイカウシュッペ山

踏み跡は部分的にハイマツで分かりにくい

岩稜の通過は見た目より難しくない

ニセイノシキオマップ川　無雪期　沢　!!

国道39号の層雲峡入口付近の発電所の手前から、ニセイノシキオマップ川左岸沿いの林道に入る。道は670m二股の手前で右岸に渡ると踏み跡程度となる。最後の砂防ダムを越えてようやく沢に降りても、しばらくは単調な渓相だ。1069m二股は本流が伏流しているので見落とさないように。延々と続くガレを進むと、突如垂直の壁に囲まれた狭い函となってその入口にF1が立ち塞がる。F1を越えて狭い廊下を進むと核心のF2が待ち構えている。順層で階段状の急傾斜の滝が延々と空へ向かって突き上げる様子から、「天国への階段」とも呼ばれる。これを登り切ると、いくつかの小滝の先に垂直に近いF3が出てくる。順層で難しくはないが、浮き石には注意したい。天をつくローソク岩めがけて進み稜線に出たら、少し東側に下ると大槍の基部に沿って小槍からの古い踏み跡が着いている。下降は古川林道コースの1560m付近から降りて1190m付近で本流に合流する沢筋を下ると良いだろう。

Time 林道入口（3h）F1（3h）
　　　　南稜大槍下の稜線（0.5h）
　　　　ニセイカウシュッペ山

北大雪　ニセイカウシュッペ山

大槍とロウソク岩

天国へ・・・ヌルヌルしてきれいでない

荒井川（電気の沢） 無雪期　沢　!!

　ニセイカウシュッペ山から比麻奈山、平山の稜線に突き上げる沢だが、下部のゴルジュのみで遊ばれるのがほとんどで、上部まで遡行する人は多くない。右岸に送電線保守の作業道が有るため、電気の沢の別名を持つ。国道39号を荒井川の右岸沿いの作業道に入り、連なる砂防ダムを過ぎて入渓すると、すぐにF1が現れる。左岸から高巻けるが、腕試しなら直登したい。ここから垂直の柱状節理の緑の苔の壁に囲まれ、磨かれた釜と小滝が連続する美しいゴルジュが始まる。時には水に浸かりながら、微妙なバランスとフリクションで突破していく。深く狭い函の中には昼間でも日が入らない。4mほどのチョックストンをショルダーで抜けると難しい物は無くなり、壮絶なゴルジュに終わりを告げる。F1からここまでがわずか500m足らずとは信じられまい。ゴルジュだけを楽しむ場合は、870m付近の右岸に流れ込む枝沢から苅分へ上がると送電線の保守用の路を使って入渓地点へ降りられる。

　先へ進むと、長く穏やかな河原が続き、1198m二股で右沢と左沢に分かれる。

F1は高巻く方が無難だが…

ヘツリやステミングで通過する

見事な苔の回廊が続く

小滝を越えると終了

1198m　右沢　！＊

　しばらくは穏やかな流れだ。1280m二股を左へ行くと1320m付近から樋状の地形となり、直登可能な4〜10mほどの滝が次々と現れる。1450m二股を右に入ると上部はスラブ状となり、笹藪を漕いでニセカウと比麻奈山の縦走路に出る。1450mを左に入ると傾斜のきつい滑滝が連続して最後は易しい岩のルンゼ登りでアンギラスに上がる。

1198m　左沢　！！

　左に入るとすぐに1250二股の滝があり、その先の1350m二股の滝は右に行く。この滝は直登は難しいので、手前に戻って急斜面の草付きの左岸を高巻く。そのあとも大小の滝が続くが難しいものは無い。沢形を詰めて大槍とアンギラスの間のコル（1740m）で登山道に出る。上流部は遅くまで雪渓が残るので、8月後半以降が良いだろう。

Time 入渓地点（1.5〜3h）函終点（2h）
　　　　1198m二股（4〜5h）
　　　　ニセイカウシュッペ山

右沢　中流域

右沢　4〜8mの滝が次々と現れる

左沢　1250m二股の滝

左沢　1350m二股の滝　手前から巻いて通過

左沢　ほとんどの滝は直登できる

茅刈別川本流　無雪期　沢　!!

「古川林道コース」へ向かう古川砂金越林道と分かれ、本流沿いへ進むと、チカルベツ林道のゲートがある。ゲートには錠が掛かっているので事前に森林管理署へ問い合わせておく。この林道は地形図上にはないが、第三支川・第四支川へ向かう林道と分かれ、橋を渡って本流沿いの760mまで続いている。林道跡は更に延びているが荒れていて本流から離れていくのですぐに入渓する。沢幅は始めから狭いが、小さな段差がいくつか出てくる程度である。標高1050mで一つ目の滝を右岸から高巻くと、釜を持った小滝が頻繁に現れ始め、奥に進むほど沢幅が狭まって廊下状のゴルジュとなっていく。極度に難しくはなく、全て中を快適に遡行出来るが、狭い函に遅くまで残る雪渓に翻弄され、劣悪な高巻きを余儀なくされる事もある。標高1300mの屈曲部を過ぎるとようやくゴルジュの出口で、沢幅は一気に開けて爽やかな河原となる。

1390m二股を右へ、すぐの二股を枝沢状の右へ入ると頂上へ向かう。最後は沢形にこだわらず、草地をコルへ向かえばハイマツを回避して登山道に出られる。

Time 林道終点（6h）1340m二股（3h）ニセイカウシュッペ山

この滝からゴルジュが始まる

細い廊下状の流れが続く

上部にも小滝は続く

振り返れば比麻良山

茅刈別第三支川　　無雪期　沢　！

　第四支川と同様に入渓し、840m二股より右に入っても良いが、この沢のみを遡行する場合、古川林道コース登山口を少し進んだ先から藪の斜面を下って入渓するのが一般的だ。840m二股から1400m付近までは小滝が出る程度で特に何もない。その後は大小取り混ぜて5つの滝が出てくるが、いずれも直登、高巻きで苦労はしない。滝を超えると沢は大きく開け、赤い岩盤の滑を進むとやがて源頭となる。ガレた沢形を詰め、距離の短い僅かなハイマツを漕ぐと登山道に出る。この沢の上部は開放感に溢れ、また下りに夏道を利用できることからも、初心者向け入門の沢として近年多く利用されている。

Time　古川林道コース登山口（5h）ニセイカウシュッペ山

標高1200mを超えると、明るく開放的な沢に変わる

2段10m滝は容易に巻ける

上部はナメが続く

夏道からも一筋の流れが良く見える

茅刈別第四支川一の沢　無雪期　沢　！

一の沢に入り、すぐに7m程のハング滝が現れるが簡単に巻ける。その後は単調な河原歩きで水流は細くなり、伏流がしばらく続く。沢に水が戻るとゴルジュ地帯となり小滝が現れる。奥の7mスラブ滝は登るにも巻くにも厭らしいので注意したほうが良い。この後は沢が開けて視界も広がり、斜度の増した小滝と滑滝が連続し、快適に高度をかせぐ事ができる。源頭はお花畑で、傾斜の急な沢形を登ると膝下程度のハイマツ漕ぎで頂上に出る。尚この沢は北向きのため遅い時期までゴルジュに雪渓が詰まっている。

Time 一の沢出合（5h）ニセイカウシュッペ山

出合からすぐに現れる7mのハング滝

7m滝は左岸の泥壁から這い上がる

時期によっては微妙な雪渓が架かる

源頭部は滑床が続いて快適だ

茅刈別第四支川二の沢　無雪期　沢　！*

二の沢に入るとしばらくは何も無い単調な歩きが続く。1200mで10mの滑滝が現れると渓相は一変し、ゴルジュ地帯に変わる。小滝や滑滝、チムニー状滝の断続となるがいずれも規模は小さく快適に中を通過できる。地図上の滝記号付近に大きな滝は無く、巨岩が現れると核心部は終わりとなる。1550m二股を左に入ると、50mほど続く急な滑滝となり、これを越えると水も涸れる。最後まで急な沢形が続き、攀じ登るように進むと、源頭のお花畑に迎え入れられる。詰めのハイマツは低く、ヤブ漕ぎのないままに夏道に出る。

Time 二の沢出合（5h）
　　　ニセイカウシュッペ山

標高1200mにある10m滑滝から渓相が一変する

チョックストン滝

ゴルジュ滝はいずれも容易に登れる

源頭部は滑床が続いて快適だ

茅刈別第四支川三の沢　無雪期　沢　！*

　本流への林道と分かれ、右の林道を終点まで行く。入渓するとじきに840m二股で右が第三支川、左が第四支川である。第四支川へ進み、990mの一の沢出合、1040mの二の沢出合を左へと進んで三の沢へと入って行く。沢が南に屈曲する辺りから連続して滑滝が現れ、1250m付近からはゴルジュとなる。ゴルジュの中には滑滝や小滝、チムニー滝が連続し、ショルダーで越えるところもある。一度平凡な沢に戻るが、1400m二股を越えると再びゴルジュ地形に変わり、奥にあるチョックストーン滝で行き詰まる。右岸には残置ハーケンがあり、これを越えると一気に源頭部の雰囲気となり、ガレ気味の急斜面を登り高度を上げる。詰めはわずかなハイマツ漕ぎで頂上直下の登山道に出る。

Time 茅刈別第三林道終点（2h）一の沢出合（0.5h）二の沢出合（6h）ニセイカウシュッペ山

標高1100m付近から滝が現れ始める

ゴルジュ地帯

標高1450mでチョックストンが立ち塞がる

稜線に向かって急なガレ場を詰める

ニセイカウシュッペ山西尾根　積雪期　稜　！*

　西尾根は「古川林道コース」の尾根のことである。層雲峡・清川から双雲別川に沿って登る。最後の砂防ダムから西尾根に取り付くには、そのまま沢を詰め1110mPの東コル（1061m）に出るルートが楽で良い。緩い斜面なので雪崩の危険も少ない。コルから西尾根への間はなだらかな白樺の台地状だが、次第に尾根は細くなり、雪庇も張り出してくるので、このあたりを幕営地にすると良い。雪庇が出ているので雪洞も可能だ。ここからは、細い稜線を忠実に進み、標高1600m付近でスキーをデポしてアイゼンにはき替えるが、雪の状態によっては頂上までスキーも使用できる。大槍の通過が核心で、左から急斜面を登り、巻いてしまえばその後は難しい所もなく頂上はすぐだ。また、西尾根に上がったところから尾根を乗越して茅刈別第三支川に降り、頂上から直接西に延びる尾根に取り付くルートも季節によるが楽しめる。

Time　清川（0.5h）
　　　砂防ダム（4〜5h）
　　　1061mコル（3〜4h）
　　　大槍（1h）
　　　ニセイカウシュッペ山

尾根上は広さもあり歩きやすい

大槍のトラバースは傾斜がるので慎重に

山頂は表大雪の展望台だ

ニセイカウシュッペ山南稜　積雪期　稜　!!*

　国道39号線沿いにある層雲峡発電所を北に通り過ぎたあたりからニセイノシキオマップ川沿いの林道に入る。幾つかの砂防ダムを越えて670m二股を左に入り800mあたりから右手の尾根に適当に取り付く。そのまま尾根を詰めて1558mに上がるが、途中に露岩帯がありスキーならばここでデポすることになる。1558mの稜線に上がると大槍、小槍が迫力ある姿で聳えている。雪洞も掘りやすい箇所が多く良い幕営地である。
　稜線は次第に細くなりやがて小槍が目の前となる。雪が安定していれば基部西側をトラバースして奥のコルに抜けるがここは慎重に通過したい。小槍を通過すると迫力ある大槍が一歩ずつ間近に迫って来る。西側がすっぱり切れており、東側をトラバースで抜けることもできるが雪崩には注意が必要だ。やや急な雪壁と岩稜にロープを出す必要はあるが直上するのが雪崩の危険性が最も少ない。抜けたリッジ上のハイマツには残置ロープもある。あとはナイフリッジを少し行くと西尾根ルートと合流、穏やかな斜面が頂上まで続くが、視界が悪い時は注意が必要だ。

Time　国道39号（5〜6h）1558m（4〜5h）ニセイカウシュッペ山

孫槍、小槍、大槍が徐々に近づく

巻けなければ小槍の通過は登攀となる

大槍はリッジを直上したい

大槍を登る　バックに小槍

ニセイカウシュッペ山～アンギラス～平山　　積雪期　稜　！*

ここを通過するには、尾根筋を忠実に歩くこと。アンギラスの岩峰もトラバースをせずに丁寧に岩峰上を進もう。過去にアンギラスをトラバース中に雪崩事故も発生している。

比麻良山から
アンギラス北面

アンギラスへ

アンギラス核心部へ　右奥はニセカウ本峰

平山(ひらやま)（1771m）
比麻奈山(ひまなやま)（1811m）
比麻良山(ひまらやま)（1796.1m）

　北大雪の主稜上、ニセイカウシュッペ山への支稜を分ける辺りに平坦な山稜が広がり、そこに、平山、比麻奈山、比麻良山が並んでいる。平山の名はその山容から納得がいくとして、比麻奈山、比麻良山の由来は定かではない。比麻奈山は地形図に記されて無いが、三つの山の真ん中に位置する最高点で、ニセイカウシュッペ山への分岐点がある。

白滝コース　　無雪期　道　一般向き

　白滝から支湧別川沿いの道に入る。終点に10台ほど駐車できる広場があり、仮設トイレがある。100m程先が登山口で、沢に沿って道が付いている。枝沢をいくつか渡渉して行くと7月いっぱいなら雪が残る「第1雪渓」と看板に出ている谷に出る。ここから初夏ならば見事なお花畑が広がる。1737mの稜線に出ると分岐で、表大雪やニセイカウシュッペ山が見えてくる。平山は何てこともない標識があるだけの頂上だ。

最後の急斜面を登ると稜線だ

Time 登山口（1.5h）第一雪渓（1h）平山

平らな分岐までもう一息

稜線から見るアンギラスとニセイカウシュッペ山

有明山（1634.8m）
天狗岳（1553m）

　有明山とその東にある天狗岳は、北大雪の北端に位置する。有明山はなだらかな尾根を持った山容で、天狗岳の頂上部は尖った岩山となっている。天狗岳の北東尾根には北大雪スキー場があり、北大雪の縦走の起点や終点として使われている。しかし現在は夏季のみ利用できて、冬季はスノーキャットによるスキーコースになっているため、コース内を通行することはできない。

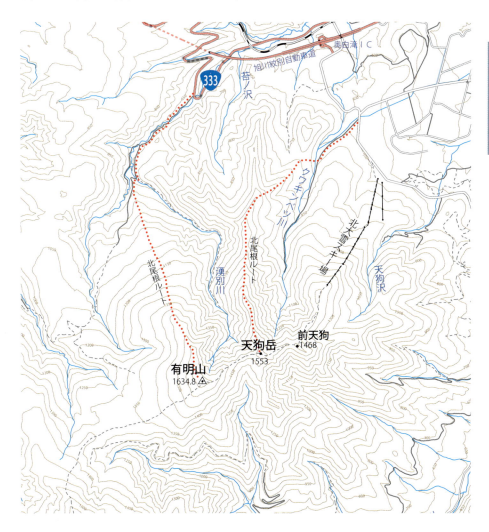

湧別川 (ゆうべつかわ)

無雪期　沢　!

　国道333号線の渓雲橋より湧別川沿いの林道に入り、最初に架かる橋の手前に車を置いて歩き出す。右岸へ延びる林道は716m標高点の先で急に荒れ始めるために、適当なところで入渓する。初めはゴーロ中心の平凡な渓相だが、沢が屈曲する標高900mあたりから滑が続き、直登可能な小滝もいくつか現れて楽しめる。1220mで天狗岳からの沢が左に落ちてくる。これを過ぎると、標高差100mにも及ぶ滑滝の登りに変わる。高度感は出るが傾斜は緩く快適に登ることができる。じきに現れる1450m二股を左に入ると、僅かなヤブ漕ぎで頂上近くの登山道に出る。

Time 入渓地点（4h）有明山

滑床が続く

詰めの滑滝は高度感があるが、ホールドは豊富だ

ピーク近くまで岩盤地形が続く

有明山北尾根　　積雪期　稜！

　旭川紋別自動車道の奥白滝ICから、国道333号線を北見峠方面へ向かい、はじめのヘアピンカーブに架かる渓雲橋の脇に、湧別川に沿った林道の入口がある。周囲に駐車スペースは無く、場合によっては除雪しなければならない。林道に沿って進み、北尾根の末端に取付く。広大な斜面のラッセルはブッシュもほとんど気にかからず、視界も広がって来る。次第に針葉樹とダケカンバの疎林となり、気持ち良く高度を稼ぐ。標高1488mあたりから森林限界となり、雪も次第にクラストしてくる。広かった尾根は徐々に顕著になるが同時に傾斜も緩くなり、左の沢に張り出した雪庇に注意をして一汗かくと頂上である。降りは頂上直下から尾根の末端まで、深雪滑降を楽しむことができる。

Time 国道（1h）
　　　北尾根末端（4h）有明山

最初は林道をラッセルする

疎林の中の深雪は帰路の滑降の楽しみ

頂上は平らでどこが三角点か分からない

北大雪スキー場コース　無雪期　道　一般向き

　今は営業していない北大雪スキー場のロッジ右わきの道路から入り、リフトの作業道を登る。第3リフト降り口の上に反射板がある。このポコを小天狗と呼んでいる。電光坂を登り切ると前天狗を経て見晴らしの良い稜線を渡り、山頂に至る。

Time　スキー場ロッジ（2.5h）
　　　前天狗（0.5h）天狗岳山頂

山頂の祠

比麻良山〜有明山〜天狗岳

　平山登山口から2時間程で1737mの稜線に出る。ここからの眺めは素晴らしい。アンギラスを越えてニセイカウシュッペに至る稜線。その向こうに突き出す小槍。表大雪も一望できる。1811m標高点はアンギラス〜ニセイカウシュッペへの分岐点になっている。比麻良山、文蔵岳（1755m）を越えると降りになる。標高点1356mの手前に林道に降りるポイントがある。ここから踏み跡をたどり林道に降りると水を得られる。この先の最低コルから1時間程の登りで有明山頂上に出る。有明山から天狗岳までは1時間。

Time　1737m稜線（0.5h）比麻良山（2h）
　　　有明山（1h）天狗岳

平山―比麻良山分岐の看板

有明山へ歩く

天狗岳へは少々の登り

天狗岳北尾根　　積雪期　稜！

　高速を白滝道の駅で降りて、北大雪スキー場に向かって43号線を南に進む。クワキンベツ川に架かる橋の脇に車を停める。最初は林道を歩くが、20分くらいで砂防ダムが現れる。そのあたりから尾根に上がる。標高点896mのある枝尾根に取り付く。北尾根に上がるところは雪庇が発達していて切れ目を探して登る。北尾根に乗るまで1時間半くらい。標高点1454mあたりから細尾根になるので、アイゼン・ピッケルで慎重に渡る。まもなく岩稜帯になる。それを過ぎたらクラストしたコルに出る。祠を目印に急登を登ると山頂に着く。下山は北大雪スキー場が立ち入り禁止なので、脇の樹林帯を降りるか、車が2台あるなら、天狗沢をスキーで滑走するのも楽しいだろう。

Time 道路（5h）天狗岳

チトカニウシ山をバックに北尾根を歩く

岩稜帯

大雪山系の縦走路

表大雪のやまなみ

　大雪山は、北海道の中央に位置する大きな山塊である。峰々を結ぶ登山道が縦横に走っていて幾日もかけての縦走を楽しむことができる。
　夏のシーズンには、にぎわいを見せる旭岳、黒岳を中心とする表大雪の山々や、奥深い味わいのある忠別岳、沼ノ原、トムラウシ山等の裏大雪、その入口にあたる白雲岳、これらの山々を巡る縦走はことに山旅を楽しませてくれる。高山植物の咲き乱れる7月を過ぎて、8月下旬ともなると峰々の上から紅葉が始まってきて、訪れる登山者の数もまばらになり、静かな山を味わう事ができる。9月の中頃を過ぎて初雪を踏みしめながらの山もまた良いものである。この項で紹介する縦走路は遠くトムラウシ山から十勝連峰へ、そして沼ノ原から石狩岳、音更山方面へと延びている。詳細は各ルートの説明をつないで結んでいただくとして、北海道の岳人なら誰しも一度は黒岳、旭岳を起点としてトムラウシ山を経てオプタテシケ山を越し、十勝岳を踏み、富良野岳から原始ヶ原への長大な縦走路を歩いてみたいと思うものである。これを実現するには、一般には山中4泊から5泊は必要であり、その他に予備日として1～2日の余裕をもっていなければならない。又、エスケープルートも計画のうちに入れておく必要がある。縦走はいろいろなコースを組み合わせて設定できるので、体力とメンバーに合わせていろいろと工夫を凝らしていただきたい。
　なお大雪山は国立公園でありキャンプ地も指定されているので、指定地以外でのキャンプは緊急時以外はしてはいけない。縦走路は全て国立公園の特別保護地区に含まれているので、焚き火も禁止である。
　また、携帯トイレを持参し、小屋のトイレでも使った紙は持ち帰るようにし、ゴミなどは決して投げ入れないように。

黒岳・旭岳〜トムラウシ山

旭岳～北鎮岳～黒岳 無雪期　道　一般向き

　旭岳から裏旭へは、残雪期であれば雪渓を滑って一気に下れる。旭岳、後旭岳、熊ヶ岳に囲まれた鞍部は裏旭と呼ばれ、キャンプ指定地となっている。水は旭岳からの雪渓を利用する。後旭岳と熊ヶ岳へは道は付いていない。真っ平らな間宮岳分岐から御鉢を時計回りに進むと中岳分岐がある。ここまでは、姿見駅から裾合平と中岳温泉を経由してもよい。北鎮岳分岐から黒岳への道は、御鉢平外輪沿いに着いている。雪渓が上まで繋がっていれば凌雲岳にも登ることができる。ただし、雪渓が切れている場合は植物を痛めるので厳に慎みたい。黒岳石室にはキャンプ指定地とバイオトイレがある。石室とトイレの利用期間は6月下旬から9月下旬で、いずれも有料である。水場は白水川源頭にある。黒岳石室からは桂月岳へも道があり、黒岳へもすぐだ。

Time 旭岳（1.5h）
　　　間宮岳（1.5h）
　　　北鎮岳（1.5）黒岳

旭岳への登りは火山礫の道

御鉢平　有毒ガスがあるとか

北鎮岳への稜線を歩く

黒岳〜北海岳〜旭岳 無雪期　道　一般向き

　黒岳石室の分岐を北海岳方向へ下ると、御鉢平を源とする赤石川に出る。雨後や融雪期には増水して渡渉が困難なこともある。また、この水は飲用には適さない。北海沢から尾根への取り付きは残雪期には少し分かりにくい。北海岳から間宮分岐までは砂礫の尾根にいくつかの山名が点在しているが、起伏が小さく、気づかずに通過してしまう。北海岳は高根ヶ原・トムラウシ山方面への分岐となっている。

Time 黒岳（2h）北海岳（1h）間宮岳（2h）旭岳

お鉢平の向こうに北鎮岳

北海岳付近はなだらかな道

大雪山系の縦走路

旭岳の裏側は遅くまで雪渓が残る

北海岳〜白雲岳　無雪期　道　一般向き

　北海岳分岐から白雲岳の基部までは、北海平と呼ばれる何もない真っ平らな砂礫地となっている。目印になるような物も無く、風が強い時には逃げる場所が無い。赤岳沢源頭部の雪渓をから白雲分岐までは、雪渓とハイマツとロックガーデンのモザイクで道を見失いやすい。残雪期であれば、赤岳沢源頭の雪渓を白雲岳の外輪まで直登できる。白雲岳避難小屋とキャンプ指定地は、台地の上にあるが、視界が悪い時は分かりにくい。雪渓を下りすぎないこと。小屋の横にトイレがあるが、汲み取り式で、人力で汲み上げてヘリで搬出している。紙は捨てずに持ち帰り、ゴミなどは決して捨てないようにしよう。

Time　北海岳（1.5h）
　　　白雲岳（0.5h）
　　　白雲岳避難小屋

北海平は平らな砂礫地だ

縦走路から見る白雲岳

烏帽子岳、黒岳、凌雲岳を望む
遠くにニセイカウシュッペ山も

夏の白雲岳キャンプ指定地

白雲岳〜忠別岳〜五色岳〜トムラウシ山　無雪期　道　一般向き

　白雲岳から忠別岳は平坦な高原が広がり、高根ヶ原と呼ばれている。高原温泉分岐を過ぎると、小高い丘に平ヶ岳の名前があるが、道は付いておらず、ハイマツも濃いので雪がなければ行けないし、行ってもどこが山頂かよく分からない。忠別岳の手前の忠別沼で水を得られるが、水質は良くない。五色岳との中間に忠別岳避難小屋・キャンプ指定地への分岐がある。小屋はヌタプヤンベツ川源頭部の右岸に立っており、雪渓があって視界が悪い時には分かりにくいので下りすぎないこと。忠別小屋は利用者が比較的少なく、他の小屋に比べるとやや痛みが激しい。五色岳への登りは、ハイマツがかぶさって枝が引っかかり、大雪の縦走路としてはかなり歩きにくくなっている。

　五色岳からしばらくはハイマツの中の道となる。化雲岳付近で道はいくつかに分かれている。ヒサゴ沼避難小屋・キャンプ指定地へは化雲岳と日本庭園の間に3本の分岐がある。小屋は40人収容だが、最盛期には入りきらないので、テントを持参すると安心だ。

Time　白雲岳避難小屋（3h）
　　　忠別岳（1h）
　　　忠別岳避難小屋（1h）
　　　五色岳（2h）
　　　化雲岳（1h）
　　　ヒサゴ沼

高根が原

忠別沼から見た忠別岳　遠くに化雲岳

大雪山系の縦走路

白雲岳〜忠別岳〜五色岳

五色岳縦走路～石狩連峰

沼ノ原～五色岳～トムラウシ山 無雪期　道　一般向き

　沼ノ原のキャンプ指定地は大沼の畔にある。五色方面へ少し下った鞍部に五色の水場があり、良い水が補給できる。ここから少し急な斜面を登り切ると五色ヶ原となって、緩やかな登りが続く。ハイマツが生い茂るようになって五色岳に着く。五色岳は沼ノ原・化雲岳・高根ヶ原の分岐となっていて、忠別岳からの縦走路に合流する。

Time　沼ノ原大沼（3h）
　　　五色岳（2h）
　　　化雲岳（1h）
　　　ヒサゴ沼

五色ヶ原から遠くはトムラウシ岳

ヒサゴ沼から化雲岳への縦走路

ヒサゴ沼キャンプ指定地　遠くはニペソツ山とウペペサンケ山

沼ノ原〜石狩岳　無雪期　道　一般向き

　ヌプントムラウシと沼ノ原の分岐を石狩岳方面へ向かうと、旺盛なネマガリダケの茂る、その名もネマガリ廊下となる。丹念に刈り払いがされているが、時間が経つとすぐに深い藪となってしまう。1289m最低コルから少し上がって、南西の沢に少し下ると水場が有る。ここから笹の覆い被さる急な尾根沿いの登りになる。ニペソツ山方面とのJPである1895m通称ニペノ耳は綺麗な双耳峰をしている。ここから小さなアップダウンを繰り返して少しずつ高度を上げると石狩岳の最高点に出る。看板は北側のピークにある。

Time　沼ノ原大沼（2.5h）
　　　1289mコル（4h）
　　　石狩岳

沼ノ原は美しい湿原だ

ニペの耳を越えて

大雪山系の縦走路

川上岳から石狩岳へ

十勝連峰〜トムラウシ山

オプタテシケ山　遠くは表大雪の山々

富良野岳〜美瑛富士避難小屋　無雪期　道　一般向き

富良野岳から上ホロカメットク山までは小さな起伏の砂礫の繰り返しである。上ホロの北東のコルの下に上ホロカメットク山避難小屋・キャンプ指定地がある。水は雪渓を利用するが、秋には涸れてしまう。十勝岳周辺の尾根筋は不明瞭で複雑に曲がりくねっているので、しっかりと方向を見極めよう。特に美瑛岳とのコルへの下りは砂礫地で目印も少ないので迷いやすい。コルから美瑛岳へは東側をトラバース気味に登りはじめ、火口縁に出る。美瑛岳へは少し手前で縦走路と別れるので往復となるが、頂上へは高度差も少なくすぐだ。美瑛富士へは1716mコルからの往復になる。美瑛富士避難小屋は、プレハブ造りの小さな小屋で、水は雪渓から得られる。トイレは無い。

Time 富良野岳（3h）
　　　 上ホロカメットク山（2h）
　　　 十勝岳（2.5h）
　　　 美瑛岳（1.5h）
　　　 美瑛富士（1h）
　　　 美瑛富士避難小屋

富良野岳から三峰山へ登山道は続く　遠くに十勝岳

カミホロ避難小屋　後ろはカミホロカメットク山

大雪山系の縦走路

カミホロから馬の背を通って十勝岳へ

砂礫の道を鋸岳・美瑛岳へ

美瑛富士避難小屋～トムラウシ山 　無雪期　道　一般向き

オプタテシケ山からはトムラウシが遙か遠くに見える。双子池へは亀坂と言われる扇状に広がる長大な急斜面を一気に600mも下る。双子池はキャンプ指定地となっている。水は池の水ではなく、少し谷に下って沢の水を得た方が良い。ここから先は南沼までキャンプ指定地は無い。1668mPまで登り返し、しばらくは小さなアップダウンの繰り返しとなる。ツリガネ山を過ぎると、碗状地形のユウトムラウシ川源頭部に出る。ここは良い水を得られる気持ちの良い湿原だ。三川台に上がると、一面に花が咲き乱れる黄金ヶ原のなだらかな道が続く。徐々にトムラウシ山が間近に迫って、南沼キャンプ指定地に到着する。水は近くの沢から得られる。

Time　**美瑛富士避難小屋（4h）**
オプタテシケ山（3h）
コスマヌプリ（4h）
三川台（3h）トムラウシ山

この位置にある避難小屋はありがたい

オプタテシケ山頂上へもう一息

コスマヌプリを越えてトムラウシへ
ほとんど人に合わない奥深いところだ

オプタテシケ山から600m下まで亀坂を降る
遠くはトムラウシ山

大雪山冬期の縦走

旭岳～トムラウシ山　積雪期　稜　!!*

厳冬期の大雪山の天候は厳しい。

天気の悪い時は強風と低温で行動は困難。本当に晴れることは少なく、基本はガスと風雪だと思ったほうが良い。特徴の少ない火山地形に樹木のない広大な台地状の地形が広がり、滑落などの危険個所は少ないが、そのかわりナビゲーションは一筋縄ではいかない。ある程度の西高東低の冬型の気象の中であっても、少々の風雪ならば行動できる準備と視界のない状況での確実なナビゲーションの能力が必要だ。

吹きさらしの稜線上の幕営は困難であるが、適度な間隔で避難小屋が配置されているので、それを利用するのが安全だろう。

以下は、2月の旭岳～トムラウシ山までの縦走の記録である。スキーの使用は歩行用具としては有効だが、凍った雪面や稜線上は地面が出ている部分も多く、滑走を楽しめたのはトムラウシ山の中腹以下の部分だけであった。逆に稜線上は激しいラッセルになるような個所はほとんどなかった。

旭岳ロープウェイから白雲岳の避難小屋まではかなり距離があるので、入山日は旭岳石室までとし、翌日に一気に白雲小屋を目指すのがいいだろう。この区間は北西の季節風をもろに受ける稜線上の行動となるため、天気の悪い時は厳しい。また、地形も複雑で、特に新井岳周辺、北海岳から南東に方向を変える箇所、白雲岳の北側は地形が分かりにくく、視界の悪い時は注意を要する。

白雲岳避難小屋からは高根ヶ原、平ヶ岳、忠別岳と続く、広大な尾根を行く。天気が悪いと厳しいところだが、天候に恵まれれば、素晴らしい景色を見せてくれる。忠別岳の南側は地形が辿りにくく急峻な個所もあるので慎重に。この記録の時は忠別岳の南で完全にホワイトアウト。1745ピークの北東の鞍部から、コンパスのみで直進して避難小屋を探り当てている。

忠別岳の避難小屋から、次のヒサゴ沼の避難小屋までが少々距離が短いが、その先はトムラウシ山を越えてトムラウシ温泉までは避難小屋はないため、ここで刻んでいくのが良い。この区間は大きな地形をとらえつつ、アップダウンのある稜線を避けて、なだらかな東側から南側の斜面をトラバースしていくと、風も避けられて行動しやすい。ヒサゴ沼付近は、晴れれば素晴らしい風景を見せてくれる。

北海岳周辺の稜上は風が強いため意外と雪が少ない

快適な白雲岳避難小屋

ヒサゴ沼避難小屋からトムラウシ山に向けては地形が複雑になるが、夏道にこだわらずわかりやすい地形を辿れば、むしろナビゲーションはしやすい。トムラウシ温泉までは頑張れば1日で行けないこともないが、この記録の時はトムラウシ山の南の風を避けられそうな浅い沢（トムラウシ公園付近）に半雪洞を掘って1泊した。

雪崩に注意しつつカムイサンケナイ川を越えて南の尾根に上がれば、樹林帯となって一気に穏やかになる。ここからトムラウシ温泉までは快適なスキー滑降を楽しむことができる。

Time 1日 旭岳ロープウェイ（1h）
　　　　旭岳石室
　　2日 旭岳石室（9h）
　　　　白雲岳避難小屋
　　3日 白雲岳避難小屋（6.5h）
　　　　忠別岳避難小屋
　　4日 忠別岳避難小屋（4.5h）
　　　　ヒサゴ沼避難小屋
　　5日 ヒサゴ沼避難小屋（6h）
　　　　トムラウシ山南の
　　　　1790m地点
　　6日 トムラウシ山南の
　　　　1790m地点（5h）
　　　　トムラウシ温泉

晴れ間が出れば素晴らしい景色が広がる高根ヶ原

ガスの中のヒサゴ沼避難小屋を探り当てる

トムラウシ公園で迎える朝

トムラウシ山に向けての登り

十勝連峰

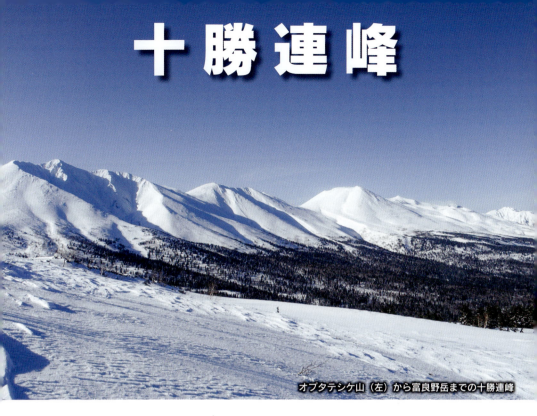

オプタテシケ山（左）から富良野岳までの十勝連峰

　富良野岳を南端としてオプタテシケ山周辺までのびる十勝連峰は、主峰である十勝岳を中心として火山活動により強く影響を受けている。原始ヶ原の美しい湿原、アカエゾ松の大木がうっそうと生える山麓一帯の原始林、礫が累々とした稜線、そして冬には日本離れした岩壁と雪だけの世界と、十勝連峰は、北海道でも他に例を見ないほど多様な景観を楽しむことができる山域である。高標高まで車でアクセスが可能なことから、カミホロカメットク山周辺などは、樹林外での冬季訓練としても賑わっている。雪質はアスピリンスノーとして古くから山スキーのメッカとして親しまれており、近年では国外のスキーヤーも目立つ。しかし、アクセスの良さに騙されて「容易に行ける山」と認識してしまうのは危険だ。火山の影響で植物の分布が限られることもあって、冬には十勝岳温泉から30分も歩けば、そこは目印が乏しくホワイトアウトになることも多い世界。冬季訓練が行われている安政火口周辺では、雪崩による痛ましい事故も発生している。山屋、スキーヤー、クライマーなど、様々なスタイルの人間が多く入山していることも意識しながら、安全にこの美しい山並みを楽しんでいきたいものだ。

十勝連峰

十勝岳 (2077m)

十勝連峰の盟主であり、ひときわ高くぬきん出た円錐形のこの山は、遠い周囲の山々からもすぐに名指すことが出来て、親しみやすい山となっている。1988年の爆発後に熔岩や火山礫のために壊滅に近い打撃を受けた高山植物群も、年月とともに徐々に回復してきている。

D尾根とカミホロの奥に十勝岳

望岳台グラウンドコース　無雪期　道　一般向き

　美瑛町白金温泉から道道966号線に入って十勝岳温泉方面へ向かう。「望岳台入口」の標識を曲がって突き当たりが望岳台で、防災シェルターと広い駐車場がある。木の生えていない広い火山礫地を十勝岳避難小屋を目指して進む。途中、白銀荘への分岐と美瑛岳方面への分岐を過ぎると十勝岳避難小屋に着く。小屋の上部から左の沢を渡って尾根に取付く。急な登りが終わり、グラウンド火口の周辺に出ると、目標物が何も無いだだっ広い砂礫地が広がっていて、視界が悪い時は迷いやすい。急な砂礫の斜面を登って北西の尾根に出ると頂上は近い。

Time 望岳台（1h）避難小屋（2.5h）十勝岳

砂礫の歩きにくい道が続く

新しくなった避難小屋　トイレ、水はない

新得コース　無雪期　道　一般向き

　従来のアプローチは2016年の台風被害で通行できない。新しいアプローチは下記のようになっている（2018年）。新得からトムラウシ温泉へ向かい、曙橋を渡ったすぐ先から左手のシートカチ支線林道に入る。4km程で殿狩橋を渡り、右のトノカリ林道に入る。三股橋を経由して14kmほど走ると登山口で、4台程度の駐車スペースがある。出発してすぐに小川を渡り、しばらくは緩やかな道が続く。早々にハイマツがトンネル状に覆いかぶさってくる。2度渡渉してから沢沿いの斜面を進み、滝の手前で急斜面をよじ登って尾根にとりつく。標高1500m付近までハイマツのトンネルが続く。この辺りは道を見失いやすい。標高1600mからは火山灰地となり、ペンキと鉄杭のみが目印となる。視界が悪いときの下山は特に注意が必要となる。主稜線で縦走路と合流すると、頂上は間近だ。

Time 登山口（5h）十勝岳

尾根の途中から見る秋の下ホロと境山

火山灰の尾根

望岳台グラウンドルート 積雪期　稜！

望岳台へ向かう道（道道966号）は例年、吹上温泉からは10月下旬頃から、白金温泉からは1月上旬頃から4月頃まで通行止めとなる。この期間にこのルートを使う場合は、吹上温泉を起点とした方が良い。望岳台からほぼ夏道に沿って進む。緩やかな道を進み、避難小屋に着いたら浅い谷を渡って左の尾根に上がる。雪が少ないときは、小屋から真っ直ぐ進んだ方がスキーが使えるが、吹きだまりの谷を通過するので雪崩には注意する事。グラウンド火口の縁に出たら左にスリバチ火口、右にグラウンド火口を見ながら進む。この辺りの地形は平坦で目印になる物が無いので、デポ旗があると良い。平坦地を抜け、一気に急斜面を登って肩に出れば間もなく頂上だ。このルートは吹雪かれると身を隠す場所がないので、確実に引き返せるような対策を立てておく。また、積雪量が少ない時には、粉雪の下に思わぬ岩石が隠されていて危険だから滑降時にはよく注意した方が良い。

Time 望岳台（5h）十勝岳

十勝連峰　十勝岳

避難小屋より左の尾根へ移る

十勝岳の峰に朝日が顔を出す

頂上へはもう一息

三段山（1748m）

OP尾根は十勝岳と上ホロカメットク山の中間部より北西に延びる支尾根で、三段山は、そこから更に西に派生する尾根上にある。吹上温泉からのルートが、三段の台地状となっているため、三段山と呼ばれるようになった。夏季は何の変哲もない山だが冬季になると一変し、多くの登山者、BCスキーヤーで賑わう人気の山である。

カミホロ避難小屋付近から見る三段山

白銀荘コース　　無雪期　道　一般向き

吹上温泉へは、上富良野から道道291号吹上上富良野線を通っても、美瑛から道道966号十勝岳温泉美瑛線を通ってもよい。吹上温泉には、広い駐車場とトイレ、国民宿舎白銀荘が有る。キャンプ場を通って、広い伐採地の笹原の刈分を進む。エゾマツの林を抜け、なだらかな斜面に徐々に高度を上げ、頂上に至る。三段山から大砲岩へのOP尾根は、崩落が激しく危険なために通行が禁止されている。また、十勝岳温泉から三段山への「崖尾根コース」は落石のため通行禁止になっているが（2018年）、一部コースを付け替えて、近いうちに通行が解除になりそうだ。

Time 白銀荘（2h）三段山

白銀荘は良い登山基地

二段目を過ぎると視界も開けてくる

三段山スロープ　　積雪期　稜！

白金温泉から吹上温泉への道は、冬期通行止めとなるので、上富良野から道道291号を利用する。吹上温泉から三段山まではほぼ夏道を辿る。三段山の由来となっている三段の台地を辿るルートで、三段山スロープとも呼ばれている。緩やかな伐採地を少し行くと、一段目の斜面となる。一段目の上はエゾマツ林で、これを抜けると二段目だ。二段目の上に上がるとすぐに森林限界となり、吹きさらしとなる。三段目からは部分的にクラストしてくるが、出来るだけスキーを使った方が良い。地形は複雑なので、視界が悪いときはデポ旗があると良い。四段目とも言われる急斜面を登り切ると、稜線に出て頂上はすぐだ。下降はそのまま三段山スロープを滑っても良いし、Nポイントから北のフリコ沢へ降りて、ナマコ尾根の林間コースを滑っても良い。ただし、この場合はフリコ沢からナマコ尾根への取付点の位置に注意し、沢に入り過ぎないように。

Time 白銀荘（3h）三段山

十勝連峰　三段山

白銀荘から三段山の一段目へ

三段山スロープのラッセル　遠くは前十勝

頂上から見る十勝岳

廊下と呼ばれている浅い沢筋を滑る

崖尾根（十勝岳温泉ルート）　積雪期　稜　！

　三段山から西に延びる尾根は、南側に崖が続いており通称崖尾根と呼ばれている。十勝岳温泉からすぐに登山口を離れ、1322mポコの西側を通過し、そのすぐ北側の崖の切れ目から尾根に取付く。尾根に沿って三段山まで登るが、1500mを過ぎるとクラストしてシールが効かなくなってくるので、適当にアイゼンに換え、そのまま稜線上を忠実に辿れば難なく三段山頂上に出る。また、安政火口側からは三段山南面の適当な支尾根もアイゼン訓練を兼ねて良く登られている。

Time **十勝岳温泉（3h）三段山**

尾根の末端から崖尾根に上がる

上部はクラストしている事が多い

頂上稜線で三段山スロープと合流する　遠くは十勝岳

上ホロカメットク山（1920m）

　十勝岳温泉から見上げるこの山は、旧噴火口から吹き出す噴煙の奥に、まるで大屏風を広げたように聳り立っている。ことに雪をまとった季節は、まばゆき雪壁が青空の下に輝き、その大パノラマは登山者ならずとも胸が高鳴るのを覚えるだろう。この山域は、冬期登攀や雪上訓練の舞台として多くの登山者が訪れ、略称「上ホロ」の名で呼ばれている。

D尾根コース　無雪期　道　一般向き

　上富良野市街から道道291号線に入り、十勝岳温泉方面へ向かう。急な舗装路を上っていくと、白金温泉と十勝岳温泉への分岐（吹上温泉分岐）がある。真っ直ぐ十勝岳温泉へ向かうと更に急なつづら折りの道となって十勝岳温泉に着く。登山口の前には広い駐車場がある。ヌッカクシ富良野川沿いに広い登山道があり、標高1400mで対岸に渡る（旧Z）。急斜面をトラバースしてD尾根上に出て少し回り込むと富良野岳と上ホロカメットク山との分岐になる。左のコースをとり、通称300階段と呼ばれる木階段で一気に高度を上げ上ホロへ向かう。階段が終わると稜線上に出て景色が開け、左手には荒涼とした十勝岳と上ホロ、右手には緑豊かな富良野岳が鎮座しているのが見える。主稜線に出ると上富良野岳で、眼前の斜面をゆっくり登り切ると上ホロの頂上だ。十勝岳側に降りた最低コルの右に上ホロカメットク山避難小屋があり、宿泊もできる。水は小屋周りの雪渓から取るが、8月半ばには雪も消える。

Time 十勝岳温泉（1h）
　　　 新Dポイント（1.5h）
　　　 上ホロカメットク山

上富良野岳を越えて　カミホロカメットク山へは一登りだ

D尾根上から遠く十勝岳　右の岩山は八つ手岩

雲海に浮かぶ夕暮れの避難小屋

D尾根

積雪期　稜　！＊

　吹上温泉分岐から十勝岳温泉までは、急なつづら折りの道となり、4WDの車でないと登高が難しいこともある。D尾根への取付きは下降尾根、及び夏道のトレースが主に使われている。下降尾根が最も多く利用されていて、安政火口周辺の岩場からの下降ルートとして一般的なため、そう呼ばれている。十勝岳温泉から夏道沿いに安政火口へ。そこからアイゼンに換え、化物岩と八手岩の間の尾根状を登りD尾根に上る。かなりの急斜面なので雪の状態によっては特に雪崩に注意する。夏道ルートは旧ZからDまで夏道上を登る。傾斜が緩い分登りやすいが、シーズン後半はルートが埋まってしまう。D尾根上は幅も広く歩きやすいが標高1700mを過ぎると細くなってくる。最後に急な斜面を詰めると主稜線の上富良野岳で、そこから上ホロまでは一息だ。

　春になると温泉のすぐ裏からヌッカクシ富良野川を渡り、D尾根に取付く事ができる。川の前後は急だが、尾根を回り込むとすぐに緩やかとなり、温泉スロープと呼ばれている。

Time 十勝岳温泉（5h）
　　　上ホロカメットク山

十勝岳温泉から安政火口へ夏道上を歩く

下降尾根を登る　スリップに注意

八手岩を過ぎて少し登れば上富良野岳だ

温泉スロープも快適だ

OP尾根

積雪期　稜　!!

十勝連峰　上ホロカメットク山

　三段山山頂までは三段山の各項を参照。三段山からOP尾根とのコル（Nポイント）への下降は、細い尾根となり、急な岩場もあるのでアイゼンに換えておく。岩場では慎重にバックステップで下る。また、十勝岳温泉からヌッカクシ富良野川沿いを進んで安政火口の煙の脇を通過して、沢筋を左へと詰めて行き、Nポイントへ出ても良い。ただしNポイントへの登りはわずかだが急斜面なので、雪庇と雪崩に注意すること。ここからOP尾根へはアイゼンのよく効く堅い雪面となっている。OP尾根の上部は両側がスッパリと切れ落ちたナイフリッジで、大砲岩までは雪庇も発達しており、通過は慎重に。大砲岩から主稜線を北上すると十勝岳で、南下すると上ホロカメットク山だ。十勝岳までの主稜線はなだらかで、夏道を示す鉄杭の出ているところもあり快適に歩ける。大砲岩から南下し、広い稜線を歩くと左手に上ホロ避難小屋が見え、最低コルとなる。ここから頂上まではわずかの登りである。視界の悪い時は右手の安政火口への崖を確認しながら登ると良い。また、最低コルから真っ直ぐに安政火口へ降りるのが下降ルンゼで、簡単に安政火口に降りられるが雪の状態には注意をすること。

Time 三段山（2h）大砲岩（2h）十勝岳／上ホロカメットク山

OP尾根と大砲岩　左上は十勝岳

尾根上は細いので滑落に注意する

カミホロカメットク山
安政火口周辺の登攀

　上ホロカメットク山は十勝岳山域の1つのピークであり、赤く焼けただれた山肌と崩れはじめた岩塊が一種壮絶な景観を見せている。この旧噴火口（安政火口）を中心とした谷の周りの岩稜、岩壁が登攀の対象となっている。この山は火山で出来た山であり、節理の発達した安山岩等で構成されていて硬いが非常にもろく崩れやすい部分が多く、そのために夏季は登られることがほとんど無い。しかしその反面積雪期には面白い登攀ルートを提供してくれていて、標高が高い（1200m〜1800m）事もあり、冬も早い時期から積雪期の登攀が楽しめる。ここに取り上げるルートの紹介は11月中旬から3月までの岩が凍り付いた冬季を想定している。

　11月中旬ともなると、ふもとの上富良野はやっと初冬の気配を見せ始めたばかりだが、標高1200mの十勝岳温泉凌雲閣付近は十分に厳冬期の装いである。突然真冬の世界に入った戸惑いと半年ぶりの冬の感触に少し緊張するはずだ。除雪された駐車場に車を置くが、除雪の邪魔にならないように凌雲閣の指示に従い駐車の場所を決めると良い。ここからはスキーを利用するか又はつぼ足で、旧噴火口までは約1時間である。旧噴から眺める上ホロエリアは荘厳の1語に尽きる。左に長く高い三段山崖尾根が続き正面に目を転じれば北西稜が頂上に突き上げ、その右に上ホロカメットク山正面壁が大きく立っている。その右にそびえ立つ岩峰は八ツ手岩だ、D尾根に沿って旧噴のすぐ右手に位置する怪奇な岩塊は化物岩である。このエリアは見た目よりはずっと狭いためアルペン的雰囲気を横溢させる。地形は複雑だが、下降すれば必ず旧噴

安政火口付近　奥はカミホロ正面壁

に着くので迷う心配は無い。しかし、ガス、吹雪等、視界の無い場合はルートの取り付きを見つけるのに苦労をさせられる。

　下降ルートは上ホロカメットク山からは2つのルートがよく使用されている。1つはD尾根ルートでほぼ夏道に沿って下降する。雪の状態が良ければ化物岩の手前の尾根上から、まっすぐ旧噴へ下降する「下降尾根」が利用できる。ここは出だしの数10mは急なので注意が必要である。素直にDから夏道に沿って旧Zへ下るのも安全だ。もう一つはカミホロの避難小屋の前の最低コルからまっすぐに旧噴に降りる下降ルンゼを利用する。雪の状態が良ければこのルートが最も早く簡単だがルンゼ状なので雪の状態が不安定な時は使えない。この山域はいろいろなルート上で過去に何人も雪崩、滑落で死亡しているので注意が必要だ。

上ホロカメットク山北西稜　　積雪期　稜

　この稜線は上ホロカメトック山正面壁の左側へ突き上げている岩稜だ。下部の取り付きは適当に選んで登り出すが、どこから取り付いても稜上に上がると一緒になる。第一岩塔．第二岩塔と続き、その間雪壁．雪稜が交互に現れるが、岩塔の通過は比較的簡単だ。第三岩塔は岩塔の右側より傾斜のきつい雪壁を登る。45m程で平らな雪稜に出てビレーをするがハイマツを掘り出すかブーツアックスビレーとなる。雪の状態が良ければ第三岩塔の基部を左に回り込んで傾斜のきついルンゼを登ることもできる。ここからすぐ目の前の稜線が頂上稜線で、傾斜の緩くなった雪壁にアイゼンをきかせて登り切るとそこは上ホロのピークの直下である。

Time 取り付き点（4〜6h）
　　　カミホロカメットク山

北西稜　右のルンゼは3段ルンゼ

岩塔の通過　難しくはない

上部壁を登る　傾斜は無いが

八手岩
やつでいわ

　八ツ手岩はD尾根の支稜上にある岩峰で、すっくと立ったその姿は旧噴より眺めると荘厳ですらある。取り付きまでは八ツ手尾根を登ると自然に正面壁の取付きとなる。

① 左ルート
② 右ルート

D尾根

下降ルンゼ

八ツ手岩正面

① 南西壁ルート

D尾根

大凹角

下降ルンゼ

八ツ手岩西面

八ツ手岩正面右ルート

1P 30m 4級
　正面のルンゼがルートだ。10m直上して小ハングををアックスを利かせて乗り越す、ここが核心部で、このハングは右の壁からトラバースをしても越えられる。
　傾斜が緩くなったところでビレィ、残置アンカーも有る。

2P 40m 雪壁
　傾斜の緩くなった雪壁を登ると上部稜線近くでピッチを切る。ここで左ルートと合流する。

八ツ手岩正面左ルート

1P 30m 3級＋
　左へバンド状の岩を左上するが1歩の思い切りが必要だ。凹角に入り直上してハング状の下でピッチを切る。

2P 40m 3級
　右へ出て直上、左ルートと合流して上へ上がりピッチを切る。

3P 45m
　トラバース又は稜上に出て雪稜を行く。

4P 50m
　雪壁をトラバースして稜の端にアンカーがある。ここからD尾根との間のコルへラッペル。残置は多いが雪が付いていると見つけにくい。

　下降は2ルート有る。1つは稜線上をD尾根とのコルへ15mのラッペルをして細尾根を渡り、D尾根へ上がる。手間はかかるが一応安全圏だ。もう一つは下降ルンゼへ直接ラッペルする。ラッペルの支点からルンゼへ50mいっぱいのラッペルと少しのクライムダウンでルンゼの中に立つことが出来る。D尾根とのコルから直接ルンゼへ下降もできる。このルンゼを利用するのが最も早く簡単だが、雪崩に対しての判断が必要である。

Time 取り付き点（4～6h）終了点

右ルートは1P目が核心だ

左ルート1P目　出だしは左上バンドから

八つ手岩頭　晴れると素晴らしい展望だ

化物岩
（ばけものいわ）

十勝連峰　化物岩

① 左ルート
② 登攀倶楽部ルート
③ 右ルート
④ 微笑み返し

化物岩　左ルート

1P 45m
　顕著なルンゼ状の凹角から取り付く。凹角の中を右上気味に登り、チョックストーンを越えて右の狭いバンドに上がる。ここから微妙なバランスで直上すると傾斜が落ちて来る。ロープいっぱい登ったところで這松を掘り出してビレー。

2P 30m
　緩傾斜帯である。上部岩壁の取り付きまでロープを伸ばしビレー。

3P 45m
　浅い凹角を登る。右ルートと同様でロープいっぱいでビレー。

4P 30m
　傾斜の緩くなった雪壁を頂上までロープを伸ばして終了する。
　下降は化け物岩頂上からD尾根を上へ向って登り、下降尾根を利用して旧噴へ降りる。雪崩の危険を感じるなら、そのままD尾根を降りて夏道から降りると良い。

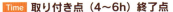 取り付き点（4〜6h）終了点

1P目は微妙なバランスで登る

化物岩　右ルート

1P 45m
　浅い右上する凹角状を登る。バンドに出てハングに頭を押さえられながら右へ微妙なバランスで回り込み5m程直上すると傾斜が落ちてくる。ロープいっぱいに伸ばして這松を掘り起こしビレー。上部岩壁が視界いっぱいに広がる。

2P 30m
　上部岩壁と下部岩壁を分ける緩傾斜帯である。上部岩壁の下まで行ってビレー。

3P 45m
　浅い凹角が右と左の2本上へ伸びている。右に入るがどちらをとってもグレードは同じである。ある程度残置ピンもある。30m程で雪壁となり、ロープいっぱいに伸ばして這松を掘り出してビレー。

4P 30m
　傾斜のゆるい雪壁を少し登ると化物岩の頂上になる。下降は「左ルート」を参照。

Time 取り付き点（4〜6h）終了点

右上する凹角　思い切って

上部壁は浅い凹角を登る　微妙なバランスと思い切りが

化物岩　登攀倶楽部ルート

　下部岩壁の右ルートと左ルートの中間に引かれたラインでシビアーな好ルートだ。

1P 45m
　右と左のちょうど中間のコーナー（凹角）から取り付く。潅木を利用しながら5〜6m程登ると頭上がかぶってくるのでかわして右上する。カンテを右へ回り込みブッシュを利用して少し上がると茶色のスラブだ。ここはA1である。残置以外は岩のフレークにスリングをかけたりカムを使う。残置の効き具合も確認が必要だ。この後は潅木とアックスを効かせて直上、上部雪壁への抜け口が厳しい。傾斜が緩くなった右側の雪壁を登ると残置アンカーがある。見つからなければ稜上に出て這松を掘り出してビレー。2P目は傾斜のなくなった雪田を上部岩壁の下へロープを伸ばす。上部岩壁は右ルートか左ルートに合流する。

エイドを交えて登る　厳しい登攀になる

Time 取り付き点（5〜7h）終了点

上ホロ正面壁

　正面壁へのアプローチは八ツ手尾根と北西稜の間の大きな沢型に入り、二股に分かれる中間の尾根が取り付き尾根だ。登ると徐々に傾斜が増し、細くなって広い中央バンドに出る。クーロアールの登攀時間は季節と雪の付き具合によって大きく変わり、2月を過ぎると雪が詰まって易しくなるルートもある。

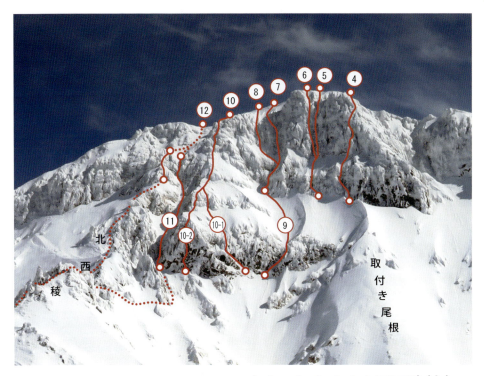

上ホロカメットク山正面壁（左）

- ④ チムニールート
- ⑤ ダイレクトルート
- ⑥ フィンガーファイブ
- ⑦ コップ状ルート
- ⑧ コップ状バリエーション
- ⑨ コップ状下部ルート
- ⑩ 三段リッジ
- ⑩-1 三段リッジノーマル
- ⑩-2 三段リッジ登攀倶楽部ルート
- ⑪ 三段ルンゼ
- ⑫ 北西稜

上ホロカメットク山正面壁(右)

① 右クーロアール
② 中央クーロアール
③ エスケープリッジ
④ チムニールート
⑤ ダイレクトルート
⑥ フィンガーファイブ
⑦ コップ状ルート
⑧ コップ状バリエーション
⑨ コップ状下部ルート
⑩ 三段リッジ
⑩-1 三段リッジノーマル
⑩-2 三段リッジ登攀倶楽部ルート
⑪ 凹角
⑫ スペースチムニー
⑬ 右リッジ

正面壁　中央クーロアール

中央バンドを右へトラバースをしてカンテを回り込んだところの顕著なルンゼがルートである。

1P 30m
3m程のベルグラ状の滝を越え雪壁を登り残置でビレー。
2P 30m
2m程のF2を越えて雪壁にロープを伸ばす。アンカーに残置有り。
3P 20m
簡単なF3を越えてF4の下まで。
4P 40m
このピッチが核心部だ。ボルト1個が中間にある足がかりの無い厳しい3mのスラブを登りその上に立ち込む。きのこ雪が発達していると、この立ち込みとその上4〜5mがきつい。そのあと上部のルンゼ状を微妙なアックスさばきで登り、傾斜が落ちてくると上ホロの頂上である。核心部は右から巻き気味に登ることも出来るがそう易しくなるわけではない。

`Time` **取り付き点（3〜5h）頂上**

十勝連峰　上ホロ正面壁

1P　傾斜もゆるく登りやすい

4P　この短い壁を越えるのが核心だ

最後のルンゼを登ると頂上に着く

正面壁　左クーロアール

アプローチは、中央クーロアールルートを参照。中央バンド正面の屏風状に切り立った正面壁のすぐ左側、凹角状が取り付き点である。

1P 47m
5mくらい登るとテラスに出て、左上するルンゼに入る。ルンゼは5mくらいで狭くなり、かぶり気味の岩に頭を押さえられる。ここは左のリッジに抜ける。このあたりから先はロープの流れに注意が必要で、長めのスリングがあると良いだろう。リッジを直上し、テラスに出てここから右上する。雪壁をチムニー目指して直上し垂壁についたところで50mロープがいっぱいに伸びて終了。

2P 45m
ちょうど人ひとり分の狭く深いチムニーを登る。(7m) チムニーから上の岩壁は脆く傾斜もあるので右側から左上するルンゼを登るとチムニー取り付き点の真上に出る。ここからはミックスのリッジと壁を直上。傾斜がおちたところで右側から頂上直下に突き上るリッジに出て終了。

3P 30m
ここまでくると主稜線が真横に見える。リッジを右側から巻いて主稜線に出て終了する。状況が良ければコンテニュアンスも可能だ。

1P目の取り付き点、終了点など、ところどころにピトン、ボルトが残置されているが積雪量によっては埋もれていて発見できない場合があるので、各種ピトン、小サイズのフレンズ類は必携。総合的な能力を要求される好ルートである。

Time 取り付き点（4～6h）頂上

3P目を挙る

正面壁　3段ルンゼ

　アプローチは下部のルンゼを詰めてもよいが急傾斜の上、ラッセルがひどいので北西稜の途中からトラバースをするのが良い。北西稜は第一岩塔を越えてコルからトラバースをする。傾斜も緩く易しいが、雪崩には注意。ルンゼは雪が詰まると易しくなるので、11月から1月初旬頃が岩も出ていて登攀には良い。

1P 35m
　取り付きから雪と岩が出ている緩いルンゼを登ると両岸が狭まってきて、4mの滝がある。右の外傾した不安定なレッジに立ち直上する。残置はないのでネイリングが必要だ。落ち口をぬけてピッチを切る。

2P 40m
　雪壁を登り第2の滝に向かう。小さな風穴の様になっている奥にキャメを効かし、チムニー登りで攀り、滝を越える。

3P 45m
　雪壁登りで第3の滝の下まで行くが、問題はない。右の稜線に抜けることも可能だ。

4P 45m
　第3の滝は2〜3mで難しくはない。抜けると雪壁となり、北西稜の最終ピッチに合流する。

Time 取り付き（4〜5h）頂上

北西稜からトラバースして取り付きへ

1ピッチ目の核心部を越える

氷が少ないと厳しい登攀になる

正面壁　右クーロアール

中央クーロアールルートからさらに右にトラバースをすると顕著なルンゼが有りそれがこのルートである。

1P 40m
5m程の滝状から雪壁へ、ロープを伸ばしてルンゼの中のかぶった岩の下でビレー。

2P 45m
かぶった岩を巻いて登り、バンドトラバース後7m程の逆層の瓦状の壁を登り、カンテを回り込んでルンゼの中へ、この上も雪が少ないと瓦状の岩に苦労をする。小滝をかわし雪壁にロープいっぱいに伸ばしスタンディングアックスビレー。

3P 45m
ルンゼのなかの雪壁を登ると徐々に傾斜は緩くなり稜線に出て終了。

Time 取り付き点（3〜5h）頂上

最初は登りやすいように見えるが

2P目は岩が多くなる

徐々に傾斜が落ちてくる

正面壁右リッジ・ノーマル

中央クーロアールを越えて右にトラバースしてカンテ状の岩塊が右リッジである。トラバース斜面は急なので雪崩れに注意。右リッジ末端より右に回り込み少し登った所より取り付く。

1P
上部のバンドに向けてロープを伸ばす。(スペースチムニールートと共通)

2P
バンドより左の逆層を斜上しリッジへ合流する。

3P
リッジ～テラスを回り込んだオフィズスを登る。

プアプロの逆層を斜上する

ノーマル2P目、雪が多いと苦労する

正面壁　右リッジ・凹角

アプローチは「右リッジ・ノーマル」を参照。右リッジ、クライマーズレフトに顕著な凹角がある。

1P 30m
下部を適当に登り凹角へ。垂直～傾斜が弱くなり、被ったオフィズスの下でビレイ。

2P 15m
被ったオフィズスを登り鞍部へ向けロープを伸ばす。鞍部でスペースチムニールートと合流する。

3P 40m
リッジからテラスへ。テラスを回り込んだオフィズスを登る。積雪状況により登攀時間は大きく異なる。除雪が多いとトップアウトは厳しい。

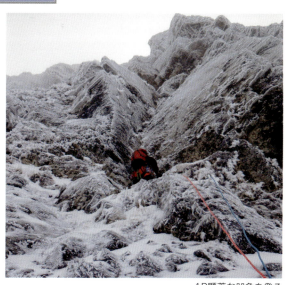
1P顕著な凹角を登る

正面壁　右リッジ・スペースチムニー

「右リッジ・ノーマル」を参照。

1P 30m
　右リッジカンテ状の右手より取り付く。一段バンド状にあがり、左にトラバースする。

2P 30m
　狭いチムニーを攀じり、カンテ状に抜けた後、左上するレッジを目指す。

3P
　フレアードチムニーを登る。積雪状態によっては除雪に苦労する。右リッジノーマルに合流する

1個目のチムニーを登る

チムニーを抜けると…

チムニーから上にロープを伸ばす

富良野岳 (1911.9m)

　十勝連峰の南端に位置するこの山は、大きく肩を張って、深く切れ落ちた谷を従えているため、男性的な姿がまるで独立峰のようなスケールを感じさせている。誰もがこのドッシリとした山容に心を奪われるに違いない。またこの山は、比較的古い火山なので、連峰の中にあっては最も高山植物が豊富なことでも人気を集めている。

十勝岳温泉コース 無雪期　道　一般向き

　十勝岳温泉からD尾根上を経てカミホロとの分岐までは「上ホロカメットク山・D尾根コース」を参照。この分岐を右に取ると細々とした登山路は富良野岳を目指して、主稜線の山腹をほぼ等高線沿いに進んでいる。コースはハイマツと小灌木の間を通り途中三峰山の沢を渡り、主稜線への登りとなる。さしたる登りでもなく、富良野岳－三峰山の最低コルに着く。このコルは広く開けていて、主稜線上の登山路の分岐であり、見晴らしも良く気持ちの良いコースだ。ここからは目指す頂上も間近にあり、お花畑の斜面を登っていくと、じきに頂上に立つことが出来る。この山は連峰の中でも山が古いのでムシトリスミレ、コイワカガミなどの珍しい花、種類、群落ともに見事である。

Time 十勝岳温泉（1h）D尾根分岐（2h）富良野岳

コルから上にお花畑が広がる

雪渓のトラバースは慎重に

頂上からは360度の見事な展望が

原始ヶ原コース　無雪期　道　一般向き

十勝連峰　富良野岳

富良野市布礼別からベベルイ方面の道に入り、原始ヶ原登山口の標識に従って進むが、肝心の林道入口の看板は見えにくい。林道終点が登山口で、広い駐車場と、山小屋「ニングルの森管理棟」がある。小屋は事前に鍵を借りると無料で利用できる。問い合わせ先は富良野市役所。登山口からすぐに二手に分かれるが、沢沿いのコースは通行止めとなっている。作業道跡の道を進むと、広原の滝に出て、三ノ沢を渡渉する。斜面を登りきると広大な湿原の原始ヶ原に出る。湿原巡りのトレールと別れ、富良野岳へは山へ向かって斜面を登っていく。湿原を抜けて急激に傾斜を増し、ハイマツ帯を抜けて稜線に出ると頂上は間近だ。

Time **ニングルの森（2h）**
　　　原始ヶ原（3h）
　　　富良野岳

ニングルの森の小屋

原始ヶ原の大湿原の中を縫って道はついている

800mほどの高度差の登りが辛い

三峰山沢(さんぽうざん)

無雪期　沢　!*

上富良野市街から道道291号線に入り、十勝岳温泉方面へ向かう。急な舗装路を上っていくと、白金温泉と十勝岳温泉への分岐（吹上温泉分岐）がある。分岐にバス停があり、その脇に駐車できる。ここから道を少し戻り、砂防ダム脇の作業道から川に降りる。砂防ダム上は二股になっており、左がヌッカクシ富良野川で、右が三峰山沢だ。三峰山沢の左岸に沿って作業道跡が伸びている。最後の砂防ダムを巻くと1170m二股で、すぐ正面に九重の滝が見える。この滝は見た目ほど傾斜は大きくなく、比較的容易に直登していける。その後は赤い岩肌の滑滝を越えていくと、落差30m程の華雲ノ滝に着く。直登は難しく、左岸のルンゼを登って小尾根を巻いて滝の上に出る。1550m二股を左に入ると頂上直下の難所を回避して登山道に出られる。忠実に本流を詰めると、周囲はお花畑に囲まれ、咲き乱れる花に目を奪われていると、いつしか北尾根上部に突き上げる急峻な崖になる。慎重に崖を這い上がり、北尾根上をわずかにハイマツを漕ぐと登山道に出て頂上は目の前である。なお、この沢の水は飲用には適さない。

Time 吹上温泉分岐（5h）
　　　富良野岳

入渓してすぐに出てくる九重の滝は難しくない

中流は滑と小滝で快適

上部の沢筋は水量とコンパスで決める

三峰山沢中間尾根　積雪期　稜　！*

　吹上温泉分岐までは「三峰山沢」を参照。バス停の横が登山者用の駐車スペースとして除雪されているが、休日などは多くの車で混み合うので、出来るだけ多く駐められるように配慮しよう。ここより道路を少し戻り、砂防ダムの脇にある作業路からヌッカクシ富良野川へ降りる。ダム上は二股となっており、2本の沢を渡渉して右股の三峰山沢の左岸の作業道に沿って進む。1170m二股から中間尾根に取付く。少し左側から取付くと楽だ。急な斜面と緩斜面を交互に三段登ると富良野岳の東のコルに出る。前衛峰からは稜線が細くなるのでアイゼンに換えると頂上はすぐだ。

`Time` 吹上温泉分岐（1h）
　　　1170m二股（3h）
　　　富良野岳

十勝連峰

富良野岳

正面に三峰山を見て作業道を進む

中間尾根はダケカンバの疎林斜面が広がる

主稜線までスキーが使える

富良野岳北尾根　　積雪期　稜　!!

砂防ダムに降りるまでは「三峰山沢中間尾根」を参照。対岸の急な斜面より尾根に取付く。ブッシュの中を徐々に右に回り込みながら進み、隣のジャイアント尾根とベベルイ川が見えたら、沢へ下るトレースと分かれて、北尾根の稜線上に上がる。多くのトレースは沢を渡ってジャイアント尾根に向かっているので惑わされないように。尾根上は森林限界を過ぎると、徐々にクラストした急斜面に変わる。ホコ岩は下から見た目とは異なり、簡単に上に登れるが、裏側は僅かながら切れ落ちている。雪の付き方が悪いときは戻って基部をトラバースすると良い。ジャイアント尾根分岐は台地状で、尾根が複雑に分岐しているので尾根筋が明確になるまでは標識旗を使う。この先は圧倒的な迫力で落ち込む北東尾根と西壁に挟まれた細い岩稜を辿る。状況によっては一部ロープ確保も必要だ。主稜線に出れば一安心で頂上は目前だ。

Time 吹上温泉分岐（4h）
　　　　ホコ岩（1h）富良野岳

ホコ岩の通過は見た目より難しくない

ホコ岩の裏側は雪の付き方で難度が変わる

ホコ岩を越えて北尾根を進む　正面は富良野岳

主稜線にあがれば頂上はすぐだ

ジャイアント尾根 積雪期 稜 ！！

ベベルイ川沿いまでは「北尾根」を参照。北尾根からベベルイ川を挟んで1本西側の尾根は、ジャイアント尾根またはジャイアントスロープと呼ばれていて、シーズン中は多くのバックカントリースキーヤーでにぎわっている。標高1100m付近から上でベベルイ川を渡り、対岸の斜面を登って尾根上に上がる。標高1400m付近までは広い緩斜面が続き登りやすい。クラストし始めたらアイゼンに代える。標高1683mからは台地状の平坦な地形が続き、視界不良時は迷いやすいので標識旗が必要となる。ここから山頂までは「北尾根」に合流する。

ジャイアント尾根は幅が広く、多くの人はクラストしてくる標高1500m付近から緩斜面のツリーランを楽しむか、ベベルイ川へ滑降し深雪を楽しんでいる。

Time 吹上温泉分岐(3〜4h)
1683m台地

森林限界を越えるとスラストしてくるベベルイ川へ降りる場所を選びながら登る

ピットチェックをしてベベルイ川へ滑り込む

十勝連峰　富良野岳

原始ヶ原ルート　　積雪期　稜　!*

　ベベルイ零号線の除雪は、通常南4線との交差点までである。そこから少し道路を歩いて布部川沿いの林道に入り、ニングルの森管理棟のある登山口までは6kmほどだ。登山口から林間コースに沿って登って行く。三ノ沢の少し上流側を巻いて原始ヶ原の台地に上がる。そこから上部の広い尾根を詰めて行き、1700mあたりからクラストしてくるのでアイゼンに換える。少し頑張ると頂上だ。

Time ベベルイ零号線（2h）
　　　 原始ヶ原登山口（3h）
　　　 三ノ沢上部（3h）
　　　 頂上

原始ヶ原の台地を進む

できるだけスキーを使おう

クラストしてくるとアイゼンに換える

頂上までもう一息

下ホロカメットク山 （1668m）

十勝連峰からぽつんと一つ離れてコニーデ型の秀麗な姿を見せているのがこの山である。登山道は無く、冬季はいずれのルートからも遠いのでなかなか訪れる機会が無い山だが、一度は頂上を踏んでおきたい思いをさせられる。

大麓山から見た下ホロカメットク山

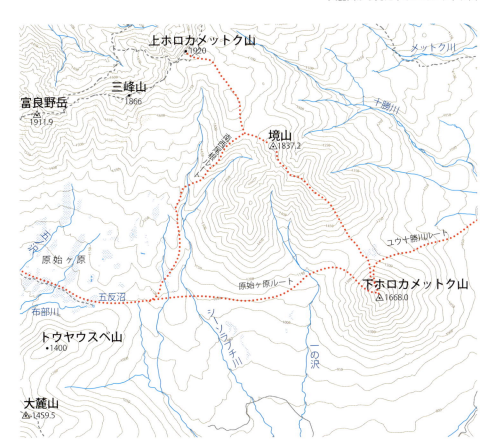

原始ヶ原ルート　　積雪期　稜　！*

原始ヶ原までは「富良野岳・原始ヶ原ルート」を参照。原始ヶ原に出たらコンパスを切って、ひたすら平坦な地形を進む。原始ヶ原を抜けた1083mコルからは、遠くに本峰を確認することができる。一の沢までは何度か沢を渡るので、意外に小さなアップダウンがある。一の沢は少し北に回り込んで1130m付近で渡り、そのまま尾根に取りつくと良い。西斜面はタンネ、カンバと植生が変わり、良いスロープが上部まで続いてスキーが使える。森林限界を超えて山頂が近づくとハイマツの凍りついた雪面に変わるので、適当なところでアイゼンに履き替える。辿りついた頂きからの眺めは、十勝連峰が横一列に並んで壮観だ。このルートは距離が長いために訪れる人は極端に少ない。その分、静かな山旅を存分に味わうことができるだろう。

`Time` **原始ヶ原（5〜6h）
　　　一の沢（2〜3h）
　　　下ホロカメットク山**

前富良野岳を背に、原始ヶ原にトレースを刻む

五反沼付近には湧水があり、冬季でも水が取れる場合がある

一の沢付近から見る下ホロカメットク山

境山 (1837.2m)

この山へのルートは十勝岳温泉から上ホロカメットク山経由が一般的だし、下ホロカメットク山への途中に踏まれる場合も多い。しかし、原始ヶ原をBCにして周囲の山を登る計画の場合はアタックできるピークの一つとして、それなりに面白い。

カミホロから見る境山への稜線

原始ヶ原ルート　　積雪期　稜　！＊

原始ヶ原までは「富良野岳・原始ヶ原ルート」を参照。針葉樹の疎林の中を登って行くと次第に周囲の山が見えるようになる。森林限界を越え1400mあたりになると灌木もなくなってクラストしてくるのでアイゼンに換える。広い尾根筋を登って行くと岩も出てきて主稜線に出る。主稜線は狭い所もあるが傾斜もゆるく登りやすい。広い頂上は眺めも良く三角点標石も出ている。

Time **原始ヶ原（4〜5h）境山**

シーソラプチ川を渡り南西尾根を登る

広い主稜線を登ると境山はすぐ近くに見える

下ホロカメットク方面　はるか遠くに見える

頂上は広いが少し岩が出ている

十勝連峰　境山

美瑛岳 (2052.2m)

山麓から眺めると深い針葉樹の間に、槍のように鋭角的な姿でそびえている山。それでいて十勝岳、鋸山の稜線から望むとポンピ渓谷に落ち込む幾層もの縞模様の深い断崖の上に岩の稜線が伸びていて、一種独特の迫力と風格を持っている。

十勝岳から見た美瑛岳　遠くに表大雪トムラウシ山

雲ノ平コース　無雪期　道　一般向き

十勝連峰　美瑛岳

　白金温泉・望岳台からポンピ渓谷を渡って、西尾根上を登るコースである。十勝岳避難小屋の手前の美瑛岳への分岐点までは「十勝岳・望岳台グラウンドコース」を参照。左折した登山路は硫黄沢を渡ってその右岸の尾根を少し登りつめてから山腹を等高線沿いに進む。やがて、雲ノ平と呼ばれるお花畑を大きく回り込んでいくと、ポンピ渓谷の深い谷が迫ってくる。豪雨でえぐれた涸沢を慎重に渡って、対岸の尾根が近づいてくるとコースはポンピ渓谷を渡る。ジグザグの急斜面をあえぎながら尾根上に出て、美瑛富士との分岐の標識を右の尾根を取る。踏み跡とケルンに従いながら、高みへと登りつめれば頂上となる。岩の積み重なった頂上は、ポンピ渓谷へ深く切れ落ちていて、涼風を受けながら周囲の山々を見渡す気分は最高だ。このコースを下る時は、よく方向を見定めて下りること。

Time 望岳台（2h）
　　　ポンピ渓谷（2h）
　　　美瑛岳

初夏は雪渓も残る

ポンピ沢を渡って

ポンピ沢をはさんで見る美瑛岳

アバレ川

無雪期　沢　！

アバレ川に沿った林道に入る。右岸へ渡るあたり、若しくはもう少し先で入渓する。砂防ダムを越えると水の少ないきれいな流れになり、すぐに出てくる滝を気持ちよく登ると、その後は苔のきれいなゴルジュやひょんぐりの滝など、変化に富んだ渓相が続く。両岸は低く圧迫感も無く、手強そうな滝は簡単に巻ける。視界が開けて正面に美瑛岳が見え、砂礫の埋める沢になると絶壁に囲まれた中に迫力のある勝瑛ノ滝が落ちてくる。右岸のルンゼから高巻き、黒い岩盤の滑と小滝を過ぎると、美瑛岳への登山道と交差する。一般に遡行はここまでで、登山道に上がって終了する。この先はポンピ沢と名前を変え、荒涼とした爆裂火口を通り、1700mから右の沢を詰めると主稜線上の縦走路に出るのだが、周囲は急斜面なので落石に十分に警戒したい。

Time 林道入り口（0.5h）
　　　入渓（4〜5h）
　　　ポンピ沢・登山道(2h)
　　　美瑛岳

歩きやすく気持ちが良い

楽しく遡行できる

勝瑛ノ滝は巻いて通過

涸沢 (かれさわ)

無雪期　沢　!*

林道の奥の美瑛富士登山口から先の林道を歩くと、すぐにパッとしない暗い雰囲気のその名の通り涸れた沢がある。左岸の作業道を利用して砂防ダムを越えた所で入渓する。しばらくは水流のない河原歩きだが我慢をして進むと次第に水も流れ、滝が連続してくる。どの滝も小ぶりだが見栄えもよく楽しめる。標高1000mを過ぎると沢は広くなり、視界も開けてくる。標高1400mに周囲が絶壁に囲まれた落差60m程の大滝が行く手を阻む。直登するには右岸のルンゼから、落ち口へと抜けるバンド沿いにロープを伸ばす。高巻くには少し戻って左の沢筋を進み、涸滝に当たった地点から尾根を乗り越すのだが、猛烈なハイマツとの格闘が待っている。大滝から上は伏流し、崩壊気味の涸滝が続いている。ガレた沢形を右寄りに進むと藪漕ぎ無く美瑛岳の中腹を横切る登山道に出る。

Time 美瑛富士登山口（3h）大滝（3h）登山道

十勝連峰　美瑛岳

沢は明るく楽しい

小滝群は楽しく登れる

中流部のナメは黒く美しい

遠くに見える標高1400mの大滝の通過が核心部だ

涸沢左岸尾根　　積雪期　稜　！*

　白金温泉街を過ぎて真っ直ぐ奥へ進み、除雪終点から歩きはじめる。駐車スペースが無いときは、白金温泉の駐車場から歩いても大差は無い。涸沢川を渡る手前で右の「野鳥の森遊歩道」方向への道に入り、少し行って涸沢林道に入る。涸沢林道を歩き、尾根に取付く。エゾマツの樹林の平坦な尾根が続くが、1100m付近で突如吹きさらしのハイマツ帯となる。1400m付近で急な斜面になるが、支尾根が合流する1500mで再び緩やかとなる。ここから先は地形の不明瞭な広い斜面が続き、視界不良時には方向が分からなくなる。適当にアイゼンに変えて登りつめるが、全体に尾根筋のはっきりしない複雑な地形が続く。小さな谷地形や斜度の変化する所では雪崩が起きやすい。

Time　涸沢林道入口（1.5h）
　　　尾根取付き（6h）美瑛岳

できるだけスキーを使おう

樹林帯を過ぎるとハイ松帯になる

上部は急斜面に岩が多い

美瑛富士 (1888m)

オプタテから見る
美瑛富士と美瑛岳

美瑛富士避難小屋コース　無雪期　道　一般向き

　美瑛町白金温泉を通過して真っ直ぐ進み、「野鳥の森遊歩道」への道へ曲がる。少し行くと、涸沢林道への分岐となる。入口のゲートは施錠されているので、事前に上川中部森林管理署に確認すること。舗装された林道を進むと登山口がある。ここから古い造材道を歩き、ほどなく本当の登山道入口と出合い静かな山の雰囲気になる。針葉樹と笹原の混じる緩斜面を登り、途中「日本庭園」と呼ばれる景色の良いところもあり、登って行くと美瑛富士避難小屋がある。この小屋は20名収容の小さな小屋でトイレは無いが夏季には携帯トイレ用のテントが設営される。コルで合流する縦走路を右にとり、美瑛富士の南東面を巻くように進むと縦走路、美瑛岳、美瑛富士4叉路の標識にあたる。右手の踏み跡を辿るとまもなく美瑛富士のピークに着く。岩礫とお花畑の入り混じった斜面を上り詰めると美瑛岳の頂上だ。水は、早い時期なら避難小屋付近の雪渓やたまり水が利用できるが、8月には涸れてしまう。

`Time` 涸沢林道登山口　(4h)
　　　美瑛富士避難小屋　(2h)
　　　美瑛富士

看板は天然庭園だが

オプタテ方面への分岐

美瑛富士避難小屋　携帯トイレが必要

雲ノ平コース　　無雪期　道　一般向き

　美瑛岳西尾根分岐までは「美瑛岳・雲ノ平コース」を参照。美瑛岳への道と分かれ、美瑛岳の山腹をトラバースして行く。1716mコルで十勝岳からの縦走路、美瑛富士避難小屋からの路と交差していて、ここから頂上へ向かって踏跡が付いている。真っ平らな台地状の頂上の一角に看板が立っている。

Time 望岳台（2h）
　　　ポンピ渓谷（2h）
　　　美瑛富士

登山道から見るときれいな姿をしている

涸沢右岸尾根　　積雪期　稜　！*

　涸沢林道入口までは「美瑛岳・涸沢左岸尾根」を参照。夏の登山口から登山道沿いに進み、途中から夏道と離れて真っ直ぐ尾根沿いを進む。森林限界を過ぎると傾斜が増してくるが、全体に広い斜面で尾根筋ははっきりしない。標高1500m付近からクラストし始めるので適当にアイゼンに変え、真っ直ぐ登りつめると頂稜の北西の端に出る。標高点及び看板は平坦な頂稜のもう少し先だが、視界の悪いときに見つけるのは難しい。

Time 涸沢林道入口（6h）
　　　美瑛富士

森林限界まではスキーが使える

上部は岩の多い斜面だ

オプタテシケ山（2012.5m）

十勝連峰の北端に位置し、さながら城塞のように堂々と聳え立っているのが、この山である。ことに積雪期に美瑛から仰ぎ見る十勝連峰の峰々、そしてその中でもこのオプタテシケ山は白い雪壁の輝きと急峻な谷を持ち、その陰影は壮絶なまでに凄みを帯びていて、この連峰を訪れる人々の心をしっかりとつかんで離さない山である。夏季に縦走路から訪れる頂よりも、冬季に西面から目指す各ルートは良い冬の思い出を与えてくれることだろう。

北西面へ向かって

美瑛富士避難小屋コース 　無雪期　道　一般向き

美瑛富士と石垣山のコルまでは美瑛富士の無雪期ルートを参照。コルから岩の積み重なった石垣山に登り、ベベツ岳を越えてコルへ下ってオプタテシケ山への登りにかかる。急な登りを終えたかと思いきや、頂上はまだ先で何度も偽ピークにだまされて頂上に至る。

Time 涸沢林道登山口（4h）
　　　美瑛富士避難小屋（3h）
　　　オプタテシケ山

ベベツ岳から美瑛岳方面を振り返る

石垣山を越えて
遠く左に下ホロ

西尾根

積雪期　稜　!*

　白金温泉街を過ぎて真っ直ぐ奥へ進み、除雪終点から歩きはじめる。駐車スペースが無いときは、白金温泉の駐車場から歩いても大差は無い。美瑛川にかかる両泉橋の手前から美瑛川左岸沿いの林道に入る。林道の入口は不明瞭なので見落とさないように。林道が美瑛川と離れて登り始め、ヘアピンカーブになった辺りから道を離れて、林道が水無川を渡る所を目指して真っ直ぐ進み、少し林道を進んでからポン水無川に沿って針葉樹の森の中を高度を上げて行く。西尾根と東尾根の谷間1200m付近の風の当たらない良い場所を幕営地にすると良い。北西面左岸の崖に沿ってルートを取り、クラストしてくるとアイゼンに換える。頂上直下は急な岩尾根だが難しくはない。下部は全体に尾根筋のはっきりしない斜面で、スキーは快適だが雪崩にも警戒する。

Time **白金温泉（4h）**
　　　水無川（4h）
　　　オプタテシケ山

もう少し登ってキャンプ地にする

西尾根のラッセル

Wコル付近から頂上へ

東尾根（孤客沢右岸ルート）　積雪期　稜　！*

　東尾根はオプタテシケ山の北東方向へ扇状へ広がる尾根であるが、このルートは孤客沢右岸沿いを登るものである。水無川の橋までは「西尾根」を参照。林道を更に進み、ポン水無川を渡る辺りから東尾根の末端1150m辺りをめがけて真っ直ぐ進む。孤客沢は浅く、渡った事に気づかず、傾斜が増し始めたら東尾根に登り始めている。尾根は広く登りやすいが、1500m付近で突如森林限界となって傾斜が増してクラストするのでアイゼンに変える。尾根上は岩場が点在し、1800m付近には急な雪壁も出てくるが、いずれも慎重に進めばさほど問題は無い。主稜線に出てから頂上までは両側が切れ落ちているが、稜線はそれほど細くはない。

Time. 白金温泉（5h）
　　　尾根取付き（4h）
　　　オプタテシケ山

北西面を眺めながら高度を上げる

中央稜と北西稜

頂上の標識は埋まっていない

あまり広くない尾根の両側は急斜面

トノカリ林道ルート　積雪期　稜！

十勝連峰　オプタテシケ山

新得町より道道718号の十勝川に沿って奥のトムラウシ温泉へ向い、途中の曙橋を渡ったすぐ先から左手のシートカチ支線林道に入る。4km程で殿狩橋を渡り、少し先の取水施設で除雪の終点となる。ここから林道を歩いて4kmで三股橋、さらに1km程林道が利用できる。右にトノカリウシュベツ川を見て広い疎林の斜面を登って行き、1500m付近からクラストしてくるのでアイゼンに換えると良い。1700m付近から岩も出てくるので注意。そのまま急斜面を登りつめると頂上だ。帰路は季節と雪の状態によるが1600m付近から壮大な滑降が楽しめる。

Time　取水施設（2h）
　　　三股橋（5h）
　　　オプタテシケ山

林道の終点付近で幕営

できるだけスキーは上まで使おう

徐々に急斜面になる

シートラで登る

北西面の登攀ルート

オプタテシケ山の北西面は、北西壁・中央壁・北壁・西壁などの岩壁群と、北西稜・西稜・中央稜などの急峻な岩稜からなっており、夏期にはブッシュとハイマツに覆われて、すっきりした登攀は望めない。しかし、冬期には雪氷壁や雪稜となって、多くのルートを与えてくれる。

中央稜　　　　　積雪期　稜

沢の中を進んで中央稜の末端から取り付く。出だしは傾斜もゆるくブッシュが多くて苦労するが、次第に急傾斜になってくるので適当にスキーデポする。急峻な地形は雪崩の恐れもあるので慎重に。尾根上を進むとB壁にぶつかり、B壁は途中のバンドのトラバースに多少手こずらされる。

真ん中の尾根が中央稜

この上はヤセ尾根上の雪庇に注意しながらP1とP2のコルを越え、P2・P3を目指す。両側に落ち込む中央壁と北壁は、すごい迫力で感動的である。P2、3は技術的にさして難しくないが北壁に直接落ち込む高度感もあるため、乗越し部分は慎重に。P3を越えると、ゆるくなった雪稜と雪壁が頂上へと繋がっている。

Time BC（5h）オプタテシケ山

B壁を越えてP1からP2へ

北西稜　　　積雪期　稜

アプローチは「北西面中央稜」を参照のこと。樹林帯より孤客沢をたどり東尾根と西尾根の間から北西面の懐へと分け入る。ここより左右に二筋見えるリッジの右側が北西稜である。右手の沢型を登って標高1700mあたりから西側より回り込む形で適当にリッジの横に取り付く。雪壁の弱点をたどりながら2ピッチほどで稜上にあがる。そこからさらに凍った草付きリッジに2ピッチほどロープを伸ばすと頂上付近の西尾根との合流点が見えてくる。ロックセクションは殆ど無く、使えるピンはほぼワードホッグのみ。4ピッチ目でエビのしっぽを叩き落してのマントル返しが出てくるが、それ以外は特に問題とはならない。雪崩には細心の注意が必要。

2P目

4P目

中央稜A壁

積雪期　稜

雪が安定している時にのみ取付くことが出来る。左股沢の大滝を超えてしばらく進むと、右側から顕著にのびる雪稜がある。これがA壁へ取り付く尾根の末端で、基部まではアイゼンを気持ちよくきかせて登りつめる。

1P 20m
基部より本格的な登攀となり、カンテを右に回り込むように斜上し、傾斜のおちた雪壁を登って大テラスに出る。

2P 20m
正面の数mのスラブを右に回り込んで凹角沿いに左上。脆い部分があり緊張させられる。

3P 40m
カンテ沿いに直上する。ホールド・スタンスとも多く比較的快適だ。あとは雪のリッジを登ってA壁の頭に出る。（40m）アンザイレンでリッジを登り、P1の基部に着く。

4P
P1へは裏側から真ん中のコル状を目指して直上するが、見た目よりもいやらしいピッチである。P1の頭からは2～3の小ピークを越えてB壁からの中央稜ルートと合流。

Time BC（2h）
　　　A壁基部（3～5h）
　　　オプタテシケ山

1P目上から

2P目

3P目

夕張山地

夕張岳から北には魅力的な山々が連なる

　芦別・夕張の山々は、日高山脈と共に道内では数少ない非火山性の構造山脈で、北海道の背骨にあたるような山でもある。その生い立ちは古く、中生代ジュラ紀頃といわれ、多くは変成岩、蛇紋岩から成り立っている。これらの山の中でも芦別岳は峰や谷が激しく侵食され、壮年期の独特なアルプス的景観を見せている。数多くの山がありながら、一般化されているのは夕張岳、芦別岳くらいで、他の十数座はごく一部の人々にしか門戸を開いていない。周辺の沢を見ても比較的難しいものが多く、岩登り技術の要求される未知の魅力的なルートがまだ眠っている。冬期は、雪をまとった孤高の山々がひっそりと静まりかえり、登山者を待ちわびているかのような佇まいを見せている。この山域には日高山脈同様、実に魅力的な無名峰が数多く存在している。岳人の間で通称名として呼ばれている、夕張中岳、夕張マッターホルン、シュウパロ岳、小天狗などはその代表例となるが、まだ他にも開拓できる山は多くある。その意味では、古くから山頂を踏まれている山々でありながら、まだまだ未開の山域であるといえよう。

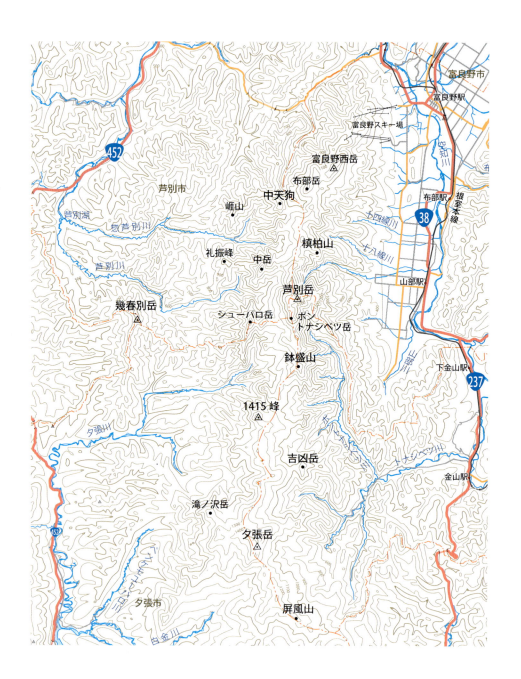

夕張岳 (ゆうばりだけ) (1667.7m)

石狩平野から眺められる屋根型のどっしりした山容は、北方の芦別岳の男性的な鋭敏さとは対照的に、母のおおらかさのようなものを感じさせる。芦別岳方面から望むと、広い台地状頂稜部の左端には夕張岳本峰、右側には夕張西岳の鋭鋒、滝の沢岳等が見られ、雄大なスケールを持っている。頂上付近一帯は広いお花畑が展開し、夕張岳の固有種も多く、登山者を魅了している。

白く輝く夕張岳

夕張山地　夕張岳

夕張コース　無雪期　道　一般向き

国道452号線をシュウパロ湖沿いに進み、夕張岳入口の看板を曲がって白金橋を渡り、市道奥鹿島線に入る。山開き期間は短く、例年6月下旬から9月末までで、それ以外の期間はゲートが閉鎖されている。真っ直ぐ林道を進み、左股橋を渡るとゲートがある。駐車スペースは橋の前後にあるが、最盛期には路上まで駐車の列が並ぶ。ここから夕張岳ヒュッテまで車道は続いているが、一般車両は通行できない。駐車スペースから車道を少し行くと、冷水コースと馬の背コースの分岐となる。左の馬の背コースへ向かうと、夕張岳ヒュッテがある。ヒュッテは有料で宿泊できる。馬の背コースは細い尾根沿いで、冷水コースは広い谷間を行く。二つのコースが再び合流する馬の背分岐から前岳のトラバースになって、望岳台を過ぎると憩いの沢の水場に出る。これより、湿原地帯を通るなだらかな道となり、ガマ岩や咲き乱れる高山植物を眺めながら進む。熊が峰を越えると「吹き通し」と呼ばれる砂礫地がある。金山コースが合流し、ハイ松帯の急斜面を登ると祠の有る台地で、そのすぐ上が頂上だ。

新しい夕張ヒュッテには泊まってみたいと思わせる

湿原には木道が施設されていて歩きやすい

Time　駐車スペース（2h）馬の背分岐（1.5h）ガマ岩（1h）夕張岳

金山コースが合流する吹き通しを過ぎると一登りで頂上だ

頂上からの見晴らしはすこぶる良い

金山（かなやま）コース　無雪期　道　一般向き

南富良野町金山から町道トナシベツ線に入る。道なりに進み、シカよけの柵を開けてトナシベツ林道へ進む。エバナオマントシュベツ川に架かる橋を渡ると登山口だ。駐車スペースは橋の手前にある。登山道は取り付きから急登となる。小夕張岳（1234m）を経て、単調な林間の一本道だから迷う心配はない。小夕張岳からは、夕張岳本峰が大きく迫るのを眺めながら、いったん下って大きな起伏を越える。ダケカンバ林の急登が終わると、樺の平と呼ばれるお花畑が現れ、なおも林の道を進むとまたお花畑となって頂稜岩壁の基部にぶつかる。これを大きく基部を半周トラバースするように進み、吹き通しに出て夕張コースと合流する。

Time 金山登山口（2h）小夕張岳（3h）夕張岳

夕張山地　夕張岳

金山コース登山口

ピラミダルな小夕張岳

小夕張岳から望む夕張岳

夕張岳山頂

ペンケモユーパロ川右股　無雪期　沢　！

ペンケモユーパロ川の440m二股の右股で、前岳の南東部に突き上げる沢である。夕張岳登山口から4kmほど手前から右股に沿った地形図に記載されていない支線に入る。ゲートは施錠されているのでここから標高550m付近まで林道を歩き、入渓する。はじめは単調な渓相で、砂利の堆積が目立つが快適に歩を進めていける。滝自体に困難なものはなく両岸の岩壁の間に咲く花を見て水しぶきを浴びながらの楽しい遡行となる。源頭近く、夕張西岳が現れるころになると、ぬるりとした泥炭地の小沢となり、湿原地帯に出て登山路にぶつかる。

Time 林道ゲート（5h）
　　　 夕張コース

小滝は楽しく越えて行ける

巨岩地帯を進む　お助けスリングのほしい所も

源頭部は二股が頻繁に出て迷いやすい

トナシベツ川石詰り沢　無雪期　沢　！*

金山コース登山口から入渓する。ここまでは「夕張岳・金山コース」を参照。広い河原に時折林道の残骸が見受けられる。480mからゴルジュとなるが、古い橋脚があり興ざめである。抜けると490m二股で、地形図では左右両方に六の沢の記載があるが、左が本流であろう。右の通称石詰り沢を行くと、その異名通り巨岩が積み重なっている。その後は巨岩帯と河原が交互に現れ、単調な割に疲弊する。1100m付近で伏流し、幾筋かの涸れたルンゼに別れて東面に突き上げている。右端のルンゼを選んでいくと藪漕ぎも無くほぼ直接ピークに出るが、垂直の部分もあって一筋縄ではいかない。詰めるルンゼによっては楽しみも変わるかも知れないが、下流部の歩きがいささかしんどい。また、途中から小夕張と夕張岳の間の登山道へ抜ける枝沢も登られているが、その場合は滝など何も無しで登山道に出る。

Time 金山登山口（1.5h）石詰り沢出合（6h）夕張岳

下流はちょっと期待させるような雰囲気も

上部ルンゼは選択が難しい

いやになるほどの巨岩帯が続く

夕張山地　夕張岳

エバナオマントシュベツ川　無雪期　沢　！

金山コース登山口の少し手前に入口がある桔梗岳林道に入る。林道は藪に覆われて荒れているが、エバナオマントシュベツ川に沿って標高540m付近まで延びている。入渓すると色とりどりの庭石のような岩が無数に積み重なった巨岩帯が続いており、その眺めは異景とも感じられる。滝らしい滝は出てこないが、積み重なって滝のようになった巨岩の巻きにしばしば時間をとられる。標高1020mの二股を左に入ると、水流が減っていくとともに岩も小さくなっていく。あとは水流にしたがって沢型を詰めていくと、やがて日本庭園風お花畑の源頭に通じ、釣り鐘岩の北のザレ場に出る。

Time　金山登山口（6h）夕張岳

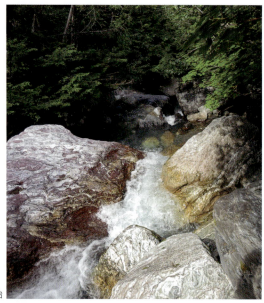
巨岩アスレチック開始

蛇紋岩の美しい巨岩が連なる

巨岩の隙間を縫う滝状の流れ

夕張ルート

積雪期　稜　！*

町道入口までは「夕張岳・夕張コース」を参照。冬期間は除雪されないので、夕張ヒュッテまでは約15kmの林道歩きになる。ヒュッテからは左の滝の沢沿いに行くと早いが、雪が少ないとブッシュに泣かされ、多いと雪崩の危険があるので、冷水沢コース沿いに行くのが無難だ。馬の背を越えて、前岳を回り込むと広い平原となるので、標識を打って行った方が良い。「吹き通し」からアイゼンに換えて急な斜面を登ると頂上だ。

Time **町道入口（1d）**
　　　夕張ヒュッテ（6h）
　　　夕張岳

滝ノ沢岳と1297ピークがかっこいい

湿原から見る前岳東面

最後の登りはアイゼンの出番となる

金山ルート

積雪期　稜　！*

　金山登山口までは「金山コース」を参照。除雪は最終人家までで、登山口までは約7km歩く。登山口からは金山コースをほぼ忠実に辿る。この尾根はアップダウンが多く、スキーの場合は意外に手間取る。特に881mコブは尾根が細い上に樹林が濃く、また小夕張岳への登りは急傾斜に雪庇が段々に張り出している。シートラーゲンでこれらを越えると、尾根は広がって夕張岳が良い姿で出迎えてくれる。頂上基部に出ると風が強くクラストするのでアイゼンに履き替えよう。北面の急傾斜を登り切ると頂上となる。

Time **最終人家（3h）**
金山登山口（4h）
小夕張岳（4h）
夕張岳

小夕張岳の乗越しが一つのポイントだ

本峰へはアイゼンピッケルで直接登れる

山頂から南に続く稜線

吉凶岳（ききょうだけ）（1208.4m）

夕張岳の北東に位置する双耳峰の山で、国道237号線の金山地区からもその姿は良く見える。平坦な北峰にピークがあるが、南峰の方が鋭い。

朝日に染まる吉凶岳

エバナオマントシュベツ川右股　無雪期　沢　！

桔梗岳林道まで「夕張岳・エバナオマントシュベツ川」を参照。標高450m二股で吉凶岳に向かう右股に入渓する。平凡な流れを淡々と進む。この沢は標高780m付近に2段7mほどの滝があるだけで、特に大きなものは無い。標高1000m付近で南峰への沢を分けると、右に屈曲して細い流れとなって小滝が出る。詰めはヤブと鹿道をうまく繋げて登る。山頂は樹林に覆われて展望は良くない。切り立った南峰の方が迫力ある山容だが10mほど低い。

Time 金山登山口（4h）吉凶岳

途中現れる2段7m滝

山頂北側から見る芦別岳

鉢盛山（1453m）

鋭鋒の多い夕張山地主稜線にありながら、珍しく丸みを帯びた女性的な姿をしている。主に芦別夕張間の積雪期縦走の途中で踏まれることが多いが、最近ではこの山だけを目指す記録も目にするようになった。優しそうな山容とは裏腹に、沢と尾根のいずれにおいても頂きに立つのは容易ではない。

富良野市山部から望む鉢盛山

鉢盛沢

無雪期　沢　!!*

ポントナシベツ川の標高500mで出合うのが鉢盛沢である。出合までは「芦別岳・ポントナシベツ川本流」を参照。出合いから藪に隠れた小さな流れでぱっとしないが、しばらく進むとツルツルした岩盤になりナメ滝が出てくる。740m二股を右に進むと壁のような小滝が出て来てヌメリが有り油断できない。やがて両岸が狭まり函状となり函の中に小滝が続くが早い時期は雪渓に埋まっている。核心と思われる筋状の滝は巻くことも困難で直登して突破すると沢幅は広がり開けて来る。その先も断続的に滝は続くが高巻くことも可能だ。源頭からは左の尾根の踏み跡を辿ると藪漕ぎなしで稜線に抜けられる。そこから山頂までは濃い笹藪とハイマツのミックス帯で2時間は見た方がよい。

740m二股を過ぎると滝が出始める

Time 500m二股（8h）鉢盛山

両岸ツルツルの核心滝は直登する

ゴルジュを抜けても滝は断続的に続く

肌寒沢 (はだざむ)

無雪期　沢　!!

　ポントナシベツ川の標高570mで出合うのが肌寒沢である。出合までは「芦別岳・ポントナシベツ川本流」を参照。出合からデブリの転がる少し荒れた渓相である。時々出てくる滝はそれほど難しそうには見えないが、ヌメリが多くてうっかり取付くと上部でヒヤヒヤさせられる。標高810mの屈曲点には見事なひょんぐり滝がある。910m二股は右股の方が緩やかだが、ピークは遠く藪漕ぎは長い。左股に進んで小滝を越えて行くと、1060m二股で右股は30mの滝となって落ちてくる。ホールドは豊富だが、ヌメリが激しくて直接取付くのは躊躇する。小滝を越えていくと更に絶壁に囲まれた30mの滝が出てくる。こちらもホールドはありそうだが、更にヌメっていて快適な登攀は望めそうにないので右岸尾根状を高巻く。標高1330mで笹が被ってくるが、足元にはしっかりとした道があり、一旦広い草原に出てから笹藪とハイマツを小一時間ほど漕ぐと頂上に着く。

`Time` **570m二股（6h）鉢盛山**

本場に負けないようなひょんぐりの滝

ホールドはあるがヌメリがキツい

ヌルヌルすぎて登れない

滝の沢

無雪期　沢　！

滝の沢出合までは「芦別岳・ポントナシベツ川本流」を参照。滝の沢に入るとすぐに函状になって、じきに釜を持った小滝の架かるゴルジュとなる。いずれも難しい物は無く、簡単に越えられる。635m二股を右に入ると沢は荒れ気味になるが、どんどん高度を稼げる。910m二股は地形図では右のように見えるが、実際には沢形は途中で途切れている。ここはルートを左に取ると浅い沢筋が続き、頂上へ向かう谷へと繋がっている。地形図で読み取ることは難しく、迷いやすいので気をつけたい。沢形は南尾根寄りに標高1400m付近まで続き、1時間ほどのハイマツ漕ぎで頂上となる。このルートは比較的容易に山頂に立つことができ、下降ルートとしても有効だ。標高900m付近までは左岸側に古い作業道跡が散在しているので、うまく使えば時間を短縮出来るかも知れない。

`Time` 滝の沢出合（8h）鉢盛山

出合のゴルジュ地帯

標高1200m付近の草地から平坦な山頂を望む

滑りやすい岩質に神経を使う

山頂付近は猛烈なハイマツだ

夕張山地　鉢盛山

鉢盛山南東尾根　積雪期　稜！！

最終人家までは「夕張岳・金山ルート」を参照。トナシベツ林道を進み、羽沢橋手前からポントナシベツ川沿いの林道に入る。約6km進んだ滝の沢出合い付近が林道終点となる。滝の沢を挟んだ向かいの尾根が南東尾根で、末端から取り付く。1076mコブまでは割合尾根は広く順調に高度を稼げる。晴れていれば右手に芦別岳、そして目指す鉢盛山が良く見える。1076mコブから一度下って西側の尾根に乗ると次第に細くなるので、スキーは途中でデポして、アイゼンピッケルに切り替えるとよい。標高1150mから先がこのルートの核心部で、痩せ尾根のアップダウンが続く。両側がスッパリ切れ落ちている部分もある。特に降雪後は雪崩を起こさないよう、慎重な行動が要求される。標高1250mを超えると広尾根に変わり、緩い傾斜を進むと丸みを帯びた山頂である。

芦別岳を望みながら尾根を進む

Time 最終人家（4h）滝ノ沢出合（5h）鉢盛山

次第に尾根が細くなる

南東尾根のナイフリッジ

鉢盛山東尾根（峯泊林道乗越ルート） 積雪期　稜　!*

長いトナシベツ林道を歩く代わりに、山部から尾根と川を乗っ越して取付くルートだ。山部から道道706号南陽山部線停車場線を終点の288m標高点まで行く。冬期もここまでは除雪されている。峯泊林道を北上し、1km弱で左の小沢に入る。沢沿いにつけられた作業道をうまく使って半面山から延びる尾根を乗越し、ポントナシベツ川に下りる。762mポコのすぐ北から南西に延びる支尾根を末端まで使うと良い。スノーブリッジは豊富で困ることはないが、函の部分も多いので上からうまく見極めること。対岸に渡り標高1020mで尾根が収束すると、山頂へ向かって快適な稜線が延びる。途中、2か所の段差が現れるが、容易に巻ける。1400mを超えると細尾根も終わり、平坦な地形を詰めると山頂となる。唯一日帰りも十分可能なルートであるが、復路に登り返しがあるので時間配分に気を付けたい。

Time 道道終点（2〜3h）
　　　 渡渉地点（4〜5h）
　　　 鉢盛山

尾根も広く快適な稜線だ

富良野盆地をバックに、最後までスキーが使える

頂からの南望。1415m峰、滝ノ沢岳、そして前岳が並ぶ

1415m峰（夕張マッターホルン）(1415.2m)

芦別岳と夕張岳のほぼ中間地点に位置する1415mの鋭鋒。地形図に山名は無いが、通称「夕張マッターホルン」と呼ばれている。主稜線の北東側から眺めるその姿は、空に向かって鋭く聳え、正にマッターホルンと呼ぶに相応しい。

聳え立つ1415m峰

シュウパロ川右股北面沢　無雪期　沢　！*

国道452号線、三夕トンネルの南側から夕張川沿いに延びる林道に入る。しばらく林道を進んで、途中から天狗沢沿いの林道に折れて、再び夕張川を渡る標高545mの「奥主夕張2号橋」が入渓点となる。この林道は度々壊れるので、事前に関係機関に問い合わせたほうが良い。状況によっては国道から入渓点まで15kmの長い林道歩きを覚悟しなければならない。入渓してしばらくは平凡な河原歩きとなる。580m二股、640m二股をそれぞれ右に取ると、730m二股で両岸が迫りゴルジュ地形となる。これは左岸から巻いて右股に降りる。沢は南に向って直線状となり、やがて階段状のガレ沢に変わって水は枯れる。途中岩が立ち塞がり、ショルダーで越えるところもある。沢は次第に傾斜が立ってくるので、適当なところで右手の尾根に逃げると良い。尾根は急峻だが植生は豊富で特に危険なところは無い。木を攀じ登るように高度を上げると、西の肩を経由して平坦な山頂に到達する。

730m二股にあるゴルジュ

Time 奥主夕張2号橋（2h）
　　　730二股（3～4h）1415m峰

山頂は背の低いハイマツが茂る

結梗川左岸ルート　積雪期　稜！！

ポントナシベツ川沿いの林道を進み、結梗川を渡ってすぐに左岸に取り付くと川に沿って古い作業道がある。判然としない部分もあるが、この作業道は標高550m付近まで延びている。途中崖上のトラバースを強いられる部分もある。617m標高点から本流を離れ広い沢形に入ると、両岸にある岩峰からのデブリが多く見られ、時期によっては雪崩に注意が必要だ。沢形を抜けると尾根は広がり七つ池へ導かれる。南側から本峰へ辿るルートは、上部に行くほど傾斜がきつくなるため、パーティによってはロープを出したほうが良い。雪の不安定な時期は西に回りこむ方が傾斜も落ちて楽に登れる。独立峰だけに山頂からの展望は圧巻だ。

Time 結梗川出合（4-5h）
　　　 七つ池（2h）
　　　 1415m峰

1415m峰（夕張マッターホルン）

夕張山地

1146m峰南面からの大規模雪崩には気を付ける

南側から見る本峰

高度感抜群の山頂に立つ

芦別岳 (1706.1m)

　北海道では数の少ない褶曲型の岩山で、鋭く立った本峰は見事な男性的風貌を持っている。また周囲に数々の岩壁岩峰を巡らし、多くの登攀ルートを提供している。この山は道央に位置することもあって、道内の多くの登山者に愛され、四季を通じて登られている。登山道は新道と旧道の2本があり、いずれも夜行日帰りが可能だ。旧道にはユーフレ川の脇に避難小屋があり、ここに一泊すれば無理なく登山を楽しむことができる。旧道の北尾根から眺める本峰は鋭峻な槍のように聳え、岩尾根を越えて少しずつ近づいて行く楽しさはたとえようもない。本峰の直下には大きなお花畑も有り、変化に富んだ素晴らしい山を味わう事が出来る。

北尾根キレットより望む芦別岳

新道コース　　無雪期　道　一般向き

　富良野市山部から道道706号（20線）に入って北の峰方面へ真っ直ぐ向かうと、右にカーブするところに登山口がある。登山口の向かいに駐車場が有り、カーブした先には「太陽の里」という自然公園があって、キャンプ場や「ふれあいの家」という宿泊施設がある。登山口にはシカよけの柵があるので開けて中に入る。登り始めるとすぐに急な登りとなり、尾根上に出て樹林帯の登りが続く。標高1107mの鶯谷には覚太郎コースの分岐が有るが、このコースは廃道となっているので入り込まないこと。ここから尾根は狭くなり、半面山まではわずかである。残雪の頃ならば夫婦岩のXルンゼが美しく見える。半面山（1377m）からは本峰を望むことができ、熊の沼、雲峰山を越えて本峰までは苦しい登りだが、もう一息である。7月初旬頃までは頂上直下に大きな雪渓が有るので滑落や方向を失わないように慎重に歩こう。

| Time | 新道登山口（3h）
半面山（1h）
芦別岳

半面山まで登るとやっと頂上が見える

雲峰山からの稜線はユーフレ谷側が切れている

富良野盆地と十勝連峰の展望が良い

旧道コース　無雪期　道　経験者向き

国道38号線から19線道路を西進すると山部自然公園太陽の里のふれあいの家に出る。その脇を通ると林道の入口で、鹿柵のゲートがある。林道を1.2kmほど行くと終点が登山口で、駐車スペースがある。ここからユーフレ沢左岸に沿って沢の脇へ降りたり、尾根の中腹を巻いたりしながら登って行き夫婦沢の流れを渡るが夫婦沢は融雪期水量が多い。白竜の滝の見えるところから鉄のはしごを登るとユーフレ小屋への分岐である。ここからユーフレ小屋まではユーフレ沢に沿って400m程で着く。旧道コースは分岐を右にとり、夫婦沢に沿って登って行く。所々不明瞭だが、踏み跡は分かりやすい。途中から夫婦沢の左に沿った浅い沢形に新しい道が付けられていて、夫婦岩の近くで沢型を離れて元の旧道に合流する。分かりにくい部分はピンクテープがついているのでしっかりと確認の事。合流地点は良い水場だ。しばらく行くと夫婦岩も眼下になり、北尾根上に上がると本峰の鋭く尖った姿が現れてくる。北尾根は小さなコブがたくさんあるが、徐々に近づいてくる本峰や岩稜群を眺めながら歩くのは楽しい。所々尾根が細くなったり岩が出て来たりするので、あせらず慎重に進もう。キレットと呼ばれるギャップを過ぎると、尾根も広くなり、本峰直下の御花畑となる。あとは頂上の岩峰を一登りだが右側の踏み跡が比較的易しい。

ユーフレ川沿いは分かりにくい部分もあるが、概ね明瞭だ

北尾根上は概ね歩きやすい

夕張山地　芦別岳

Time　旧道登山口（1.5h）ユーフレ小屋分岐（3h）北尾根上（2.5h）芦別岳

途中から本峰の鋭い姿が見える

キレットを過ぎると頂上は目の前だ

ユーフレ川本谷　　無雪期　沢　！*

　ユーフレ小屋までは「旧道コース」を参照。ユーフレ小屋を出て単調な河原を進むと、両岸が迫りゴルジュが現れる。ゴルジュの通過は難しい。左岸の高巻ルートに沿って古いロープがfixされているが、信用しないように。高巻きは高さがあっていやらしく、パーティによってはロープ確保をした方が良い。これを越えると左岸からα、β、γの各ルンゼが合流してくる。本谷は荒涼とした岩礫の谷が延々と続き、両岸からは大きな滝が幾筋も架かる。残雪期のイメージとは大きく異なって、インゼルの高さに驚く。沢自体は全体に易しいゴーロで、滝らしい滝は標高900m付近に5m程度のが1つあるだけだ。上部の三股は中股に入るが、ガスが出ると迷いやすい。最後の詰めは浮石だらけの急なガレ場で、後続パーティに対する落石には特に注意したい。ガレた急斜面を登り切ると、頂上直下の旧道に合流する。

Time ユーフレ小屋（4-5h）芦別岳

荒涼とした沢床を進む

残雪期とは全く異なる沢相を見せる　前はインゼル

ゴルジュは左岸を巻いて通過
難しくは無いが慎重に

本谷ルンゼは急なガレ場となり登山道へ

ユーフレ川本谷　　残雪期　！*

　5・6月の残雪期、特に5月いっぱいはゴルジュから雪に埋まっていて通過できることが多い。がそれ以降の季節は崩れやすい雪渓に気を付けよう。雪渓の多い時期は滑落事故も多く、アイゼン．ピッケルが必要である。残雪期は特に右岸の稜上からのブロック雪崩や落石に注意をする。

Time **ユーフレ小屋（4-5h）
　　　芦別岳**

夕張山地　芦別岳

川岸近くに建つユーフレ小屋

雪が残っていればゴルジュの通過は簡単だ

本谷ルンゼの詰めは急な雪壁になる

春のユーフレ谷は素晴らしい景観だ　正面は芦別岳

熊の沼沢　　無雪期　沢　!!

　ユーフレ小屋までは「旧道コース」を参照。小屋の正面にチョロチョロと流れて合流するのが熊の沼沢である。入渓するとじきに両岸が狭まり、切り立った函となって小滝が出始める。1020mの滝は手前の滝と共に左岸のルンゼから高巻く。この後も小滝が断続して1240m二股となる。これを左にとるとガレ沢となって半面山で新道コースに出る。右にとると50mの大滝が待ち構えている。この滝は下部は簡単だが、中間部から上は思いの外手強い。更にいくつか小滝を越え、沢が平坦になったらすぐ左に新道コースがある。残雪期にはユーフレ小屋への下降ルートとしても利用されるが、時期が遅いと大滝が雪渓上に口を開いていることがある。

Time **ユーフレ小屋（3h）**
　　　50m大滝（2h）熊の沼

入口は少し暗い感じがする

適度に滝が連続して飽きさせない

核心の大滝（50m）は圧巻だ

大滝の2P目を登る

ポントナシベツ川本流　無雪期　沢　！！！

国道237号線を金山市街に入ると、「トナシベツ渓谷・夕張岳登山口」の看板がある。6.3km入った羽衣橋で夕張岳登山口への林道と別れ森田の沢林道へ入る。すぐにゲートがあり、この先どこまで車で入れるか森林管理署に確認しておくと良い。桔梗川に架かる「ききょう橋」を過ぎると、その先の林道は荒れ気味なので早々に沢に降りる。渡渉の多い単調な河原歩きに飽きてきた頃に肌寒沢の出合いとなる。ここを過ぎると渓相は一変して、ゴルジュや滝が現れてくる。650m附近からは雪渓も残っており、右岸から入る沢はすべて豪快で、美しい滝となって落ちてくる。840m出合いの手前で、釜を持った10m2段の滝が行く手をさえぎり、右岸のルンゼをつめてから笹と木を伝って高巻く。ここから核心部となり、狭いゴルジュや深い釜を持った滝が続々と現れて、少々こずるものもある。本流には廊下の中に直登できない3段の滝が連なり、まとめて左岸の草付きをトラバースして巻く。続く7mの滝をヘツリ気味に巻くと、大きな雪渓が沢を埋めていて、ポントナシベツ岳（南喜岳）直登沢出合いとなる。左奥のスラブ状大岩壁が直登沢で、本流は右に折れた暗い岩壁に囲まれた大滝となっている。

夕張山地　芦別岳

肌寒沢を過ぎると渓相が変わる

左の滝が大滝だ　奥の右ルンゼを登る

ルンゼから中間尾根に上がるのも一苦労

この大滝は2段になっていて、下から見える部分だけでも30mはある。左岸のルンゼから尾根に上がって高巻くのだが、岩質が脆く苦労する。落石に注意して2ピッチ登ると、草付きとなり、狭い水平のバンド状テラスに出る。このバンドを左へトラバースして、40m2回の懸垂で滝の上に降り立つ。すぐの10mの滝は泥壁草付きトラバースがいやらしい。釜のある7mの滝を高巻き、懸垂で降りる。続く屈曲した3段25mの滝もトラバースが微妙だ。この滝を越えるとすぐ1160mの二股となり、ようやく核心部が終わる。この後小滝をいくつか越えると急に傾斜が緩くなり、沢は大きく開けて、見事なお花畑と草地の点在する源頭風景となる。1270mの二股は左につめると雲峰山のコルに達し、右は熊の沼に続いていて、薮こぎも無く縦走路に出る。この沢は源頭のお花畑まで快適な幕営地が無い。大滝とその上部の滝はルートを誤るとボロボロの岩質と貧弱な草付きの処理に大きく時間を取られる事になる。この沢は一日で抜けられないので、幕営地をどこにするかも遡行のポイントとなる。

Time ききょう橋（7h）
　　　　大滝下（2h）
　　　　大滝上（4h）新道

尾根上の真後ろの方向にはポントナシベツ直登沢が見える

大滝を巻く尾根は岩壁に突き当たって消えバンドになっている

大滝を過ぎても安心はできない

源頭はまさに熊の楽園だ

ポントナシベツ川ポントナシベツ岳直登沢　無雪期　沢　！！！

直登沢出合いまでは「ポントナシベツ川本流」を参照。この沢は出会いから左手正面に岸壁となって落ちている。この岸壁は崩壊が激しく、脆い岩質と弱点の欠損により直登は厳しい。高巻きは右岸ルンゼ脇の灌木帯から。ブッシュを掴んでのパワークライムと泥壁の慎重なトラバースを小一時間繰り返すと、傾斜した節理状岩盤の沢床が続く大滝上部に降り立つ。進むとすぐ次の滝にぶつかる。左岸を高巻くが、これも慎重に行こう。その後階段状に小滝が続き、水がきれてもそれが続いて快適である。詰めはブッシュもなくお花畑となる。頂上から芦別岳までのヤブは、ハイマツとお花畑のミックスで濃くはない。

Time 直登沢出合（5h）
　　　ポントナシベツ岳（1.5h）
　　　芦別岳

標高1040m直登沢出合

直登沢大滝

稜線上は薄いハイマツと緑の絨毯状

大滝上の柱状節理の沢床

冬尾根

積雪期　稜　！＊

　新道登山口の手前で左の道に入り、山部西二十一線から沢沿いの道を歩く。橋を渡って道を離れ、適当に尾根に取付く。標高1000m付近から尾根は細くなり傾斜も増してくる。北側には雪庇も出始める。特に新道との合流地点付近では傾斜も増すので雪崩にも気を配りたい。半面山の周囲はダケカンバが茂る平らな台地で、良いテン場だ。雪洞を掘るのも良い。五稜ドームと雲峰山とのコルを過ぎると傾斜も増してクラストしてくるので、アイゼンに換える。頂上へはユーフレ川側は垂直に切れ落ち、雪庇が出ているので踏み込まぬこと。ポントナシベツ川側は急斜面に雪が付いているので雪崩に警戒する。最後の急斜面は、左へ回り込むようにして行くと良い。

Time 道路（6h）
　　　半面山（3h）芦別岳

半面山に向かう　冬尾根は広くスキーで登行できる

半面山に立つと雲峰山の奥に芦別岳が聳える

雲峰山から見る芦別岳

芦別岳北尾根・十八線沢ルート　積雪期　稜　!!

山部から十八線道路を西進する。春先であれば温水池の先まで入れる。周囲に駐車スペースは無いので邪魔にならないように駐めること。十八線沢沿いの林道を歩き、490m二股からは左の広い谷筋に沿って登る。御茶々岳と槇柏山のコルを越えて、1279mと1444mのコルを目指して夫婦沢源頭の台地をトラバースする。1444mまでの斜面は急なので雪崩に警戒する。ここから細い稜線上のギャップをいくつも越えていくので、適当なところでアイゼンに換える。徐々に近づく芦別岳の鋭い姿に気持ちも高まる。急な岩峰の斜面を右から回り込んで登り切ると狭い頂上に出る。厳冬期は強烈な西風に叩かれるので、頂上を踏むチャンスは少ない。

Time 十八線沢林道入口（2h）
　　　490m二股（4h）
　　　夫婦沢源頭（7h）芦別岳

夕張山地

芦別岳

十八線沢は広くて登りやすい地形だ

1196mで主稜線に達する

北尾根からの芦別岳がすばらしい

頂上への登りは傾斜が急だ
滑落に気を付けて

ユーフレ川本谷右岸の稜とルンゼ

　ユーフレ谷右岸の各稜は冬季も夏季も記録はあるが、アプローチの容易さと安全性を考慮して残雪期に登られることが多い。一稜は比較的すっきりしていて展望も良く、頂上が終了点という事で最もよく登られている。他の稜はブッシュ登りが主で岩も悪いため人気が無く、登った記録を最近は聞いていない。

　各稜に挟まれたルンゼはA、B、C、Dの4本あり、第五稜に突き上げるEルンゼを含め5本の顕著なルンゼがある。これらのルンゼは残雪期に登られ、A、Bルンゼは頂上に近く短いため比較的良く登られる。これに対し、C、Dルンゼは長く困難な部分もあるため登攀者は少ない。

ユーフレ谷（本谷）

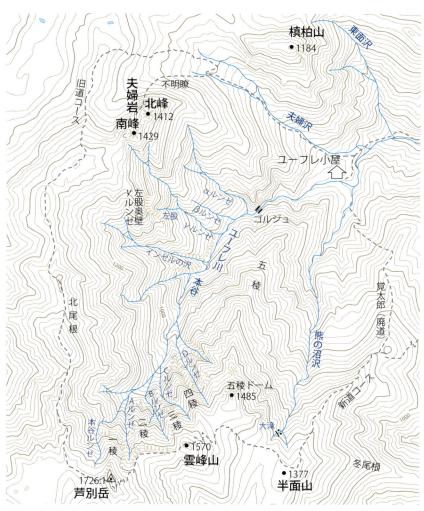

ユーフレ川本谷周辺

ユーフレ川本谷右岸第一稜　残雪期　稜

最初は稜上へ1Pロープ伸ばす

　取り付きは末端の左右から2通りあるが、通常は本谷ルンゼ側にわずかに回り込み、それとわかる凹角から取り付く。浮き石でぼろぼろの壁を1ピッチ登ると稜線だ。ここからロープを解いて急斜面の潅木帯の壁を登るがホールドになる潅木には十分に気を付ける。微妙なバランスを強いられ、緊張させられる所もある。これを登り終えるとやせた岩稜に出る。右側は第1稜側壁となって小気味よく切れ落ちてくる。慎重に小さな岩塔を越えて行くと、上方にピナクルと本峰頂上が見えてくる。頂上直下には3級（10m程度）の露岩があるのでロープを出して通過をするが、巻くこともできる。ほぼ全体が低い這松に覆われたやせ尾根と岩稜になっているが岩の露出部にはもろい部分があるので気を付けよう。両側のルンゼを登っているパーティがいるかもしれないので落石を起こさないように気を付けること。

Time 取り付き（3〜4）芦別岳

頂上直下には短いが岩も出てくる

不明瞭だが踏み跡のある所も

脆い土壁にロープを伸ばす

ユーフレ川本谷右岸第二稜 　残雪期　稜

　第2稜はA・Bルンゼ間の稜で、末端には顕著な支ルンゼがある。本谷からいきなり灌木帯に取り付いても良いし、Bルンゼから支ルンゼに入り取り付いても良い。どちらも傾斜が強くいやな草付きである。灌木登りで高度を稼いで行くとナイフリッジからまたすぐブッシュ漕ぎとなり、支稜と合流するあたりのナイフリッジにでる。痩せた脆い岩稜を過ぎると少し平坦になり、新道尾根に近い最後の露岩にでる。ここで少し硬い岩の壁を登ることができる。その後ダケカンバのあるブッシュ帯をくぐると新道に出る。
Time 取り付き（4〜5h）新道尾根

ブッシュと脆い岩が交互に出てくる

ユーフレ川本谷右岸第三稜 　残雪期　稜

　2稜、3稜の取り付き付近はルンゼの入り口が広く分かりにくい。第3稜へはCルンゼを確認してから取り付く。すぐに垂壁に近い灌木帯の急斜面になっており、その先に脆い岩と草付きの壁になっている。高度感はあるが、ブッシュと灌木の登攀が主でロープの流れが悪い。脆い岩稜をいくつか越えると雲峰山頂上に出る。
Time 取り付き（4〜5h）雲峰山

この稜の登攀はマニア向けだろうか

ユーフレ川本谷右岸第四稜 　残雪期　稜

　全体として高度感のある岩稜で、岩塔や狭いリッジがあり比較的登り応えがあり、第1稜に次いで良く登られている。この稜の末端は、Dルンゼの右側に緩い小尾根となって延びている。適当なところから取り付き、急な灌木帯の垂壁を下部から見える地蔵岩と呼ばれる顕著な岩峰を目指して登る。これから上部は傾斜が落ちて、脆い岩の小さな岩塔や細いリッジをいくつか越えると、5稜ドームと雲峰山の中間の新道尾根に出る。
Time 取り付き（4〜5h）新道尾根

ユーフレ川本谷右岸第五稜　　残雪期　稜

　各稜のうち最も長大で、P1（5稜ドーム）からP6までの顕著な岩峰群は、遠く山部駅からもはっきり望まれる。長くてブッシュの多い稜なので、通常は下部を省き、ユーフレ沢本谷αルンゼ対岸の支稜ルンゼか、熊の沼沢を30分程入った二股から取り付く。いずれも尾根上のP6に向かって登る。主稜上は灌木帯のブッシュ漕ぎと木登り登攀に終始するから、中間部のいくつかの小岩塔は、岩もしっかりしているのでなるべく直登したほうが楽しい。最後のP1（5稜ドーム）は右側に少し広いチムニーがある。P1の頂は、開けた明るいところで、この岩峰に立って四囲を眺め回す気分は格別である。

Time 取り付き（6〜8h）5稜ドーム

Aルンゼ・Bルンゼ　　残雪期　雪渓

　両ルンゼの入り口は本谷で三股となって広く、視界の悪い時など迷い易い。本谷ルンゼよりも上部は急で、少し狭くなった部分もあるが、特に困難ではない。キックステップでの登高は可能だが、早朝や硬雪時にはアイゼンが必要だ。下降は熊の沼沢か本谷ルンゼを利用した方が良い。

Time 出合い（1.5〜2h）新道尾根

Cルンゼ　　残雪期　雪渓

　中間部からかなり斜度を増し、正面（右股ルンゼ）は滝状になった岩壁にさえぎられる。これより岩壁の左側のチムニー状岩溝を乗越して左股ルンゼに入る。この乗り越しがポイントで、これより上部は傾斜も緩くなって雲峰山へ突き上げる。

Time 出合い（3〜4h）雲峰山

Dルンゼ　　残雪期　雪渓

　出合いから威圧的な大滝（F2、25m）が狭い側壁に挟まって望まれ、困難な様子を見せている。ルートはこの大滝の右側に隠れているもう1本のルンゼにとる。ルンゼをつめて行くと、傾斜は徐々に急になりF1（5m）で行き詰まる。これは右岸の灌木混じりの脆くて浮き石の多い岩を登り、途中からトラバース気味に滝上に降り立つ。大滝の右手のルンゼを20mほど登りつめると、容易なF2（3m）となり、これを越えると15mほどでチムニー状のF3（6m）となる。この基部は洞穴となっており、2〜3人は中に入れる。これより右岸の古いボルトが3本連打されている垂壁を登るとあとは快適な岩が15mで岩壁帯は終わる。右ルンゼと大滝上のルンゼが再び合流して上部へと続き上部は問題無い。このルンゼはリスが浅いのでマイクロピトンを用意すると良い。登高中の雪崩に注意。

Time 出合い（5〜7h）新道尾根

αルンゼ

**無雪期　沢　!!*　**

本谷ゴルジュまでは「ユーフレ川本谷」を参照。本谷ゴルジュを過ぎて最初に左岸に合流するのがαルンゼだ。出合いから両岸が立ち、岩壁に囲まれて圧倒される。最初は直登可能な滝が続くがツルッとした2段の滝は右から高巻き懸垂して沢に戻る。さらに滝を越えガレを進んで行くと前方にインゼルが現れ横を通過する。その先にはチョクストーン滝が立ち塞がる。直登する事は可能だが岩は脆く被っていて難しい。上部の二股は右股は北峰の東の肩に達し左股は夫婦のコルに達するがハングしているので、少し戻って左岸から高巻く。景観が良く楽しい沢だが岩は脆く落石には注意したい。

Time　αルンゼ出合い（6h）
　　　夫婦岩南峰と北峰のコル

夕張山地　ユーフレ川本谷右岸の稜とルンゼ

右岸を快適に直登する

二股の滝は脆いが直登も可能だ

CS滝を直登する。被っていて難しい

γルンゼ　　　　無雪期　沢　！！！

αルンゼ出合いを過ぎ、左岸にβルンゼ出合いの小さな滑滝を見て少し進むと、じきに左岸から顕著な滑滝のγルンゼが落ち込んでくる。F1よりF6までは、屈曲したルンゼの中に、小さいながらも直登したり小さく巻いたりして登り応えのある滝が続いて楽しめる。F7で水が涸れてくるので水を補給する。この滝は大きなチョックストーンが庇のように突き出ていて、直登してチョックストーンの下に出て中を通過できる。この上部は左股ルンゼの出合いとなっている。左股ルンゼの奥には、赤褐色の圧倒的なγルンゼ奥壁がそそり立っている。この出合いを右股にとると間もなくF8。40m左上して落ち口に達する。傾斜はあまりないが、岩が脆いので要注意だ。ここより少し沢をつめると最後のF9である。この滝が核心だ。高巻いても良いが直登する場合は、水流の右側に沿って7〜8m上がりテラスへ。ここから5mほど左上して水流を渡り、ほぼ水流の左側を直上し落ち口へ。さらに傾斜の緩んだ滝を8m登りビレー（45m）。途中に数本のボルトとハーケンの残置はあるが確実ではない。ここからは小滝を越えて登って行くと上二股となり、中間の尾根が南峰リッジの取り付き点である。この上二股を右に取ると略奪点となり、αルンゼ上部と合流して北峰と南峰のコルに出る。左に取ると、右手に南峰南壁が現れ、この基部に沿って直上すると南峰頂上に出る。

Time γルンゼ出合い（6〜7h）南峰頂上又は北峰南峰のコル

γルンゼは滑滝で本谷に合流している

F7はチョックストーンの滝だ
岩の隙間から上へ抜ける

F8は大まかな岩をつかんで登る
浮き石に注意

F9が核心部だ　細かいホールドに耐えて登る

夫婦岩 (1429m)

　夫婦岩は芦別岳の北尾根から派生して聳えていて、南峰と北峰に分かれ、その特異な姿は山麓の山部の町からも望まれる。この夫婦岩の周辺の各ルンゼ、岩壁、岩稜には多くのルートが拓かれ、北海道の数少ない山岳の岩場として、多くの岳人に親しまれている。北峰の北西面には200m〜250mのスケールの岩壁が有り、いくつもの登攀ルートが拓かれていて、四季を通じて登られている。なお、岩壁の基部近くの沢形には7月の中旬頃までは雪渓が残り、上部で水が取れる

　γルンゼ左股の奥には北海道に有数のスケールの大きい岩壁があり、そのルートも同じ山域として次に紹介している。

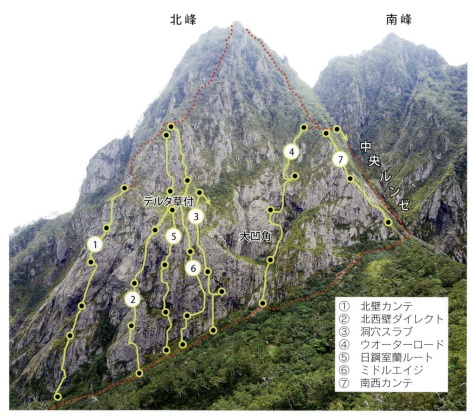

① 北壁カンテ
② 北西壁ダイレクト
③ 洞穴スラブ
④ ウオーターロード
⑤ 日鋼室蘭ルート
⑥ ミドルエイジ
⑦ 南西カンテ

夫婦岩北西面ルート図

・・・・・・ 岩壁基部は踏み跡があるが、上部には踏み跡はない
　　　　　登れそうなところを選び、木をつかんで登る

中央ルンゼ　無雪期　道　経験者向き

中央ルンゼは夫婦岩に最初に登られたルートであり、夫婦岩へ登る最も簡単なルートだ。北峰の岩壁の基部を回り込んで踏み跡を辿って行くと、崩れた岩が堆積している中央ルンゼの入り口に出る。下部は、傾斜の緩いルンゼに崩れた岩の詰まったガレ場になっているが、上に行くにしたがってルンゼは狭くなり、小さい滝状の部分も2～3個所出て乗越しに苦労する。その上部は滑りやすい泥壁状になり、コルに達する。コルからは北峰と南峰に踏み跡がある。北峰へは簡単な岩場を登るとすぐに頂上だ。南峰へも灌木帯の踏み跡を辿るとすぐだ。北峰、南峰の頂上から見る芦別岳本峰とユーフレ谷はとても素晴らしい。ルンゼの登下降は技術的に難しい所は無いが、コルからの下降は40m×2回の懸垂になるし、氷化している時はアイゼンが必要だ。

中央ルンゼは特に落石に注意

夫婦岩北峰からの芦別岳

北壁カンテ　無雪期　岩　5級A1

北西壁ダイレクトルートから北へ少し下ると右上バンドのふくらんだ壁があり、バンド状より取り付く。

1P 35m 4級A1
右上バンドより取り付き、バンドの突き当りまで登り。左のつるりとしたスラブを3手ほどA1で直上する。フリーになって左のクラックに入り、それを登り小テラスにてビレー。人工部分はフリー化されており、左のクラックを登り5.10dとなる。

2P 20m 3級＋
草付き混じりのスラブを適当にルートを選んで上部のハングした凹角の下でビレイ。ここは広いテラスで、自転車バンドと呼ばれる右上バンドである。

3P 30m 4級A1
ハングした顕著なクラックをA1で登る。残置以外にカムやストッパーも使う。ハングを抜けるとフリーとなり、左斜上して小テラスにてビレイ。このピッチもフリー化されており、5.10c〜5.10dとなっている。

4P 30m 4級＋
バンドの左からスラブを直上する。高度感もあり快適なピッチだ。このビレー点はデルタ草付きの一端で、ビレイ点から草付きを右に行くとデルタ草付きの天狗の鼻カンテの下にでる。

5P 30m 5級−
頭上のリッジ右側のフェースから取り付く。リッジに上がり直上の後、ハング下を右にトラバースして灌木帯に入りビレイ。あとは木の多い稜線上まで確保して移動し、ロープを外す。傾斜のきつい稜線を木登りで少し登ると北西壁ダイレクトの終了点と合流する。

1P　途中から2〜3手エイドとなる

1P目をフリーで登ると5.10d

3P　A2　カムをセットしながらのエイド登攀

夕張山地　夫婦岩

北西壁ダイレクトルート　無雪期　岩　5級A1

洞穴スラブの取り付きからさらに下がると顕著なカンテとジェードル出る。ここが取り付きである。

1P 20m 5級
ジェードルのすぐ左のクラックから取り付く。少しハングしているが、クラックにカム類がきまるので、思い切って体を上げる。さらに直上するとハングに頭を押さえられると左に出て狭いバンドに上がる。ルートはその上のスラブを直上するが、ホールドが細かく緊張する。登りきるとノーマルルートのバンドの上部に出てビレー。

なお、取り付きから右の少しワイドのクラックをナチュラルプロテクションで登っても面白いが少し難しくなる。

2P 25m 3級
易しい段状になった岩を登って行くとハイマツテラスに出てビレイ。ロープの流れと落石に注意。

3P 40m 4級A1
目の前の岩を2～3手思い切って乗越し、すっきりしたスラブを登ると、立った浅い凹角となる。ハーケンが連打されていてA0又はA1となるが、フリーでは5.8なのでフリーで抜けたい。ここを抜けると自転車バンドの上部となり、少し登ってビレイ。そこはデルタ草付きの下端である。

4P 40m
草付き　傾斜の緩いデルタ草付きを上部岩壁の下までロープを伸ばす。途中は確かなプロテクションが取れないので慎重に。下から見て顕著に突き出た岩のある天狗の鼻カンテと呼ばれる岩の基部でビレイ。

5P 45m 4級＋
天狗の鼻カンテの右側より取り付き、途中からカンテ上に出る。カンテ上を登って行くと脆い凹角に入り、これを詰めてロープいっぱいで木の生えた稜線に出て終了する。稜線上でロープを解き、急斜面を登って行くと北峰の頂上に出る。微妙な木登りの部分も有るので慎重に。

1P目　傾斜のきついクラックを攀る

2P目を登る　左上に3P目の凹角が見える

洞穴スラブ　　無雪期　岩

1P目　上部の洞穴を目指して

2P目　短いが力が入る

夕張山地　夫婦岩

大凹角の取り付きから少し下がった所のバンドの上から取り付く。

1P 20m 4級
洞穴を目指して垂壁を直上する。ホールドは細かく、ランニングのピンは少ない。洞穴の少し手前が微妙だ。

2P 15m 5級
洞穴から下がり気味に左へ回り込んでかぶり気味の凹角を直上。右上して短いが立った凹角を登り、フレーク状の小テラスに出てビレイ。

3P 35m 4級A1
垂直なスラブを登り、小ハングを越えて、その上の小フェースは左の容易なところから越えるとデルタ草付きに出て潅木でビレイ。

3P目　フリーで抜けると5.9だ

下降は同ルートをラッペルするか、デルタ草付きを右にロープを伸ばし、大凹角左ルンゼをラッペルする。なお3P目はフリー化されていて、デシマルグレードで5.9である。

ウォーターロード　無雪期　岩

西壁の大凹角が取り付きである。易しい岩を30mほど登って大凹角の基部の大きなテラスに出る。易しいがロープは下から付けた方が良い。

冬季は厳しい登攀となる

夏ならフリーのセクションもエイドとなる

1P 25m 3級−
　大凹角の取り付きよりテラスまで。

2P 30m 3級
　ルンゼ状を登り、詰まってくると左側にテラスが有り、上がるとアンカーが有る。

3P 25m 5級＋
　テラスより右へ出て濡れたかぶり気味のクラックを乗越すが、ここが核心だ。あとはルンゼ状を登り右側の小テラスにてビレイ。

4P 35m 5級A1
　テラスを左に戻り、ルンゼ状を登りそのままハングを越えて、もろい壁を滝状下の木のはえた広いルンゼへ抜ける。さらにハングの下から左へ回り込むと滝の落ち口に出て終了。ここからは右へ回り込んで北峰の頂上を目指しても良いし、さらに右へ出て中央ルンゼへラッペルしても良い。

日鋼室蘭ルート　無雪期　岩　6級−

1P 35m
　北西壁ダイレクトから右へ7〜8m行った下部岩壁崩壊跡の右端のクラックから取り付く。クラックを直上して、ハングを越えて右上するクラックに入る。手強いクラックを細かいホールドを拾って直上し、クラックの終わったところから左上して少し上がると傾斜も落ちて草付きとなりハイマツの生えた広いテラスに出てビレイ。ハング、クラック共に厳しい。

2P 30m
　フェースを少し上がり、ハイ松の生えた狭いバンドを右上する。途中でバンドと別れ、フェースを直上する。ハングを左にトラバースして避け、カンテに出て大まかな岩をつかみ直上すると広い草付きバンドに出る。そのままバンドを少し右上するとビレイ点がある。ここはハイマツテラスと同じ続きのバンドだ。

3P 45m
　取り付きから一段上がり、バンドを右へ行き、バンドの切れたところから右上する。上に行くにしたがって傾斜も落ちるが岩も脆くなる。ロープがいっぱいになるころデルタ草付きに出てビレイ。

4P コンテニュアス
　デルタ草付きを登り、天狗の鼻カンテの右側に、草付きが△状になった草付きが有り、上部のスラブの下までロープを伸ばす。

5P 45m
　スラブと草付きのコンタクトラインを△の頂点近くまで登り、短いクラックに入る。ハングに頭を押さえられると右のカンテに移り、快適な岩を直上し、太い灌木の生えた稜線に出て終了する。

　終了点は北西壁ダイレクトルートとほぼ同じであり、北峰に登って中央ルンゼを下降すると良い。

夕張山地　夫婦岩

1P目　見た目より厳しい登りになる

ミドルエイジ　無雪期　岩　5級A1

1P 17m
　洞穴スラブルートより7〜8m程左へ寄ったところが取り付きとなる。短いスラブを細かいホールドを拾って直上し、草付きから膨らんだコーナーを右に回り込んで直上、草付きバンドに出る。

2P 20m
　バンドを右に5mトラバースして、フレーク状の岩のところから上部のクラックに入り直上する。クラックが切れて、厳しいスラブを左上して草付きバンドに出る。

3P 45〜50m
　もろいフェースを直上し、デルタ草付きに出て終了。

南西カンテルート　無雪期　岩　3級

　北峰の基部の踏み跡から中央ルンゼに回り込むコンタクトラインのカンテが南西カンテだ。落石に注意をして7〜8mほど泥壁を登ると取り付きで、見上げるとラインは明瞭で間違うことはない。易しいが気持ちの良いルートである。

傾斜が緩いので気持ちよくロープを伸ばす

忠実にカンテに沿って登る

1P 40m 3級
　目の前の短いチムニーをまたいで越え、左寄りのカンテに沿ってロープを伸ばす。少し傾斜がきつくなって1段上がるとビレイ点がある。

2P 45m 3級
　大まかな岩を越えて忠実にカンテを登る。リッジの左を登り稜上に出ると傾斜も落ち、草付きを5〜6m程登ると太い潅木があり終了する。

　下降は中央ルンゼへ向けて潅木帯をトラバース気味にクライムダウンをして適当な、潅木から40mのラッペルで中央ルンゼに降り立つ。また上部の傾斜の緩い潅木帯を登って行くと北峰に登ることも出来る。

南峰リッジ

無雪期　岩　3級

γルンゼのF9を過ぎて、小滝を登って行くと上二股となり、中間の尾根が南峰リッジの取り付き点である。又は夫婦岩中央ルンゼを登り南峰北峰のコルから略奪点を経て急なルンゼを南峰リッジの取り付きへと下降することも出来る。取り付き点はリッジの末端から少し左寄りの草付きと潅木の斜面を一気に登る。やがて左手の急な草付きのルンゼ状を40mいっぱい登りつめて微妙な潅木伝いに右へ斜上して行くとリッジ上に出る。ここまでは3P程である。この後は潅木混じりのリッジを慎重に進み、小さな岩尾根を登ると小岩塔に出る。ここから岩稜となり、上方の鋭く尖った岩峰を目指す。これはリッジの正面から直上するものと、左へ2m程トラバースしてから直上するものとがある。いずれもホールドは細かく、残置ハーケンはあまりあてには出来ない。左側は南壁となって切れ落ち、高度感が有る。途中のテラスの右端から左上して行くと、傾斜の落ちたやせた岩稜となる。これよりしばらくはコンテニュアスで潅木混じりのやせ尾根を進む。やがて南峰の直下となり、左側へと続くバンドをトラバースしてからクラックを登り切ると、わずかの薮こぎで南峰頂上へ出る。下降は北峰とのコルへ降りて中央ルンゼを下降するのが一般的だ。

Time 取り付き点（4h）南峰頂上

夫婦岩南東面

積雪期の南峰リッジ

南峰南壁

無雪期　岩　3～4級

1P 50m
南峰リッジ取り付き点から、左股を少し登ると壁の基部に出る。南峰から北尾根に続く稜線のコルから懸垂して取り付くことも出来る。壁の主要部は中央に位置し、下部と上部の間に、幅3～5mの「自転車バンド」があり、本峰ピークからもそれとわかる。取り付きは広い壁で判然としないが、南峰を目指して左上気味に直上する。

2P 50m
フェースを左上。途中から立ってくる。

3P 50m
さらに左に回り込みルンゼ状を詰めてからチムニーを登りリッジに上がる。最後はブッシュを登って南峰直下に出る。

南壁はあまり登られていないので、取り付きは明瞭でなく、ルートファインディングの力が必要。また、残置ピンも殆どなく、岩も脆いので十分な注意が必要だ。

γルンゼ左股奥壁

　γルンゼ左股奥壁は最大高度差約210mで、アルパインクライミングのできる岩場が比較的多い芦別岳の中で特筆する規模を持っている。既登のルートとしては2本あり、共に冬季も登られている。無雪期の登攀は難易度も手ごろでエイドのセクションも一部を除いてフリー化されている。アプローチが問題だが、残雪期のγルンゼを利用してアプローチをすれば難なく取付きに立てる。

γルンゼ左股奥壁

富士鉄ルート　　無雪期　岩　5級A1

ユーフレ沢本谷よりγルンゼをつめて、F7上部より左股に入る。ここまでのアプローチはγルンゼの項目を参照する。時間を短縮する方法としては、βルンゼをつめて沢型が消えかかる頃に左の尾根を乗越えてγルンゼに懸垂（40m）で降り立つとF7の上部である。左股は簡単な小滝を越えて行くと広い岩壁の基部に出る。いずれにしても、最も簡単なアプローチは残雪期にユーフレ谷から雪渓を利用するのが良い。

1P 25m 5級A1（フリー5.10c）
Z状ハング下のバンド状が取り付きである。フェースをハング下まで登り右上するとレッジとなる。ここからハーケンの連打されたフェースを登り、左上してレッジに上がりビレイ。なお、このピッチはフリーで登られている。

2P 40m 5級
3m程登ってからカンテに向かい右上する。カンテを越えても尚右上するとボルトの有るレッジがあるが、さらに右上して草付きの多いフェースを過ぎてブッシュの凹角を登ると、広い第一樺の木テラスで、整地された一張り分のテラスがある。なお、トラバースの途中から直上する事もできるが、少し難しくなる。

1P目5級A1だがフリーでも登られている

夕張山地　γルンゼ左股奥壁

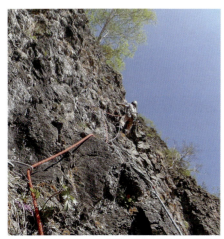

3P目は第2樺の木テラスへ

2P　右トラバースで第1樺の木テラスへ

3P 40m 5級−

左のカンテを回り込んで取り付く。クラックを10m程登り、かぶり気味となって右へトラバース、右上して第二樺の木テラスに出てビレイ。

4P 45m 5級＋

草付き混じりの段状を5m登り顕著な左上バンドに入る。バンドは15m程で途切れ、潅木に立ち込んでフェースを左上すると小レッジ、さらに一段登ってビレイ。

5P 15m 4級

左上する草付きバンドを登り、かぶり気味のブッシュの壁を越えると大きいブッシュ帯に入り終了する。

下降は少し登って太い潅木のブッシュ帯を20〜30m程右へトラバースして3回のラッペルで取り付きに降り立つ。尚1回目のラッペルは50mいっぱいとなるので注意

4P　5級＋　見た目は易しいのだが

岳友会ルート　　無雪期　岩　5級A1

取付きまでは「富士鉄ルート」を参照。ルンゼの上部は広く、左側の「へ」の字状ハングの下が取り付きとなる。

1P 45m 5級

立った凹角からジェードルに入る。最初はコーナーを、右トラバース。次のジェードルは右側フェースを登る。岩が脆いので注意が必要だ。大まかなホールドのいくぶん傾斜の落ちたフェースを直上。第一樺の木テラスの続きのバンドでビレイ。

2P 30m 4級

バンドを右にトラバースして、良さそうなところから直上。木のあるテラスの下が1.5mほどの垂直の壁になっており難しい。小さなテラスでビレイ。

3P 40m 5級A0

ボロボロのカンテを3m登り、右にトラバース。小さなバンドに這い上がる。硬いカンテに連打されたハーケンをA0またはA1で直上。カンテを右に廻り込み、傾斜の落ちたフェースを直上すると肩になった気持ちの良いテラスに着く。

3P目の登攀

4P 20m 4級A1

上部は白いボロボロの岩で登攀は不可能。ここからは左に見える落ち口の草付きを目指してトラバースになる。カンテ状を3本越すことになるが、バンド状に見える上を行かずに、ハングした下をアブミトラバースするのがコツ。フリーに移った後トラバースは足元が滑るので注意。草付きに抜け、立木でビレイ。

5P 50m

草付きのブッシュ登り。

6P 40m

ブッシュ登り、上部岩壁の基部まで。

この2Pはブッシュの中なので、ノンザイルでも可能であるが、傾斜がきつく、ここでのミスは大事故に繋がりかねないのでアンザイレンのままで登った方が良い。この上が上部岩壁となる。

7P 40m 5級＋

上部岩壁の正面のリスに古ぼけたスリングがあるが、これはルートではない。ルートは、左に10mほど寄ったところ。取り付きは残置ピンも少なく明瞭ではない。壁に顕著なジェードルが2本見えるが、右の浅いジェードルがルート。取り付きから一段上がり、このジェードルを越え、右に1mトラバースの後、フェースを登る。ボロボロ、グズグズのフェースで残置ピンはあてにできない難しいところだ。慎重に右上し、ブッシュと立木のあるバンドに出てビレイ。

8P 20m 3級

バンドを左上。岩壁を縁取るカンテに出て、5mほど直上するとγルンゼ奥壁の頭に出て終了。下降は同ルートをラッペルするが尾根上を薮を漕いで北尾根の登山道に合流することも出来る。

4P目　アブミの水平トラバース

上部壁を攀る

芦別岳頂上西壁

　本峰西壁は一稜、本谷、旧道登山道に区切られた岩壁で、登攀終了点が芦別岳の頂上という素晴らしいロケーションの中で登る事が出来る。残雪期のアプローチは本谷からが一番近い。無雪期あるいは冬期は新道、旧道と呼ばれる登山道経由で取り付く。夫婦岩から旧道経由で継続登攀の仕上げとしても登られている。西壁の中のルートは他にいくつか記録はあるが、代表的なルートとして本峰直下からダイレクトルート、サイコロカンテルート、カフカズルートの3本がある。

芦別岳頂上西壁

① ダイレクトルート
② サイコロカンテ
③ カフカズルート

ダイレクトルート　無雪期　岩　5級

ダイレクトルート

　本峰西壁の中で最も登山道に近く、旧道登山道から岩壁の基部に沿って本谷を下降し取り付く。頭上のカンテにすっきりしたクラックがあり目印となっている。

1P 30m 4級

　左のチムニーを抜けるものと、クラックを直上するものと2ルートある。前者は、傾斜の緩いチムニーを抜けてから、3〜4m程の壁を越えてビレイ。クラックルートは、少し立っているが快適なクラックを登り、フェースから3畳敷程もある草付きテラスに出てビレイ。

2P 45m 5級

　頭上の、傾斜のある草付き凹角を直上すると草付きバンドに出る。バンドは右に伸びて、残置ボルトがルートを示しているように見えるがこれは間違いだ。ルートはバンドから左側を3mほど直上する。左へ伸びるバンドに出て、これを左上すると、ピンが連打されたフェースに出る。細かいホールドを拾って直上し、かぶり気味の壁を乗越すと傾斜が緩んで草付きとなる。そのまま直上し1稜上にでて終了。

夕張山地

芦別岳頂上西壁

1P目　上部テラスへ

2Pで本峰に直接突上げる

サイコロカンテ　　無雪期　岩　5級

　ダイレクトルートの取り付きをさらに下降すると、右上にサイコロ状の顕著なカンテが見えるのでそれと分かる。このカンテの下方から延びる緩やかで広いリッジの末端から取り付く。

1P 40m 3級
　最初は脆い部分の多いリッジを登るが、次第に右上して凹状に迫い込まれる。サイコロ直下の壁の基部に左右のバンドが走っていて、どちらも登られているようだが、左が正規のルートと思われる。バンドを5mほど左上して残置のボルト、ハーケンでビレイする。

2P 25m 5級
　やや左上して草付きバンドに立ち、かぶり気味のクラックに入る。ハーケンは連打されているが浅打ちだ。1ポイントのA0で越え、サイコロの下辺にあたるバンドに立つ。ここはちょうどサイコロの右壁と左壁に分かれるカンテとなっていて、左右にどちらのバンドにもルートが延びている。右が簡単に見えるが実は左がルートだ。壁には適度に窪んだホールドがあり、傾斜もさほどでないので十分直登も可能であるが、ピンが取れないので、左の濡れた草付き混じりの凹角に迫い込まれる。不快な凹角を越えるとサイコロの上面にあたる草付き大テラスに抜けビレイ。ここで事実上登攀は終了となる。

3P 10m 2級
　上部の易しい草付きのルンゼを登ると1稜上に出て終了。2Pの終了点をここまで伸ばしても良い。

上部のサイコロ状のカンテの左右がルートだ

カフカズルート　　無雪期　岩　5級

　サイコロカンテルートをさらに下がると、右側に大スラブが広がる。ほぼ中央部が取り付きになる。

1P 40m 3級
　傾斜の緩いスラブを直上する。何処にでもルートを引ける広いスラブだ。ルートは、右上に見える上部がハングした顕著な凹角で、これを目指して右上気味に登る。登り過ぎると傾斜がきつく、グズグズでピンのとれない草付きになるので適当なところでビレイをする。傾斜の緩い簡単なスラブ。

2P 20m 3級
　スラブから浮石の多い草付きに入るが、落石が多いので注意が必要。上部がハングで押さえられる凹角の下でビレイ。

3P 25m 5級
　凹角を直上して行くと、頭を押さえられて左の壁を登る。ハーケンが連打され一見硬そうだが、以外に脆い。凹角を越えると傾斜が落ち、大まかな岩の凹状になる。浮石が多くなってくるので注意する。大まかなホールドの多い凹状を登り、1稜上に出て終了。

夕張中岳（1493m）

芦別岳の北西約3kmにある1493mの山。山名はおろか、昔記載されていた標高点までも地形図から消失した不遇の山である。ことに北側から見るその形は姿は鋭く、無名峰とは到底信じがたいほどの迫力に満ちている。岳人には通称「夕張中岳」と呼ばれ、憧れの存在となっている。主に雪の安定する残雪期に登られることが多い。

鋭い山容を誇示する夕張中岳

東ルート

残雪期　稜　！*

　十八線沢の途中までは「芦別岳北尾根・十八線沢ルート」参照。480m二股を左に入り、広い沢形を詰める。御茶々岳と槙柏山を繋ぐ小尾根を越えて、1196mコルで主稜線を乗り越す。南西にトラバースして進むと、平坦な湿原状の地形となって目指す中岳が望まれる。ここは風も穏やかで、快適なテン場となる。1298mから西に続く稜線は細い部分もあり、雪庇も発達していることから、本峰基部まではなるべく北側の山腹を巻くと良い。1310mの尾根取りつきから山頂までは非常に急峻で、雪崩を起こさないように慎重に行動したい。主稜線から外れた分、山頂からの展望は抜群だ。

Time 十八線沢林道入口（2h）
　　　490m二股（5-7h）
　　　夕張中岳

山頂への登りは非常に急峻だ

芦別岳西面が間近に見える

夕張中岳を後に

槙柏山（しんぱくやま）（1184m）

　周囲の山に比べて標高が低く目立たないが、山全体が岩で形成された荒々しい山だ。特に東面は興味ある岩壁になっている。頂上稜線から見る芦別岳本谷の眺めは素晴らしい。

槙柏山東面

ユーフレ川支流東面沢　　無雪期　沢　！*

　芦別岳旧道コースの登山口から登山道を進み、夫婦沢の一本手前に出合う沢が東面沢である。出合いは10mの滝となっていて、旧道からも良く見える。右岸を容易に登ると、ルンゼ地帯に小滝が連続し、シャワーで越える滝もある。その後は突然伏流となってしばらく涸れ沢が続く。標高650mで直接山頂に向かう沢を分けて流れが戻ると、3段20mの滝が現れる。これを越えると次第に両岸は雪崩斜面となって、デブリ地帯の荒れた沢床を進む。山頂の北側まで回り込むように沢形はしっかり続き、途中適当なところから尾根に取り付く。岩まじりの急斜面を這うように攀じ登ると、ヤブ漕ぎ無しで山頂に達する。下降は夫婦沢へ向かい旧道に出ると早いが、急なルンゼに入り込まないよう慎重に。

Time 東面沢出合（4-5h）槙柏山

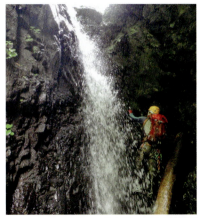

シャワークライムの滝

ゴルジュ地形にチョックストン滝が架かる

山頂からはユーフレ川本谷が正面に見える

中天狗（1316.8m）

主稜線より西に奥まっているため、人里からは見えずにひっそり佇んでいる山である。ゴツゴツと隆起した山容で、山頂部は小さなドーム形状をしている。この山は展望の良い山で、夕張中岳、シューパロ岳などの後芦別山群の鋭鋒が間近に望まれる。

荒々しい姿の中天狗西面

尻岸馬内川　中天狗北東面沢　無雪期　沢　！

富良野市島ノ下から道道135号線を進み、富芦トンネルの約1kmほど手前から尻岸馬内川沿いの林道に入る。車は地形図にある林道終点まで入ることができ、終点には2台程度の駐車スペースがある。尻岸馬内川は両岸が切り立ち、巨大なデブリに埋めつくされる場所も見られる。標高730mで直登沢となるが、地形図で見るよりも細く急な流れとなって出合っており、見落とさないように注意する。急な小滝群をシャワーで越えてゆくと、突然伏流に変わる。その上部はドロドロの急斜面で、時期によっては雪渓がついている。落石に注意しながら最後まで詰め、薄めのヤブを漕ぐと山頂直下のお花畑に迎えられる。山頂は遮るもののない大パノラマが広がり、素晴らしい景色を堪能できる。

Time 林道終点（1.5h）
　　　　730m二股（2.5h）
　　　　中天狗

夕張山地　中天狗

尻岸馬内川本流は巨大デブリが見られる

直登沢出合

急斜面を登る

幾春別岳（1062.5m）

夕張山地の西側に位置し、ポントナシベツ岳から長く伸びる支稜の奥にひっそりと聳えている双耳峰である。その頂から見る芦別岳から夕張岳までの山並みが壮観だ。

左股沢ルート　　積雪期　稜　!*

冬季における交通事情が格段に良くなり、林道も延長されたことによって、以前に比べてはるかに時間短縮が可能になった。国道452号線の桂沢大橋より約3km夕張側にある左股沢林道に入る。この林道は左股沢沿いに約9km続いている。林道終点から右の尾根に取り付いて987mPへ向かう。尾根は比較的広くて快適に登れるが、987mP直下は急な斜面なので、南からうまく回

987mコブから見る幾春別岳

り込むと良い。稜線は東側には常に大きな雪庇が張り出しているので注意する。右手に大きな雪崩斜面を見ながら登り切ると三角点のある山頂（南峰）に着く。晴れていれば夕張岳から芦別岳へ続く主稜線の連なりが見事に見える。山頂から更に平坦な山頂台地を進むと、5m高い北峰に到達する。下りは西尾根を使って周回するのも良い。633Pの手前コルから沢に下りると、林道終点に容易に戻ることができる。

北峰西斜面

| Time | 左股沢林道入口（4〜5h）
林道終点（3〜5h）幾春別岳

夕張山地の縦走

芦別岳〜夕張岳　　積雪期　稜　!*

夕張山地の北の主峰と南の盟主を結ぶルートで、岳人であれば何時かは辿りたい稜線だ。主稜線自体はなだらかな部分が多いが、周囲には夕張中岳、シューパロ岳、1415m峰、前岳など独特の山容を持つ山が聳え立ち、目を楽しませてくれる。時間が許せば、それぞれの山に立ち寄ってみるのも面白いだろう。芦別岳までは「芦別岳冬尾根」参照。芦別岳のピークから一度下って1682m峰（ポントナベツ岳）を乗越す。森林限界のため風に吹かれると逃げ場がない。また細い部

乗り越えてきた稜線を振り返る（奥に芦別岳）

分もあって東側に張り出した雪庇には十分気をつけたい。こんもりとした鉢盛山を越えると標高が落ちて、穏やかなタンネの森に変わる。快適な幕営適地は随所にあって困ることは無い。しばらくは1100m〜1300m台の緩やかな稜線が続く。主稜線は支尾根を分けながら小さく何度も屈曲するので視界が悪い時は迷いやすい。再び標高を上げて釣鐘岩を東から巻くと最後の登りを残すだけだ。クラストした急斜面にアイゼンを軋ませて急斜面を登り切ると夕張岳山頂となる。金山までの下りも長いので、時間配分に配慮したい。この縦走ルートはスキーで辿ることも十分可能だが、大雪山に比べて積雪はさほど多くないために適期が難しい。GWであれば年によってはヤブが顔を出している場合もある。また北と南のどちらを起点にしても特に変わりはない。

Time 芦別岳 (4-5h)
　　　 鉢盛山 (5-7h)
　　　 1303m吉凶JP (5-6h)
　　　 夕張岳

鉢盛山から南の稜線は平坦で幕営に不自由しない

吉凶岳JP付近から見る夕張岳

芦別岳がはるか遠くになった

増毛山地
ましけ

雄冬山から見た暑寒別の山々

　暑寒別岳を主峰とするこの山塊は、広大でなだらかな斜面に幾つかの頂が連なっている。この山域には、主峰暑寒別岳への登山路を除いて一般的なコースがないため、沢登りとスキー登山によってしか主な山の頂を踏む事ができない。したがって、雄大な山域に思いがけぬほど静かな山旅を楽しむことができる。

　これらの山の冬期は、季節風の影響をまともに受けるため晴天に恵まれることは少なく、ドカ雪と猛吹雪に閉じ込められることが多いので、日数に余裕のある山行計画を立てて入山することが必要となる。しかし、春の4月上旬以降ともなると天候はかなり安定するので、山スキーを愛する人は締った雪の上に思いのままのルートをとり、広大な斜面を存分に滑れることだろう。また、雨竜沼高層湿原は南北に2km、東西に4kmの広さをもち、大小合わせて百数十といわれる池塘が点在している。周囲にはミズバショウ、エゾリュウキンカ、ワタスゲ、イワイチョウ、チングルマなどの湿原植物、高山植物が大群落をつくって咲き乱れるため、訪れる人を感嘆させる。湿原には木道が施設され、登山者の歩き易さと同時に貴重な湿原植物の保護をしている。多くの人々に親しまれながらも自然のままの美しさを保っておきたい場所の一つである。

暑寒別山塊

樺戸山塊

暑寒別岳 (1491.6m)

増毛山地の主峰であるこの山頂からは、日本海の青い水平線に天売・焼尻島が浮かび、その遥か北の彼方には利尻山の雄姿が望まれる。さらに、積丹、大雪・十勝連峰、芦別・夕張山脈、そして羊蹄山すら一望のもとにすることが出来る。数少ないこの山地の登山路は、すべてこの山を目指すように集中していて、登山口にはそれぞれ立派な山小屋が整備されている。

群別岳から見た盟主暑寒別岳

暑寒コース　無雪期　道　一般向き

　増毛町市街から暑寒荘までは舗装されている。暑寒荘前には広い駐車スペースがあり、登山口になっている。暑寒荘は60名定員の増毛町役場管理で、無雪期は自由に使用できる。暑寒荘の横の池を渡り、浅い谷に沿って道は始まる。始めの急な斜面を登ってしまい、尾根上に上がるとしばらくはなだらかな道が続く。道は広く歩きやすく、少し急な登りと緩やかな道を繰り返して少しずつ高度を上げる。頂上台地で箸別コースと合流して、平らなお花畑を行くと三角点のある頂上だ。

Time　暑寒荘（4～5h）暑寒別岳

暑寒荘は管理の行き届いた素晴らしい山小屋

扇風岩を越えると一番の急登となる

暑寒別岳山頂

箸別コース　無雪期　道　一般向き

　増毛町箸別から箸別川沿いの道を進む。つづら折りの道から広い尾根上に出て突き当たりまで行くと、箸別避難小屋の建つ登山口があり、トイレ、駐車場がある。水場はすぐ下に沢が流れているが持参した方が良い。登山口からしばらくは樹林帯の平坦な道が続き、一合目までがかなり長く感じられる。樹林が疎らになって来ると僅かに傾斜も増してくるが苦になるほどではない。六合目付近までは濃い笹原が続くが、しだいに視界が開け、お花畑の斜面となる。そこから少し登ると頂上台地に出て暑寒コースと合流して頂上は間近だ。距離は長いが、全体に緩やかな歩きやすいルートだ。

Time 箸別小屋（4h）暑寒別岳

穏やかな登りの登山道

シンプルで快適な小屋

お花畑から頂上台地へ

雨竜沼湿原コース　無雪期　道　一般向き

　南暑寒岳までは、「南暑寒岳・雨竜沼湿原コース」を参照の事。南暑寒岳から暑寒別岳への下りは、急な斜面で、一部ロープもかけられている。暑寒別川源頭部の細い尾根沿いは切れ落ちた崖に足を滑らさないように。

Time 南暑寒荘（1.5h）雨竜沼湿原（2h）南暑寒岳（3h）暑寒別岳

暑寒別川本流　　無雪期　沢　！*

　暑寒荘の約2キロ手前から暑寒別川本流沿いの林道に入る。この林道は車の通行ができないことがしばしばあるので事前に確認すること。道は多少荒れているが、車は標高225mに懸かる暑寒大橋まで入れる。橋を渡ったらすぐに左の「暑寒支線林道」に進み、右岸に渡った先の標高290m付近から入渓する。平坦で広い河原を歩くと標高360m付近に長い滝を伴った函が現れる。左岸に梯子や脚立が設置されているが、これを使わずに右岸を巻くか中を泳いだ方が良い。その後も時折現れるエメラルドグリーンの深い釜や淵を見ながら、渡渉を繰り返して進む。標高570mで群別岳からの支流が滝となって出合う。滑滝や函は断続的に現れるが規模は小さく容易に通過でき、幕営適地も随所にある。850m二股を左に入るとこのルート最大の二段15m滝が現れるが、困難ではなく適当に通過出来る。1200m二股に出てくる滝は、右の水量の少ない方へ進むと沢形は稜線直下まで続き、ほぼヤブ漕ぎ無しで頂上のやや南側で登山道に出る。なお、850m二股の右股は始めの滝と巨岩帯を過ぎると平坦な蛇行する渓流がホンジャマ平まで続き、登山道に出るにはそこそこの藪漕ぎがある。

Time 入渓地点（6h）
　　　570m二股（6h）
　　　暑寒別岳

標高360mの函は泳いで通過するのが楽しい

下流域はひたすら長い河原歩きだ

最大の15m二段滝

ポンショカンベツ川　無雪期　沢　!!

暑寒荘のすぐ横の流れがポンショカンベツ川である。暑寒荘から沢沿いの遊歩道を進み、そのまま踏み跡を辿って適当なところから入渓する。しばらくは単調なゴーロが続く。776m二股を左に入ると渓相は急に函状となり、大小の滝が連続する。直登したり微妙な草付きを巻いて進む。1000m二股の本流の滝は落ち口へトラバースして越える事も可能だが、左股の滝を登り中間尾根を越えて本流に戻る。この後も次々に滝が現れるが、標高1200mで核心部は終わる。詰めは標高1250m付近で一旦右のロックガーデンへ抜けると藪漕ぎもほとんどないままに夏道に出られる。この沢は単調な増毛山地の中にあって変化が多く、下りに夏道を使えることから人気のルートである。さほど困難でないが、深い函地形と時期が早いと遅くまで残る不安定な雪渓に翻弄される事がある。

Time 暑寒荘（6〜7h）暑寒別岳

776m二股が近づくといよいよ沢が狭くなる

滝が連続して飽きさせない

増毛山地　暑寒別岳

高巻くにしても、草付きがいやらしい

この沢の核心は遅くまで残る雪渓の処理だ

新信砂川
しんのぶしゃ

無雪期　沢　!*

国道231号の増毛町朱文別から山側への道に折れ、笹沼会館を右折して新信砂川沿いの林道に入る。約2.2km進んだところで左岸に渡る林道に入るが、地形図にない林道がまっすぐ延びており、入口が見つけづらい。この分岐から約4km荒れた林道を進み、標高270mの砂防ダムから入渓する。じきに現れる大きな砂防ダムを越えると、平坦で単調な歩きが長く続く。この沢は開けて実に明るい渓相だ。570m二股を過ごし、先に進むと正面に目指す暑寒別岳が望まれる。標高700m付近より両岸が迫り函地形となるが、直登したり、巻いたりと楽しく通過出来る。これ以降も小滝が続き、最後に現れる10mほどの滝を越えると、水量は減り源頭の雰囲気となる。ロックガーデンのお花畑を適当に選んで詰めていくと、ほとんどヤブ漕ぎなしで頂上台地の夏道に出る。

Time 標高270m砂防ダム（4h）
570m二股（4〜5h）
暑寒別岳

標高700mでゴルジュになる

唯一の10m滝

源頭部からは暑寒別岳東面が良く見える

恵岱別川（えたいべつ）

無雪期　沢　!!

　道道94号増毛稲田線の御料峠付近のヘアピンカーブから暑寒別林道に入る。すぐにゲートがあるが、入林届けに鍵のナンバーが書いてある。林道終点から踏跡を歩き、信砂岳に突き上げる枝沢を横切ってから本流に降りる。ほどなく地図上の三段ノ滝が現れる。この滝は、大きな釜を持っていて、下からはどうやっても二段目までしか見えないが、迫力は十分だ。運が良ければ滝の下に架かる虹が見られる。右岸を巻いて滝上に出る。単調な河原で中だるみしがちだが、楽しいゴルジュも現れる。へつったり浸かったりして通過するが、両岸は低いテラスなので巻く事も容易だ。820m付近の巨岩と小滝群を過ぎると標高860mの二股となる。ここは平坦で幕営可能だ。右に入ると程なく3段40mの滝が現れ、それなりの用意をして中を通過するのも面白そうだ。巻く場合は右岸のルンゼを使っての大高巻きとなり消耗する。更に手応えある滝が続くゴルジュ地帯は標高1000m付近まで続いている。沢は突如平坦な小さく蛇行するせせらぎに変わり、美しいお花畑が広がる源頭となる。頂上が正面に見えたら、適当に左の枝沢を詰めると、僅かなヤブ漕ぎで南暑寒岳との縦走路に出られる。

Time 林道終点（0.5h）三段の滝（6〜7h）860m二股（5〜6h）暑寒別岳

三段の滝に虹が架かる

この沢最大の三段40m滝

容易なゴルジュが何度も現れて楽しい沢だ

暑寒ルート

積雪期　稜　!＊

　増毛市街から暑寒荘に向かうと約6kmでゲートとなり冬季の除雪はここまでである。例年4月中旬になると暑寒荘まで除雪が入りゲートは開放される。暑寒荘駐車場前からの冬季ルートには赤い番号標識がつけられていて、それに従えば迷うことは無い。593mの南で尾根に合流すると、ダケカンバの大木を見ながら緩く長い登りが続く。

　1076mドームからしばらくは稜線の東側をトラバースして行く。頂上直下の大斜面は見事な一枚バーンで、下りのスキーでは存分に楽しめる場所だ。1400m台地に乗り、平坦な斜面を詰めるとやがて山頂となる。なお、暑寒荘は道路が除雪されていない冬季は緊急時以外は使用できない。

Time 暑寒荘（4〜6h）暑寒別岳

増毛らしい広く緩い尾根を登る

1225mを過ぎると、いよいよ大斜面の登りとなる

春には多くのスキーヤーで賑わう

暑寒別岳北西尾根　積雪期　稜　!!

暑寒荘からポンショカンベツ川沿いを進み、適当な場所で対岸に渡る。スノーブリッジの有無が最大のポイントとなる。春先の増水は著しいので渡渉には十分気を付けよう。北西尾根は地形図で見るより広く、上部までスキーが使えることが多い。標高816mの先にある岩場は問題なく通過できる。標高1370mのコブを越えると平坦な地形となり、時期が遅いとハイマツが出ている。標高1413mの通称西暑寒岳を抜けて一度下った先には、稜線に岩場が立ちはだかる。この岩場通過もポイントだ。南側は断崖となってるので、北側を巻くと良い。見た目ほど難しくはないが、傾斜があるのでクラスト時は滑落に注意する。吊り尾根を渡り切ると、山頂手前の台地に出る。このルートは悪天時には沢からの吹き上げが強烈で逃げ場がない。

Time 暑寒荘（6〜8h）暑寒別岳

春はポンショカン沢の増水が著しい

暑寒に向かって弧を描くように延びる北西尾根

西暑寒を背にトラバースする

吊り尾根に立ちはだかる岩塔

群別岳 (1376.3m)

ゆるやかな山容を持つこの山塊の山々の中で、ひときわ鋭い姿のこの山は暑寒別岳に次ぐ高さをもち、尾根上から眺める人々の心を強く惹きつける。特に浜益岳方面と南西尾根方面からの風貌は、道内屈指の鋭峰の一つに数えられるほどの魅力的な容姿をもっている。この山に尾根上の夏道は無く、沢ルートと積雪期のみ頂上を踏む事が出来る。

鋭い山容を見せる群別岳

群別川

無雪期　沢　！*

　国道231号線の群別地区より群別川沿いの林道に入る。林道は途中から荒れるので、標高250mにある砂防ダムに車を置いて歩く。林道終点から入渓しても良いが、さらに続く作業道跡を使っても良い。この場合は609m標高点を越えた小沢から本流に下りるとショートカットできる。初めは平凡な沢相だが、両岸が狭まると標高620mで右に屈曲してF1となる。古いロープのある側壁は階段状になっていて直登できる。この滝の上部からはゴルジュや滑、小滝が現れて変化が出る。760m二股を左に入り簾状の滝を越えると、高さ30m程の岩壁に架かる滝が現れる。これが群別大滝で、右岸の草付きを容易に巻ける。その後、中小の滝をいくつか越えると、水量が一気に減り源頭の雰囲気となる。あとは山頂に向かって直線的な沢筋を詰めると、ほぼヤブ漕ぎ無しで山頂に出る。

Time 林道終点（6〜7h）群別岳

F1は左岸の階段状を直登できる

中小の滝を越えていく

群別大滝

源頭はヤブが薄く、すっきりしている

幌川本流

無雪期　沢　!!

浜益区幌から幌川沿いに延びる道路は果樹園を抜けると標高110mでゲートとなる。開放されていれば本流を渡る「しょかんべつはし」まで車が入れるが、開いていない場合は7kmの林道歩きがある。標高360mで浜益岳に向かう左股を分けると、すぐに函地形となるが中を容易に通過できる。455m二股は広く平坦で良いテン場になる。二股を右に入って函を越えてしばらく行くと標高770mでこの沢最大の滝が現れる。高さ25m余りの2段滝で、ロープを出して左岸側壁のバンドから微妙な登りで落ち口に抜けると、上部にもゴルジュ状の滝が続く。これを越えると次第に水量も減って源頭の雰囲気になる。カール状の平坦な地形には二股が頻繁に現れ、読図が非常に難しい。どの枝沢に入っても水はすぐに枯れてヤブ漕ぎとなる。稜線に出ても山頂までまずまずのヤブ漕ぎが待っている。

Time 標高110m林道ゲート（8〜10h）
群別岳

途中2か所ある函地形は容易に通過できる

標高770mにある2段大滝

大滝上部もゴルジュ地形が続く

徳富川
とっぷ

無雪期　沢　！＊

　以前上流へアプローチに使っていた林道は、近年完成した徳富ダムのダム湖に沈み、直接の入渓は難しい状況となっている。右岸台地へと上がっている林道からダム湖上流へと降りることが考えられるが、そのような記録は今のころ見当たらない。苦労して入渓したところで、長い河原歩きが続く。この川への現実のアプローチとしては、ほかの沢や登山道を使い、南暑寒岳やホンジャマ平から下降することになるだろう。下流域は河原歩きと水量の多い渡渉が続き、いくつかの滝と淵の高巻きがある。標高610m二股から780m付近までは、蛇行する中に小規模なゴルジュが断続するが険悪さはなく問題なく通過できる。標高780mで滑滝を登ると、前方左右後方が滝に囲まれた三股となる。中央のハングした滝は登れないので、大きく高巻いて滝の上部に降りる。標高880m二股の前後の滝を直登すると沢は緩やかになる。詰めの沢筋は地形図上では不明瞭だが、稜線直下まで続き10分程度のヤブ漕ぎで稜線に出る。さらに30分ほど藪を漕ぐと頂上となる。

　なお、610m二股から南暑寒岳への沢は狭いゴルジュがあるものの、極めて小規模な沢で特に困難ではない。標高700m二股からホンジャマ平への沢は、滝などはないが巨岩にやや苦労させられる。

Time 610m二股（6〜8h）
　　　群別岳

群別岳を見ながらゴーロ帯を進む

800mの滝は4段になっている

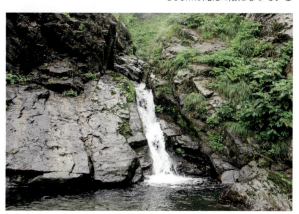
標高880m滝の釜滝は直登できる

増毛山地　群別岳

暑寒別川右股沢　　無雪期　沢　！*

570m出合までは「暑寒別岳・暑寒別川本流」を参照。群別岳へ向かう右股は滝となって合流している。右岸の階段状をシャワークライムで直登できる。その先しばらくは河原が多く、幕営も可能だ。標高680mの樋状の滝も右岸のカンテ状を登れる。その上部にはゴルジュが続いているが、中をへつって通過できる。標高1010mの滝は少し手前の左岸から高巻くと良い。詰めは東の肩を目指して左へ進み、灌木のトンネルと急な斜面を攀じって稜線に出れば頂上は間近だ。悪天時には頂上直下の崖下に迷い込まないように。

右股出合の滝

Time 570m出合（5h）群別岳

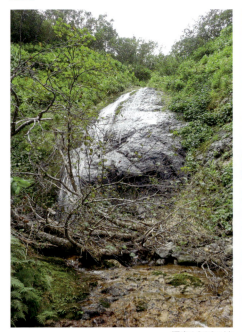

標高1010m滝

標高680mの滝は右岸のカンテ状を登る

群別岳南西尾根　　積雪期　稜　!!

　国道231号線の幌集落から幌川沿いの道路は冬季でも除雪されていて、標高90mにある果樹園が最終除雪地点となる。幌川沿いの林道とすぐに分かれ、ジグを切って標高を稼ぐと、標高500mで平坦な尾根となる。しばらくは増毛らしい疎林の緩斜面を進むと、標高950mあたりで急になって、クラストし始める。幌天狗と呼ばれる1222m峰に立つと初めて東側の視界が開け、目指す群別岳が堂々とした姿を見せつける。ここからが核心部で、細い尾根と段差が途中何か所かあって、雪庇を踏み抜かないように注意しながら越えてゆく。突き当たりの南稜を慎重に乗越せば山頂直下の南コルに到達できる。

Time **最終果樹園（4〜6h）**
　　　幌天狗（3〜5h）
　　　群別岳

幌天狗までの尾根は広大だ

増毛山地　群別岳

幌天狗から群別岳までの吊り尾根は雪庇と段差に注意する

南峰を乗越すと山頂までもうすぐだ

群別川左股ルート 　残雪期　稜　！

　群別川左股ルートは、最も容易で人気のルートである。厳冬期は国道からの林道歩きとなるが、残雪期には最初に左岸に渡る標高110m付近まで車が入れる場合が多い。林道終点を過ぎて小沢を渡り、対岸の尾根に上がると平坦になる。609m標高点付近は熊の平と呼ばれる絶景ポイントで、良いテン場になっている。これより先は小さなアップダウンとなって分かり辛いので、天候不良時には注意する。南峰へは、一度群別川左股に降りて、標高770mにある滝の手前から1079の北コルを目指すと良い。南峰は東側をトラバースして、南コルに達すると、山頂まで100mを残すだけである。

Time 林道終点（4～6h）
　　　群別岳

熊の平は三方山に囲まれた別天地

左股源頭より左岸尾根に取り付く

南峰を背にスキーを楽しむ

奥徳富岳（1346m）

群別岳の南東に位置し、暑寒別岳から見ると群別岳の左側に双子のようにそびえる山がこの山である。かつては尾白利加山（おしりりか）と呼ばれていたが、その由来となる尾白利加川の流域には位置しないため、流域にある徳富川の名をとって命名された。しかし、古い山屋の中には尾白利加の美しい名前を懐かしむ声も多い。

黄金沢（こがね）　　無雪期　沢　！＊

浜益から国道451号線を滝川に向かって進み、黄金橋手前の林道を入る。80m二股を右に折れて川を渡ると左岸に林道が続く。この林道は標高190m付近の壊れた橋まで延びているがやや荒れ気味なので、乗用車であれば手前において歩くのが良いだろう。標高190mから入渓して少しすると、滑が現れて綺麗な渓相に変わる。沢も南向きなので明るく、気持ちよい遡行ができる。標高420mで現れる10mの直瀑は、すぐ横のルンゼを登れる。標高800mまで滑が随所に現れ、直登可能な小中の滝もいくつか出て飽きさせない。標高1000mを超えると次第にヤブ被りとなって、1214mコブの東コルに飛び出す。コルは草地で幕営

入渓してすぐに、滑中心の渓相となる

可能だ。コルから東に向かって猛烈なネマガリを漕ぐと、山頂南の偽ピークに出て見晴らしが利く。灌木とハイマツのヤブ漕ぎをもう30分も頑張ると待望の奥徳富岳山頂である。

Time 標高190m（3〜4h）500m二股（4〜5h）1214mコブ東コル（2h）奥徳富岳

上流部でも滑滝が現れる

標高420mの滝は左岸のルンゼを登ろう

奥徳富岳南西尾根　積雪期　稜　！*

　国道から群別川に沿った林道を歩くのだが、場合によって斎場まで除雪がある。林道終点から尾根に上がり、標高609mは絶景ポイントで、周辺は良いテン場になる。群別川から離れずに小沢をいくつか渡り、対岸に標高759mが見えるあたりで対岸に渡る。標高1069mの西尾根は末端から取付かずに少し登って適当なところから尾根に上がるほうが楽だろう。尾根は地図上で見るより広く、スキーも使えて登りやすいが雪庇も出ている。1069からクラストしてくるのでワカン又はアイゼンに換え、主稜線に出ると形の良い頂上は目の前だ。

`Time` 国道（3.5h）
　　　林道終点（5～6h）
　　　奥徳富岳

標高609mは展望台　周辺は広く幕営適地だ

西尾根は思ったより広く歩きやすい

1069Pから頂上はまだ遠い

浜益岳 (1257.8m)
はまますだけ

　暑寒別岳の西側に並ぶ山々の中では最も大きい山塊を持ち、両翼を広げた山容はどこからでも良く目立つ。山頂からの展望は素晴らしく、青い海に加えて暑寒別川を取り囲む山々が一望できる。ここから見る群別岳が一番尖っていて迫力がある。

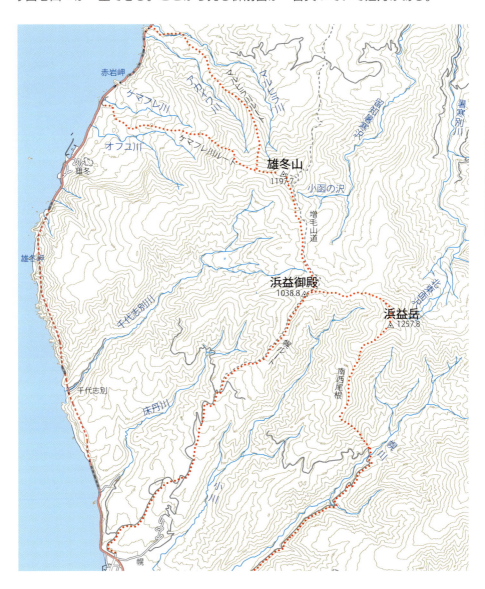

幌小川
(ぽろおがわ)

無雪期　沢　！＊

　国道231号線の幌集落から幌川沿いの道に入り、すぐに出合う第1旭橋より入渓する。この川は長い割には水量が少ない。沢は平坦で河原部分も少なく、しばらくは単調な渓相が続く。幕営する場合は標高450mまでに適地を見つけると良い。583m二股を越えると、中小の滝が出始める。沢は弧を描くように右に回りこむあたりで、10m程度の滝が2つ出る。いずれも草付き斜面をトラバースして容易に巻ける。これを越えると大きなものは無く、緩い滑滝が続く。詰めはガレの水道跡を攀じ登るように高度を稼ぐ。標高1150m付近で沢形は切れ、1時間程度のヤブを漕ぎで一等三角点のある山頂に到達する。

Time 第1旭橋（7〜8h）浜益岳

下部は河原が無く何もない単調な歩きが長い

標高700mの10m滝は左岸草付きを巻く

上部は切れ目なく滑が続く

幌川左股沢

無雪期　沢　！

　幌川360m二股までは「群別岳幌川本流」を参照。幌川本流を360m二股から左に入る。順調に高度を上げ右に回り込むように進むと、沢は大きく開け、正面には浜益岳のスカイラインが現れる。途中5m程度の滝や小さな函が現れるだけで、難しいものは無い。標高850mから先に明らかな二股はなく、沢形は南東尾根に吸い込まれる。途中適当なところから山頂に向かってコンパスを切ろう。浜益岳南斜面に顕著な沢形はなく、山頂までヤブ漕ぎが続く。下りに有効なルートだ。

Time 360m二股（5～6h）
　　　浜益岳

浜益岳のスカイライン

滝の規模は小さい

ヤブの中にある山頂標識

暑寒別川浜益岳北東面沢　　無雪期　沢　！

　450m出合までは「暑寒別岳・暑寒別本流」を参照。大ガンケの山（723m）の手前の二股が沢出合であり、ここを右に入る。しばらくゴーロ帯の沢を詰めると平坦な地形に変わり、緩やかな流れとなる。標高800mを越えると再び傾斜が出始める。滝らしい滝は1000m付近の一か所だけで、草付きを高巻くことができる。上部は岩盤状となり小さな二股が何度か現れて判断に迷う場面がある。稜線のヤブはかなり濃い。

Time　450m出合（4～5h）浜益岳

大ガンケの山は魅力的な山容だ

標高750m付近は緩やかな流れだ

浜益岳南西尾根　積雪期　稜　！*

　最終除雪地点までは「群別岳南西尾根」を参照。幌川沿いの林道を約7km進む。標高320mにある「しょかんべつ橋」を越えて右岸に渡ると、林道はヘアピンとなるが、すぐに尾根に取り付くと良い。標高880mまでは標高差500mの登りで、上部は疎林でスキーに最適な斜面である。山頂へ向かう尾根は広いが、強風に晒されることが多いので注意が必要だ。晴れていれば右手に群別岳の鋭峰を眺めながら快適な尾根歩きとなる。山頂が近づくにつれ次第にクラストしてくるものの、山頂までスキーが使える。山頂からの下りは往路を戻っても良いが、幌川左股に向かって広大な斜面を滑るのも面白いだろう。

Time **最終果樹園（3h）**
　　　しょかんべつ橋（4h）
　　　浜益岳

尾根上から見る群別岳

青い海を背に広い稜線を行く

浜益岳南面は広大なゲレンデだ

浜益御殿 (1038.7m)

　山自体はスケールが小さく目立たないが、残雪期における増毛山地の中で最も容易に頂きを踏める山の一つである。特に積雪期の幌ルートは周囲の浜益岳、雄冬山へのアプローチや群別岳への縦走等に最も多く利用されている。これまで無雪期においては沢登りだけで登られていたが、増毛山道の刈り分け道が最近復活し、今後登山状況も大きく様変わりするかもしれない。

幌ルート　　　　積雪期　稜　！

　幌神社の横から延びる林道を辿るルートだ。厳冬期はほぼ国道からの歩きとなるが、春には標高330mの林道二股まで車が入れることが多い。533mピーク（通称・大阪山）を越えた辺りで林道を離れると、広く緩やかな樹林帯を進む。次第に尾根が東に屈曲すると本峰からの南西尾根と合流し、右手に浜益岳の大きな山容が望まれる。南西尾根は広くて快適だが、沢からの吹き上げが強い。尾根が狭くなると右手の雪庇が出始める。うまくかわして進むと、やがて山頂だ。下りは標高800m付近の尾根分岐をつい直進しやすいので注意したい。このルートは増毛山地の主稜線に比較的容易に立てることから、春には多くの登山者で賑わう。また浜益御殿を起点に浜益岳や雄冬山へ縦走するパーティも数多くみられる。

Time 330m林道二股（3h～5h）浜益御殿

尾根が狭くなってくると御殿の頂上はすぐだ

雄冬山はすぐ近くだ

千代志別川 （ちょしべつ）

無雪期　沢　!*

国道231号線から千代志別川沿いの道に入る。小集落を抜け右岸に渡ると標高80mにゲートがあり車はここまでである。荒れ気味の林道を歩き、標高190m付近にある巨大な土石流防止柵を見て入渓する。しばらく進むと2段の滝が現れ、これを越えると370m二股となる。ここには良いテン場がある。右股に入るとすぐに中程度の滝が現れ始めるが容易に越えられる。標高660m付近で右の断崖から落ちる滝が本流である。これを巻くと上部にも15mの滝がある。蛇行する平坦な沢を進み、標高800mの右股を詰めると水は枯れヤブ漕ぎとなる。ハイマツが現れると山頂は近い。日帰りも可能なルートだが、370m二股をベースにして左股から雄冬山に登るのも面白い。ただし沢は小滝程度で容易だが、上部のヤブ漕ぎは猛烈である。

Time 千代志別（2〜3h）
　　　370m二股（3〜4h）
　　　浜益御殿

370m二股を過ぎると滝が出始める

標高660mで断崖から落ちる本流滝

最大の15m滝

山頂から望む浜益岳と暑寒別岳

増毛山地　浜益御殿

雄冬山 (1197.7m)

増毛山地における1000m級の山では最も北に位置し、ドームのような形が特徴的である。多くの支稜を持ち、積雪期には様々なルートからアプローチができる。増毛山道復活に伴い、2018年に山頂まで刈り分け道がつけられた。

留知暑寒沢小函の沢　　無雪期　沢　！*

暑寒大橋までは「暑寒別岳・暑寒別川本流」を参照。本流を離れ、留知暑寒沢沿いの林道を進み、ヘアピンとなる330mで入渓する。暑寒別本流に似た渓相だが、スケールはずっと小さい。時折函が現れるが、難しい所はない。標高620mの大きな釜を持った2段10mの魚止め滝は左岸の急な草付きより高巻く。643m標高点で雄冬山の南東に突き上げる通称小函の沢が出合うが、うっかりしていると見落としてしまうような鬱蒼としたちんけな出合だ。しかし、沢相はすぐに一変、両岸は切り立ち、廊下状の狭い函の底を進むことになる。幅は狭く背の立たない深さがあり、泳いだり、首まで浸かったりしながら函滝を越える。増水時には逃げ場がなく非常に危険となるので立ち入らないほうが良い。途中いくつかの二股を分けると900m付近でも函地形が出てくるが、全て直登できる。笹の回廊を進んでいくと、標高1025mほどで増毛山道にぶつかる。2018年に刈り分け道が開削され、容易に山頂を踏めるようになった。

標高620mにある魚止めの滝

Time 暑寒大橋（1h）入渓地点（4h）
643m直登沢出合（3h）増毛山道

直登沢は狭い廊下状の函が続く

ベロベロの函滝もあり厄介だ

マルヒラ川

無雪期　沢　!

国道231号の増毛町岩尾地区のすぐ南に注いでいる川がマルヒラ川である。河口から川沿いに林道が延びているが、荒れているので河口付近の広い駐車スペースに車を置くと良い。連続する巨大な砂防ダムを見ながら林道を進むと、標高110mで最終砂防ダムとなり、ここから入渓する。沢は地形図で見るよりも広く、河原を持っていて歩きやすい。時折雪崩斜面からのデブリによる倒木が沢を埋めている。580m二股を右に入ると水の流れは細くなり、沢を跨ぐように生える灌木やブッシュで歩きづらい。700m二股の右股は枯れ沢となっていて見逃しやすい。この二股を右に入ると、すぐにルート最大の12mの滝が現れる。その上部にも小滝が連続するが、ほとんど直登できる。水は再び枯れ、ガレた沢が頂上近くまで続く。頂上台地の手強いヤブ漕ぎをしばらく頑張ると、ハイマツに覆われた山頂となる。山頂から少し南にある裸地は良い休憩地で、増毛の山並みが一望できる。

Time 最終砂防ダム（6〜7h）
　　　雄冬山

苔生した中流域

沢からは増毛天狗岳が良く見える

増毛山地　雄冬山

細い流れの12m滝

ケマフレルート　　積雪期　稜　！*

　このルートは雄冬岬の北約2km、ケマフレ地区がスタート地点となる。海岸線の雪は早い時期に消えるため、時期が遅ければ歩き出しはヤブ漕ぎになる覚悟が必要だ。廃屋を眺めながらケマフレ川左岸尾根に乗ると、一定傾斜の尾根をひたすら詰めていく。344m標高点を越えると正面には稜線へ向かう尾根と谷が何本か望まれるが、1075mコブに向かう尾根が比較的容易なルートだ。774m標高点からの尾根と合流する辺りから雪面はガリガリにクラストし風も出ることが多い。適当にスキーをデポしてアイゼンに切り替えて山頂を目指すとよい。下りは983mコブまで戻ってから海に向かって広い沢形を滑ると楽しいだろう。

Time **ケマフレ地区（4〜6h）雄冬山**

稜線に上がる尾根はどれを選んでも大差ない

日本海をバックに広い稜線を行く

雄冬山と雪紋

マルヒラ川左岸尾根　積雪期　稜　!*

マルヒラ川の左岸に付いている作業道の入口だけが除雪されている。このルートも下部は早い時期に雪が消えるので注意。作業道はすぐに右岸に渡るのでその先でスノーブリッジを選んで渡り、左岸の尾根上にあがるのだが積雪状況に左右される。下部は藪が多いうえに地図上で見るより複雑だが、295標高点を越えると尾根筋が分かりやすくなってくる。655標高点から尾根が細くなるので雪庇に注意。尾根が広くなるとクラスとしてくるのでアイゼンに換える。最後の広い斜面を頑張ると広い主稜線に出て、頂上までひと頑張りだ。帰路の尾根を間違えないように標識旗を打って行こう。

Time 作業道入り口（5～6h）
　　　雄冬山

時期によっては左岸へ渡るのに苦労する

細尾根の通過は雪庇に注意

稜線への大斜面
帰路のスキーが楽しみだ

知来岳（988.01m）

奥徳富岳から南東に続く尾根上にある山で、国道451号線からもその姿が良く見える。標高は高々1000mにも満たないが、細い稜線と急峻な雪崩斜面を合わせ持ち、季節によらず手こずらされる山である。

御料地から望む知来岳

滝ノ沢右股沢　　無雪期　沢　！*

　石狩市浜益区御料地から滝ノ沢川沿いの林道に入ると、約2.5kmでゲートとなる。ゲート手前から右に続く道を進むと水道施設となり、車を置いて入渓する。10分も歩くと180m二股で、さして水量のない右股に入る。しばらくは単調な転石伝いの歩きだが、標高300m付近で両岸が迫ると廊下状の狭い函地形となる。腰までつかったり、泳いだりしながら先へ進む。一度沢が広がると、正面に岩壁を纏った知来岳とそれに向かう沢筋が良く見える。標高500mから再び滝が出てくる。それほど大きなものはないが、ホールドの乏しい滝が続き、微妙なフリクションの登りを強いられる。5つほどの滝を越えると核心部は終わり、階段状の岩登りに変わる。山頂直下の岩壁を左に回りこむと、短時間のヤブ漕ぎで山頂となる。下りは左股に降りると良いが上部は倒木等で荒れている。下部に途中現れる函はいずれも規模が小さく、滝が一か所ある程度で難しいところは無い。

Time 水道施設（6h）知来岳

標高300mで狭い函が現れる

いくつかあるホールドの乏しい滝を登るのが核心

増毛山地　知来岳

詰めのヤブは薄い

源頭部は階段状の岩となる

南東尾根

積雪期　稜　！＊

　石狩市浜益区御料地より赤川沿いの林道に入る。林道終点で右岸尾根に取りつくと、左手に黄金山を見ながらの南東尾根を目指してラッセルする。山頂に向かう南東尾根は、初めは広いが次第に細くなるのでスキーを適当なところでデポすると良い。山頂手前は細い尾根上に両面雪庇が発達していることが多く、視界の悪い時は踏み抜きに注意したい。標高1000mに満たない標高ながら、山頂からの展望は良い。特に奥徳富岳が迫力をもって望まれる。

Time **御料地（5〜6h）**
　　知来岳

黄金山を見ながら稜線に向かう

南東尾根から見る知来岳

大きく張り出した雪庇稜線

南暑寒岳（1296.4m）

　この山は雨竜沼湿原のある広大な高層台地の西端に位置し、東側は実になだらかな斜面を持つ。登山道は雨竜沼湿原を抜けるために、花の季節にもなれば多くの登山者で賑わう。山頂からの眺めは、西側が切れ落ちている分、素晴らしい。暑寒別岳は勿論のこと、徳富川を挟んで向かいに聳える奥徳富岳と群別岳の姿が特に良い。暑寒別岳へは長い縦走路が続いているが、それを辿る人は少なく、山頂で引き返すのが大半だ。

雨竜沼湿原コース　無雪期　道　一般向き

登山口となる雨竜沼湿原ゲートパークには、駐車場、トイレ、キャンプ場、山小屋「南暑寒荘」がある。2019年現在キャンプ場と山小屋は無料で利用できるが、「環境美化整備協力金」との名目の実質的な入山料を任意で徴収している。登山口から二本の吊り橋を渡るが、入山期間（6月中旬～10月初旬）以外は敷板が外されていて入山できない。入山者は在来植物保護のため、湿原入口の小川で靴の泥を洗い流す決まりになっている。見晴らしの良い雨竜沼湿原には木道が一周して整備されていて、湿原を抜けると南暑寒岳へは笹原の斜面となり、一登りで南暑寒岳に着く。

<u>Time</u> **南暑寒荘（1.5h）
　　　雨竜沼湿原（2h）
　　　南暑寒岳**

素晴らしい湿原が広がる

南暑寒岳から見る暑寒別岳

登山口にある南暑寒荘は立派な施設だ

豪快な白竜の滝

尾白利加川（おしらりかかわ）

無雪期　沢　！＊

雨竜沼湿原ゲートパークの手前4.5kmにある国領橋に車を置いて、左岸につけられた林道を歩く。林道は地形図よりも実際は長く、約3km奥にある最終砂防ダムまで続いている。尾白利加川は大きく、水量も多い。何度も渡渉を繰り返して平坦な流れをひたすら進む。標高480mで川幅が狭くなると函地形となる。上部には函滝が2、3架かっており、川幅一杯に落ちる様は豪快だ。831m二股を越えると小滝やナメが続き、これまでの単調な歩きに変化が出る。沢形が消えてからもしばらくは水道跡が続き、楽ができる。やがてヤブ漕ぎになるが、1200mで突然開けた草地に飛び出す。一息ついてヤブ漕ぎをもうひと踏ん張りすれば山頂となる。このルートは長いので途中で一泊が必要だが、帰りは夏道が使える。

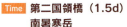
Time 第二国領橋（1.5d）
　　　南暑寒岳

水量が多く、平坦な割に捗らない歩きが続く

Co480のゴルジュ地帯

増毛山地　南暑寒岳

長大な沢歩きもいよいよ終盤。背後は雨竜沼湿原

恵岱岳（1060.4m）

雨竜沼湿原の北東約4kmに位置する平べったい山で、高層台地の東端がピークとなっている。西側から見るとただの丘陵にしか見えないが、東側から見ると綺麗な台形の形をしている。1km以上の長さを持つ頂上稜線から恵岱別川に落ちる北東面は、いずれも絶好のスロープとなっている。

暑寒別林道から恵岱岳を目指す

北東ルート　　積雪期　稜　！*

道道94号増毛稲田線の御料峠の駐車帯に車を置き、雪に閉ざされた暑寒別林道を進む。適当なところから対岸に渡るのだが、恵岱別川に架かるスノーブリッジの有無が山行成功の可否を握っており、その年の積雪状況を把握しておくことが必要となる。例年394m標高点の先にある沢を越えた辺りで川に降りるのが賢明なようだ。初めの取り付きは急だが、すぐに傾斜は緩む。正面に壁のようにそびえる北東斜面を見ながらの登りだ。819mコブを北から巻き、頂上台地へ登りは急斜面で、雪崩や雪庇崩壊に注意しよう。平坦で広大な台地に出ると南暑寒から吹き下ろす西風が強烈だ。高層湿原の東端に位置する山頂からは東側に大展望が広がる。

Time 御料峠駐車場（1.5h）
　　　渡渉地点（3〜4h）
　　　恵岱岳

北東斜面は広大なゲレンデだ

平坦な頂上台地より望む暑寒別岳

ピンネシリ（1100.4m）

ピンネシリは樺戸山地の最高峰であり、大きなドーム状の山容は遠くからでも良く目立つ。山頂にある巨大な気象レーダーが特徴的だ。この山から北にある神居尻山、そして南の隈根尻山へ縦走路がそれぞれ切り開かれていたが、最近ほぼ廃道になったのは残念だ。

頂上のレーダードーム

砂金沢コース　無雪期　道　一般向き

　新十津川から西に進み総富地川沿いの道に入る。途中「そっち岳スキー場」を経て、砂金沢沿いの林道に入り、登山口の駐車場で通行止めとなるので車を置く。この林道はピンネシリ山頂のレーダードームのメンテナンス用で頂上まで続いている。すぐにマチネシリから北東に延びる尾根に取り付く。白樺林の中の明瞭なコースを進んでいくと、標高464m付近で林道と交差する。やがてガレ場が現われ、ダケカンバの疎林の中の枯れ果てたササの道伝いにマチネシリの腹を巻いてコルに出る。その後尾根伝いにピンネシリ山頂へ至る。頂上には大きなレーダードームがあり、ちょっとつや消しだが展望は素晴らしい。なお神居尻山へ縦走するコースは廃道である。

Time　登山口（3h）ピンネシリ山

展望が良く広い頂上

道民の森一番川コース　無雪期　道　一般向き

　当別町と浜益地区を結ぶ道道28号の途中から一番川に沿って11kmほど入ると登山口に着く。入口は隈根尻山と共通ですぐに左右に分かれる。沢に沿った林道から登山道になり、その後は木製の階段となり、かなりきつい。展望が開けると稜線に出て砂金沢コースと合流し、間もなく頂上となる。

Time　登山口（3h）ピンネシリ山

急傾斜の木の階段が少々うざい

マチネシリに向けての稜線　展望が開ける

神居尻山(かむいしり)（946.7m）

A・B・Cコース　無雪期　道　一般向き

　当別町と浜益地区を結ぶ道道28号の途中、青山ダムを過ぎると標識があり、右に入ると道民の森神居尻森林キャンプ場がある。総合案内場の前に広い駐車場がある。

Aコース
　3コース中最も長い。アップダウンをくり返しながらゆっくり登って行くと、ダケカンバの尾根となり視界も開けてくる。ピンネシリへの縦走路に合流すると、すぐに避難小屋があり、頂上は目の前だ。
Time 登山口（3h）神居尻山

稜線に出ると視界が一気に開ける

Bコース
　始めは丸太の階段が設置されているが、とても登りにくい。707mの尾根に出ると視界も開け、気持ち良く歩ける。途中でCコースが合流すると一変してお花畑が広がり、素晴らしい尾根道が頂上へと続いている。
Time 登山口（2h）神居尻山

Cコース
　Bコースとほぼ同じである。
Time 登山口（2h）神居尻山

頂上まではアルペン的風景で気持ちが良い

頂上は広く見晴らしが良い

Bコースの尾根も見晴らしが良い

隈根尻山（971.4m）
樺戸山（890m）

浦臼山コース　無雪期　道　一般向き

　浦臼から車道を走り、標高240mの砂防ダムで車を停める。車道は浦臼山まで付いているが通行止めとなっている。途中の展望は良く、石狩川下流域や浦臼、奈井江方面の街並も望まれる。ここからダラダラと幾つかのピークのある尾根筋のコースを忠実に進むと、やがて樺戸山地の稜線に出てしばらく歩くと樺戸山だ。ここから一気にコルまで下り、最後の登りに一汗かくとクマネシリの頂上だが刈分け等のメンテナンスはされていなく、廃道状態になっている。同様に隈根尻山に登る一番川コースとマチネシリ山～隈根尻山の間も廃道となる（2019年）。これで隈根尻山への一般登山道は全て無くなってしまった。良いコースなのだが残念な事である。

Time 駐車場（1.5h）浦臼山（2h）
　　　樺戸山（0.5h）クマネシリ

登山道から見る樺戸山
右奥は隈根尻山

札的沢(さってき)

　札的沢はこの山塊の有数の暴れ川であり、多くの砂防ダムが作られている。以前はあまりきれいな沢のイメージは無かったのだが、近年の大水で大量の土砂が流出して本流はきれいな沢として生まれ変わっている。遡行の対象は本流と左岸から合流する一の沢、三の沢、六の沢で、右岸の枝沢は興味が薄い。全体に小規模でかつ札幌から近いので日帰りで出かけるのに適しているが、下降する場合は滝の規模に適した長さのロープを準備する事。

　アプローチは国道275号線の浦臼町札的から山に向けて入る。舗装道からダートの林道に変わり、2.5万図「札的内川」の川の字ほどまで車で入ることができる（2019年）。そこから林道の痕跡が少しあるが、沢に降りてしまおう。下流に数多く出てくる砂防ダムはこの沢の特徴としてあきらめるしかない。

札的沢一の沢　　　無雪期　沢　！

　本流との出会いから370m二股までの間に15を越える砂防ダムがあり、気持ちが萎える。370m二股を左に入って10mの易しい滝を越えてからも単調な登りだ。いくつかの滝とも呼べない段差を越えて行くと18mの滝があり、ここの通過が核心となる。ロープを出して直登もできるが左岸から滝の脇を巻くのが良く、高く登らないで落ち口にトラバースするのだがいやらしい。その後は徐々に水も涸れ、藪漕ぎと言うほどの事もなく、急な草付きを登ると登山道に出る。この沢は上部の18m滝以外は特に面白いものもないので下降に利用するのも良い。

Time 一の沢出会い（3h）登山道

出会いからは砂防ダム群と荒れた渓相だ

唯一核心の滝（18m）は
直登も可能だが右から巻こう

札的沢本流　　　無雪期　沢　！*

数多い砂防ダムの乗り越しから始まる

　林道跡を少し使って沢に入り幾つもの砂防ダムを越えて行き、一の沢、二の沢出会いを過ぎても砂防ダムは続く。7月中旬ころまで残る大きな雪渓を越えるのだが慎重に。いくつかの小滝を越えて行くと標高400m付近で大滝（30m）となる。滝近くの左岸を巻いて登るが慎重に。水流の少ない時はシャワークライミングも楽しめる。やがて左岸から三の沢が合流してくる。続いて出て来る小滝は手足の突っ張りで越える。流れが右へ折れると稜線が高い位置に見えてくる。この先には小滝が続き、急斜面の浅いブッシュを漕ぐと頂上に出る。

Time 林道終点・駐車位置（3.5h）樺戸山

雪渓を越えると小滝が続く

30m大滝は迫力がある

札的沢三の沢　　　無雪期　沢　！＊

　出合いの滝を過ぎてすぐに7mの滝が出てくる。土石の流れた二股を右に入ると12m＋4mの2段の滝になり、巻くのだが微妙だ。その後は小滝を詰めていくと13mの斜滝が阻む。これを越えると水も細くなり、詰めは樹木の無い草付きの急斜面で低い灌木と笹をすこしこぐと登山道に出る。

Time 出会い（2h〜2.5h）登山道

出合いは小さな滝になっている

滝は大きくないのだが微妙に手強い

あまり大きく巻かないで行こう

傾斜はないのだが

札的沢六の沢　　　無雪期　沢　！

　出合いは細い沢で、とても目的の六の沢には見えない。出合からすぐに滑床状の小滝があるが、しばらく平凡である。やがて2段12mのホールド豊富だがヌルヌルの滝が現われる。この上には6mの函滝と2〜3mの滝があるが、じきにヤブに被われ、しっかりヤブを漕ぐ事になる

Time 出合い（1.5h）登山道

増毛山地　隈根尻山・樺戸山

神居尻山〜ピンネシリ　縦走　積雪期　稜　!*

　当別町と浜益地区を結ぶ道道28号の途中、青山ダムを過ぎると道民の森神居尻森林キャンプ場の標識があり、入口に車を停めるのだが除雪が必要だ。1km程歩くと自転車専用道路の分岐があり、そちらへ入る。分岐から2kmほどで夏道の尾根に取付く。急斜面を一登りすると472Pで、ここから上部は雪庇に注意して登る。しばらく登ると雪の状態によってはアイゼンに換える。842Pから目の前に頂上が見え、すぐに神居尻山頂上だ。ここから複雑な尾根筋と雪庇に注意して300mの降りになる。最低コルに降りると丸い姿のピンネシリまで500mの高度差を登らなければならない。ピンネシリ頂上から林道を利用するかマチネシリのコルから夏道の尾根を降りて砂金沢の林道へ出る。砂金沢は登山口から「そっち岳スキー場」まで5kmほどの林道歩きになる。

尾根に上がるのも雪庇があるので一苦労

コルまでの降りもすっきりとはいかない

ピンネシリの頂上へ

雄冬大壁

雄冬大壁は南西側にルートがあったのだが、上部の岩質が脆く崩落等もあって登る人はほとんどいなかった。近年西側、北西側にルートが開拓されて登攀者が増えている。フリクションのよく効く岩は比較的安定していて、グレードがそう高くないルートもあるのでアルパインクライマーも十分楽しむことができる。長いルートもあるので、ロワーダウン時のロープの長さに注意。

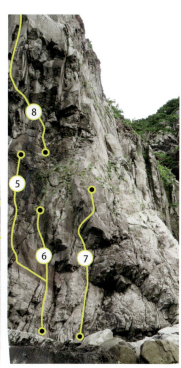

雄冬大壁 北西面

①	アルハンブラ宮殿	6b+ (5.10c) 33m
②	サグラダファミリア	6a (5.10b) 24m
③	ドンキホーテ	6a+ (5.10c) 15m
④	ガリバー	1P：4+ (5.8) 27m 2P：6c (5.11b) 30m
⑤	ボンディア	4 (5.7) 26m
⑥	ボナニート	4+ (5.8) 13m
⑦	フラメンコ	5 (5.9) 16m
⑧	ゲルニカ	1P：6c+ (5.11c) 25m 2P：6b (5.10d) 30m

雄冬大壁 北面

①アルハンブラ宮殿

6b+（5.10c）33m

　快適なオーバーハング。ポケットの中の砂に注意

②サグラダファミリア

6a（5.10b）24m

　最終クリップ後、右へ移動

③ドンキホーテ

6a+(5.10c) 15m
　フィンガーポケット入門

⑤ボンディア

4(5.7) 26m
　カタルーニャ語で『おはよう』の意。ウォーミングアップはこれ！

⑥ボナニート

4+(5.8) 13m
　カタルーニャ語で『おやすみ』の意。クールダウンにいかが？

④ガリバー

1P：4+(5.8) 27m
2P：6c(5.11b) 30m
　2P目がメインのマルチ。クラックですがボルト・ルートなので、クラックが苦手の方にも是非トライして欲しい一本

⑦フラメンコ

5(5.9) 16m
　ローワーダウン時にロープが岩に擦れるので、最終ボルトに残置してあるカラビナにクライマー側のロープをクリップして下りる

⑧ゲルニカ

1P：6c+(5.11c) 25m
2P：6b(5.10d) 30m
　北海道では珍しい、3Dクライミングが楽しめる。雄冬イチオシのルート！

増毛山地海岸の氷瀑

　増毛山地の海岸は暑寒別山山塊が日本海に接して落ち込み、大きく切り取られた断崖で出来ている。石狩市厚田から始まり雄冬市街の先まで多くの氷瀑が登られていたが、ペリカの滝を始め、その多くが崖地崩落対策のネット敷設工事や新しいトンネル化で登れなくなってしまった。安全のための当然の処置なのだが、登攀者として一抹の寂しさがある。その中で、ナギサブライダルベールが残っているのは幸いというべきだろう。この本では2019年時に登攀可能な氷瀑を札幌方面から順に紹介している。

ナギサブライダルベール　　積雪期　氷　WI5+　60m

　アプローチは新赤岩トンネルと太島内トンネルの間から歩くのだが、駐車に良いスペースがない。太島内トンネルの濃昼側出口脇から旧国道跡を少し歩くと左側に氷瀑が見えてくる。岸壁に懸かる幅が広く見栄えのする美しい垂直の氷瀑で、60mロープでは厳しく、50mロープだと2Pで登ることになる。氷は左右に広いので2本のラインが取れ、傾斜も強く見栄のする氷瀑だ。結氷状態の悪い年もあるので良い状態の時を見つけたらぜひトライをしたい上級者向きの一本だ。

きれいな氷柱になるかどうかは
その年によって大きく変わる

スケールも大きく楽しめる

濃昼の滝
ごきびる

| 積雪期　氷　WI4　40m |

　国道231号線を濃昼の集落を過ぎて尻苗トンネルの手前の海側に沿った駐車帯を利用する。そこから小さな沢型に沿って海岸へ降りる。滝は海岸に懸かっていて道路から滝の姿は見えない。アプローチは滝の落ち口の潅木からラッペル（45m）するか、滝の右か左を適当にラッペルを交えて降りる。なお尻苗トンネル入り口の脇の沢型から降りても比較的容易に海岸に降りることができる。滝は高さも広さもあり、例年の結氷状態は悪くない。上部の氷柱は5〜6mほどで、抜けると傾斜が落ちる。落ち口の潅木でビレイ。

　この海岸線は気温の高い時は落石等の可能性がある。事故の記録もあるので注意のこと。

増毛山地

増毛山地海岸の氷瀑

下部は傾斜がなく上部6〜7mが核心部だ

左右にルートが取れる　垂直部は短い

送毛の滝（おくりげ）　　積雪期　氷　WI3　40m

　国道231号線沿いには駐車できるスペースが無いので濃昼の滝の駐車帯を利用するのが良い。そこから国道を浜益方向へ歩いて、次の木巻トンネルの手前から小さな沢型に沿って滝の落ち口まで降りる。そこから潅木を利用した45mのラッペルで取り付きに降り立つ。滝は海岸に懸かっていて道路から姿は見えない。なお濃昼の滝よりも結氷状態は悪い事が多い。

　滝は全体の傾斜がゆるくて幅もあり、氷もしっかりしているので初級者向きだ。途中から右側にルートを取ると上部の8m程の氷柱も楽しめる。なお濃昼の滝から海岸伝いのアプローチもできるが思ったより時間がかかり波で洗われる部分もあるので、道路を歩くほうが早く安全だ。

概ね傾斜はゆるいが右の氷柱もルートになる

ホライゾン　　積雪期　氷　WI4

　覆道の山側の上を歩いて少し歩くと見えてくる。見えている部分はF1 WI4 40mで、これを登ると傾斜が落ちて奥に5mのF2がある。さらに奥へ歩いてゆくとF3 WI3 50m（ホライゾン）となる。下降は同ルート。

目の前はF1でこの奥の滝がホライゾンと名付けられている

F1のリード　きれいに氷結する年は多くない

キャンディ・ババロア　積雪期　氷　WI3・4

雄冬周辺の氷瀑はこことホライゾンしか残っていない寂しいエリアになってしまったが、ここは道路からも近く、手軽に遊べる氷瀑だ。

積雪期　氷　WI4

雄冬市街の手前の小川に沿った奥に懸かる氷瀑で国道からも見え、手軽に取り付ける。キャンディは奥正面の氷柱で、WI4 20m。ババロアは右側の壁に広くかかる傾斜の緩い氷瀑で、WI3＋だ。取りつく場所によって40m〜60mになる。なお、国道沿いの白銀の滝は結氷状態が悪いので登攀対象になっていない。

キャンディ
短いが垂直部分がある楽しいルートだ

ババロア左ルート
風の影響で奇妙な形に凍りつくことがある

道北

幌加内坊主山から望む天塩山地南部主稜線

　大雪山より北方に位置する道北の山には、東側に北見山地、そして西側には天塩山地がある。いずれも南北に長大な稜線を持ち、北海道北部の脊梁を形成している。大雪山に近い天塩岳に代表される道北南部の山塊を除けば、大半は1000m級かそれ以下の山でしかない。夏道のある山も数えるほどで、広いエリアの割には山名のある山も極めて少ないのが特徴だ。夏期の沢では不気味に漂う川と鬱蒼とした植生、そして強烈な吸血昆虫が登山者の周囲を取り巻く。また冬期の尾根においては一晩に1mも積るような豪雪と極寒の中での山行を強いられ、季節を問わずに自然の厳しさを味わせてくれる。情報過多の現代においてブラックホールのように情報がすっぽり抜け落ちているのも道北の山の特徴の一つである。情報が無い分、地形図を広げて自ら目指すピークを探しだし、自らルートを切り開くといった行為が、山登り本来の面白さを再認識させてくれるだろう。他人の影響を受ける訳でもなく、流行廃りに流されることのない登山ができる数少ない山域。これこそが道北の山の最大の魅力ともいえよう。

北見山地

　北見山地は、地理学上では石北峠より北のオホーツク海に面した山地である。武利岳などのいわゆる北大雪の山々も含まれるが、ここではこれらを除く北見峠以北の山々を北見山地としている。山域は広大だが、1000m前後の小山塊に分断され、丘陵状の地形が多く、登山対象となるものはそう多くはない。寒冷な気候故に、冬は上質で豊富なパウダースノーを堪能できる。夏は溯行対象となる沢は多くはないが、万年雪によって深くえぐられた渓谷を形成し、中には日高をもしのぐ困難な谷もある。

道北地方最高峰　天塩岳の山塊

北見山地南部

北見山地北部

チトカニウシ山（1445.6m）

かつて、国鉄上越駅から直接スキーで登り始めることができる手軽さから、「山スキーのメッカ」とまで称されることもあった山だ。今ではその駅も無くなり、以前に比べてこの山を訪れる人も少なくなった。現在では国道の北見峠からのルートが主流である。積雪期には緩やかな長い尾根の小さな山というイメージのこの山だが、周囲の沢は深く切れ込んでおり、急峻な露岩となって頂上へと突き上げていて、沢からの登頂に至っては思いもかけない困難さを秘めている。

960m台地より見るチトカニウシ山

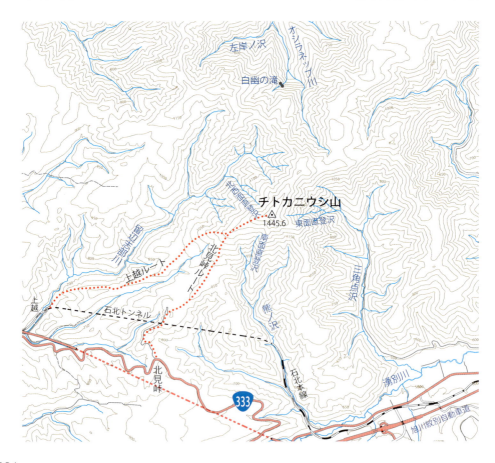

留辺志部川チトカニウシ山北西面直登沢　無雪期　沢　！＊

　北見峠より3.8km上川寄りに上越信号場（旧上越駅）に向かう林道がある。500m進むと石北線の跨線橋となるが、その先で林道は荒れるので、橋の手前の駐車スペースに車を置くと良い。歩いてすぐに大きな砂防ダムが現れ、ヤブ漕ぎでダム湖上流に出たところで入渓する。沢は平坦でゆったりと蛇行した流れがしばらく続く。小石を敷き詰めたような沢床が特徴で歩きやすい。次第に両岸が迫ると、函地形となる。いずれも深さがそれほどないため、中に入ったりへつったりしながら楽しく遡行できる。標高730mでF1が現れ、右岸を巻いて上部に出ると、V字谷の函地形はその後も連続する。標高850mで出合う直登沢に入ると、ゴルジュに架かる小滝が階段状に連続し、そのほとんどが直登できる。右岸は大きな草付き斜面で支点が取れないので、下手に巻かないほうが良い。標高1070mで10mの滝が現れ、これを越えると核心部は終わる。やがて沢形は尽き、笹からハイマツのヤブ漕ぎに変わると頂上はすぐだ。

Time　砂防ダム（3〜4h）
　　　　850m二股（3〜4h）
　　　　チトカニウシ山

標高730mで現れるF1

V字谷の底を進む

一等三角点はハイマツの中にある

直登沢は狭いゴルジュ地形に階段状の小滝が連続する

湧別川チトカニウシ山南面直登沢（熊ノ沢） 無雪期　沢　！

国道333号の北見峠から白滝側に下り、石北線を潜ってすぐ左に林道の入り口がある。林道は700mも進むと終点となり広い駐車スペースに車を置く。左岸には荒れた林道があり、石北トンネル出口付近まで踏み跡がある。砂防ダムの先で入渓すると、じきに小さな函地形が現れる。677m二股を左に入ると2段の滝が現れるが、それより先に滝と呼べるものは無い。この沢は雪崩による倒木や土砂の堆積が多く見られ、踏み抜きが面倒だ。山頂が近づくと崩壊斜面が左手に現れ、これをうまく使って登ると良い。最後はヤブを30分も漕ぐと、一等三角点のある山頂となる。

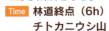
Time 林道終点（6h）
　　　チトカニウシ山

石北トンネル白滝側出口横から入渓する

677mの二股を左に入る

源頭部は雪崩による崩壊斜面が現れる

山頂から見る支湧別の山並み

湧別川チトカニウシ山東面直登沢（三角点沢左股） 無雪期 沢 未遡行

　国道333号の八号沢橋を渡ってすぐ左折する。500mほど行って左折し、林道に入ると奥白滝林道の看板が出ている。林道は途中が崩壊していて589m二股まで1時間ほどの歩きとなる。幕営地は、この二股の少し上流に一箇所あるが、それより上流に適当な場所はない。670m二股までは5m前後の滝がいくつか現れて、直登も可能そうだが巻いた方が早いだろう。670m二股は左股が本流で、両岸が狭く切り立った函となり、中には流倒木と堆石が散乱して上部へ突き上げている。左岸の側壁には、稜線から数段の白糸状の滝となって落下してくる枝沢が、最後は数10mの滝となって注ぐ。函の突き当たりは、急なガラガラ堆石と草付のルンゼとなり、右岸の岩壁からは、50mほどの滝がヌルヌルの岩壁を水量少なく流れ落ちていて、上部は、100mはありそうな漏斗状の滝となっている。この滝は、地図上では直登沢のように思われるが、実際には頂上南東の肩に突き上げている。直登沢は、函の中に左岸から注いでくる枝沢の内のどれかのようだ。いずれにしろ、これら東面の沢は、急傾斜で尾根に突き上げていて、険悪な沢となっている。この沢の遡行記録は途中までしか無く、上部の遡行は発表されていない。あるいは未遡行とも思われる。

直登沢は標高750mの滝がその入り口か（?）

オシラネップ川右股 無雪期 沢 !*

　滝上町濁川から道道617号線に入りオシラネップ川沿いに進む。ペペロ大橋から建設中止になっている大規模林道に入るが、現在（2019年）立ち入り禁止で入口にゲートがあり、南京錠がかかって入れない。ゲートから8km歩くと410m二股で林道は左股のカミオシラネップ川に沿って行くので作業道を使って入渓する。

　沢はしばらく伏流がちで、水量が少ない。再び水量がはっきりしてくると両岸が狭まってきて、期待を裏切ることなく滝が段々になって落ちてくる。ほとんどが直登可能で、登ると函が出てくるが難なく通過できる。途中には大きな滝も2つあり、詰めも岩床が続いて快適だ。稜線のネマガリダケは、太く、背丈をはるかに越す高さで密生し、頂上までは距離もあり、かなり消耗させられる。

Time 林道終点（7〜8h）チトカニウシ山

白幽の滝は600m二股の右の支流から流れる巨大な滝

北見峠ルート

積雪期　稜　！

国道333号線の北見峠から北に延びる林道を使うルートだ。距離も短く比較的容易で、最も多く利用されている。林道入口には数台分の駐車スペースがあって、満車の場合は約300m先のパーキングに車を停めると良い。林道は標高950mのアンテナ施設まで延びている。これよりしばらく平坦な尾根を進むと、程良い傾斜の登りとなって1258mコブに出る。山頂までの稜線は強風のためクラストしていることが多い。山頂からはスキーに適した良い斜面が様々な方向に広がっている。

Time 北見峠（3〜4h）
　　　チトカニウシ山

標高1120m付近

山頂が近づくと雪が固くなる

西尾根を見下ろす

上越南西尾根ルート 　積雪期　稜！

かつては「上越駅」から直接取り付けるルートとして利用されたが、現在ではその駅は廃止され、以前ほど使われることはなくなった。石北トンネル入口付近から取り付くと登り返しがあるため、尾根末端から支流沿いに延びる林道を使うと良い。林道終点からは879m標高点の先に抜けるようにトラバース気味に進む。やがて尾根は平坦となり、時折正面に山頂を見ながら稜線を忠実に辿る。標高1000mからはやや急になった疎林斜面を登る。左手に天塩岳が見え始めて間もなく1258mのコブとなり、北見峠からのルートに合流する。

Time 上越信号場（4〜5h）
　　　 チトカニウシ山

正面に本峰を見ながら登る

北見峠ルートと天狗・有明が向いに見える

快適なツリーラン

頂上からの天塩岳の山並みが素晴らしい

雄柏山（1268.01m）

オシラネップ川　　無雪期　沢　！

　410m二股までは、「チトカニウシ山・オシラネップ川右股」を参照。大規模林道は410m二股から3km先の深山橋の先のトンネルで突然終わっている。深山橋の手前800mくらいの所から作業道より河原に降りて入渓する。すぐに510m二股になり左股へ入ると、頭上高くかかる深山橋の下を通る。

Time 510二股（4h）雄柏山

大きな滝はないが小滝が連続する。970m二股、1040m二股はいずれも右に入ると、1150mあたりで源頭になる。ところどころ背丈を超す根曲りが出てくるが、全体的にはそれほど藪は濃くない。山頂は藪の中にあって展望は全く得られない。

小滝が連続する

源頭を抜けて稜線に向かう樹林帯

北見富士（1306.3m）

丸瀬布川十三の滝沢　　無雪期　沢　！＊

　北見富士は北見市留辺蘂町と遠軽町丸瀬布の二つが存在する。この山は遠軽町の山で、短い間に16〜17個の滝を数え、パーティの実力に合わせて楽しめる。以前は滝見物の遊歩道が整備されていたが今は何もない。

　丸瀬布市街地から道道306号丸瀬布上渚滑線を行き、十三の滝の標識から丸瀬布川沿いの林道へ入ると5km程で崩壊していて（2017年）そこから歩く。かぶさる夏草を掻き分け林道を進むと砂防ダムがあり、脇を巻いて入渓する。すぐにF1が出てくる。丸瀬布川十三の滝はここから標高800mの最後の滝まで13

最後の十三の滝

個の滝がある（小さいのも数えると16〜17）。10の滝を過ぎると標高720mの北見富士へと突き上げる枝沢の出合となる。この沢は滝が無く、上部まで沢形が使える。水が切れて1時間ほど藪を漕ぐと山頂の東の稜線に出て、少し稜上を歩くと展望の良い頂上に着く。帰りは六の滝から下に昔の滝見物の遊歩道跡があり、帰路の時間を短縮できるが、ほとんどが消失しているためルートファインディング力が必要だ。なお、720m二股を北見富士へ行かず、本流を進むと1時間ほどで標高800mの最後の十三の滝に着く。

`Time` **駐車位置（1h）入渓地（2h）720m二股（2.5h）北見富士**

4の滝　中規模の滝が続いて楽しめる

見晴らしの良い頂上に山名標識は無い

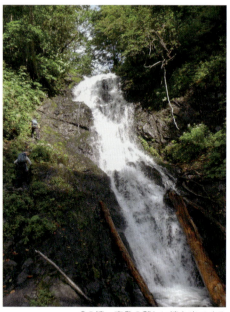

6の滝　直登の難しい滝も出てくる

天塩岳（てしおだけ）(1557.7m)

天塩川の源頭に位置し、北見山地の主峰として本道北部で随一の高さを誇っている。大雪山、オホーツク海などの眺望は素晴らしく、四季を通じて楽しめる山である。士別側の登山口には立派なヒュッテが建てられ、夏道コースも多彩で充実している。周囲の山に比べ最も早い6月初旬に山開きが行われ、多くの登山者で賑わう。最近では冬季に浮島側からのアプローチが容易となって、スキー目的の登山者も増えてきている。

前天塩岳（左）と天塩岳（右）

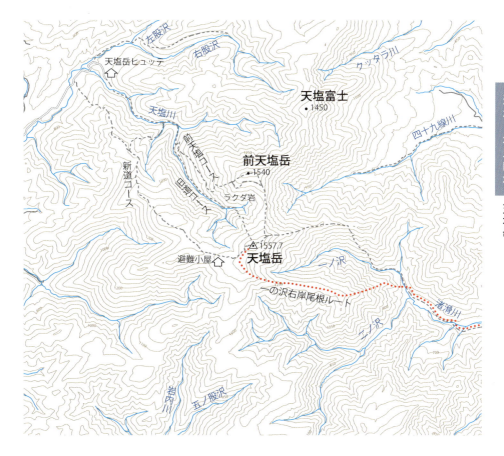

道北・北見山地　天塩岳

天塩岳ヒュッテへのアプローチ

　道道101号下川愛別線、於鬼頭トンネル士別側出口から2.5kmの地点に「天塩岳登山口17km」標識があって天塩川沿いの道に入る。ポンテシオダムまでは立派な舗装道路で冬季も除雪されている。それより先は砂利道に変わり、林道終点1km手前が新道登山口となっていて、駐車スペースは数台程度である。ポンテシオダムから約9km進んだ林道終点には広大な駐車場と天塩岳ヒュッテがあり、前天塩コースと旧道コースの登山口となっている。天塩岳ヒュッテは収容人数40名の立派な2階建てのヒュッテで、予約は不要だが、時期によっては満員になることがある。ヒュッテ前は野営場で、炊事場とトイレが完備されている。

新道コース　　無雪期　道　一般向き

　新道登山口はヒュッテの手前1km地点にあって、駐車スペースも数台分ある。しかし前天塩岳コースとの連絡路が整備されてからは、利用されることが少なくなった。登山口からは幅広い登山道が樹林帯の中につけられている。展望の利かない登りが続き、1138mコブの先で旧道からの連絡路が合流する。それからしばらくも単調できつい登りが続き、1300mを超えるとようやく見晴らしが開けて心が和む。1433mコブは通称円山と呼ばれ、目指す前天塩岳、天塩岳、西天塩岳を眺める良い展望台だ。一度緩く下ると天塩岳避難小屋となる。良く整備された綺麗な小屋で、一息入れるのにちょうど良いだろう。1396mコルから斜面を登りつめると天塩岳の頂上になる。最近、新道から西天塩岳へ繋がる登山道が開削された。1396mコルと避難小屋横の2か所に入り口があり、1470コブまで登ることができる。また標高点のある1465mコブへも更に薄い踏み跡が続いている。

Time 新道登山口（3～4h）
　　　　天塩岳

1370mに建つ立派な避難小屋

1396mコルからの端正な天塩岳

前天塩岳コース　無雪期　道　一般向き

　ヒュッテの横が登山口である。しばらくは歩きやすい作業道跡を辿る。途中何度か渡渉があるが、いずれも橋が設置されている（夏山シーズンのみ）。新道連絡コースを右に分け、左手から沢が出合うと、やがて旧道分岐となる。旧道は沢に向かって直進、前天塩岳へは分岐を左に折れる。山腹をトラバース気味に進み、次第にジグを切って高度を一気に上げると、天塩岳と避難小屋が見えてくる。ハイマツ帯を抜けると分岐となり、まっすぐ登れば前天塩岳の頂上に達し、右に行くとショートカットして天塩岳に向かう道となる。前天塩岳へはガレた登山道を詰める。前天塩岳頂上からは、大雪山や道北の山並みが良く見える。南へ向かって大きく高度を落とし、再び200m程登り返すとやがて天塩岳山頂に達する。尚、山頂手前から分岐する渚滑川コースはほぼ廃道状態である。

Time 天塩岳ヒュッテ（2～3h）
　　　前天塩岳（1h）天塩岳

快適な林道歩きから始まる

前天塩岳山頂

前天塩から天塩岳へ
稜線からの素晴らしい景色が広がる

開けた天塩岳山頂

道北・北見山地　天塩岳

旧道（沢）コース 無雪期　道　経験者向き

　ヒュッテから前天塩岳コース分岐までは前天塩岳コースを参照。旧道分岐を直進して沢に下りると、沢沿いに踏み跡がつけられている。右岸、左岸と渡渉を繰り返して進む。途中現れるゴルジュ滝は左岸に巻き道がある。ただし高さのある草付き斜面についているので慎重に通過しよう。1100m二股を左に入ると、正面にラクダ岩と呼ばれる岩塔が現れ、これを見ながら右股に入る。細い流れの急な沢筋を詰めていくとやがて水は切れ、ハイマツ帯につけられた明瞭な踏み跡を辿れば直接頂上へ飛び出す。このコースは沢が雪渓で埋まっている時期に多く登られている。雪渓の無い時期は、巻き道から沢床までは高さがあっていやらしく、また踏み跡も不明瞭になりやすいので注意したい。

Time 天塩岳ヒュッテ（3〜4h）天塩岳

正面に山頂を望みながら雪渓を詰める

途中にあるゴルジュ

山頂へはラクダ岩の基部を右に入る

渚滑川一ノ沢右岸尾根　積雪期　稜　!*

　国道273号線浮島トンネルの滝上側出口から約1.5km下ったところに「清流線・天塩岳登山口」の小さな看板があって、ここがスタート地点となる。積雪期の林道入口には駐車スペースが全くないので、浮島トンネル出口の駐車場に車を置くのが一般的だ。林道は右岸から左岸に渡っているが橋は無く、時期が早ければ沢が開いていることがある。二ノ沢出合から尾根に取り付いて1218mコブへ向かう。一様な急斜面が続き、ラッセルが深いと苦労する。次第に尾根が緩やかになると1200m台地で、これから先は右手に左岸尾根を見ながら平坦地を進む。主稜線が近づくとハイマツ帯となって、強風に叩かれた凸凹のクラスト斜面に変わる。スキーの場合は適当なところでアイゼンに履き替えると良い。苦労して着いた山頂からの眺めは抜群で、晴れていれば北大雪や表大雪、そして道北の山々がそれぞれ白い姿を見せてくれる。下りは条件が良ければ、一ノ沢に向かって滑ると面白いだろう。最近は二ノ沢出合をBCとしてスキーを楽しむパーティが見られるようになった。一ノ沢右岸尾根や左岸尾根から沢に向かって魅力的な斜面が多く広がっている。

Time 林道入口（5〜8h）
　　　　天塩岳

最初は林道のラッセル

1200m台地に上るまでは急斜面の深いラッセルに消耗する

道北・北見山地　天塩岳

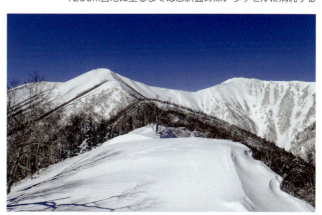
左岸尾根を使っても大差はない

天塩富士（1450m）
てしおふじ

クッタラ川　　　無雪期　沢　！

　地形図上には険悪そうな函記号が記載されているが、実際には期待するようなゴルジュはない。このまま何もなく稜線まで行ってしまうのかと危ぶまれるが、標高900m付近に滝が出てくる。階段状の滑滝の最後に、6m程の滝が出てくる。そのあとの垂直20mの滝は左岸を巻く。1040m二股あたりからガレ場の急斜面が続く。草付の急斜面を慎重に登ると稜線に出る。

`Time` 入渓（4h）天塩富士

小振りな富士の形をしている

標高900mにある滝　ここは直登可能だ

最後の20m大滝　左岸を巻く

渚滑岳 (しょこつだけ) （1345.4m）

　天塩岳の北側にある山で、東西に屏風を広げたような姿が特徴的である。南東面には疎林の素晴らしいスロープが広がっており、頂上台地から思い思いにシュプールを描くことができる。

オサツナイ川ルート
積雪期　稜　！＊

　国道273号線を浮島峠から滝上町に向かい、滝上町五区がスタート地点となる。今は五区に人家がほとんどないが、除雪による駐車スペースがある（2018年）。オサツナイ川沿いの林道に入り、平坦な道を約5km進んで左岸に渡る。スキーの場合は657m標高点の東を抜けて1212mコブを目指すと良い。緩やかな斜面も900mを超えると疎林の急斜面に変わるが、最後まで尾根通しにスキーが使える。稜線に出ると広い尾根に変わり、南側には雪庇が発達しているので踏み抜きに注意する。緩やかな斜面を南西に辿るとやがて平坦な頂上に至る。渚滑岳の稜線は長く、南東面にはあちこちに良い斜面が広がっている。思い思いの斜面を選んで標高差700mを気持ちよく滑降しよう。

Time　林道入り口（2h）
　　　尾根取り付き（3h）
　　　1212mコブ（0.5h）渚滑岳

標高600m付近より見る渚滑岳

南東には疎林の素晴らしい斜面が広がる

ウエンシリ岳 (1142.3m)

道北に位置するこの山は、その高度からは想像できぬほど鋭く切れた尾根と深い谷を持っている。頂上からは、名寄市街、道北の山々、オホーツクの海が一望のもとにでき、地元の山として親しまれている。また、氷のトンネル沢をはじめとする周囲の沢はスケールこそ小さいものの、日高の上級ルートにも劣らない困難な内容を持っている。

キャンプ場コースからのウエンシリ岳

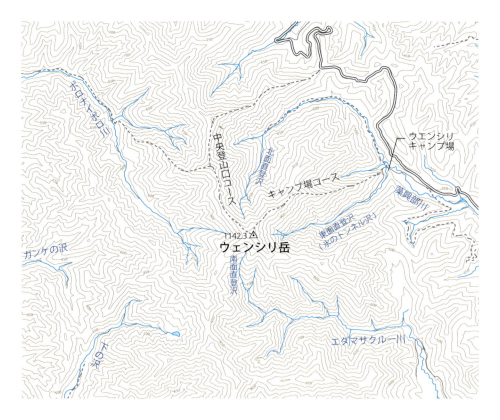

キャンプ場コース 無雪期　道　一般向き

滝上と西興部間の道道から藻興部川と札滑川に沿った札滑林道に入る。中間にウエンシリキャンプ場があり、登山口になっている。登山道は尾根の末端から始まっていて一気に高度を上げると顕著な尾根上に出る。通行禁止になっている氷のトンネルコースの合流点を過ぎると尾根は細い岩稜交じりになってくるので気を付けよう。頂上近くへの稜線になると視界も開けなだらかで登りやすい。頂上は半分だが見晴らしも良く、遠く利尻山も見る事ができる。

Time 登山口 (2.5h)
　　　ウエンシリ岳

尾根上に岩場の部分があり若干緊張する

頂上は広いが見晴らしは半分しか無い

見通しの良い尾根は気持ちが良い

中央登山口コース（北尾根コース） 無雪期　道　一般向き

札滑林道のキャンプ場コースへの入口の上興部側へ1.5kmほどの所に登山口があり、駐車スペースもある。最初は見通しも利かずあまり楽しくない登りだが1024ピークを過ぎると適度のアップダウンで見晴らしも良く気持ちよく歩いて行ける。1083ピークの下川コース分岐からは花も多くなり、見晴らしも一段と良い。

Time 中央登山口 (3.5h)
　　　ウエンシリ岳

見晴らしがきくと気分も良くなる

藻興部川ウエンシリ岳東面直登沢（氷のトンネル沢）　無雪期　沢　！！！

　氷のトンネルは西興部村の観光地であったが、2001年に崩落事故があって以降、観光の立ち入りは禁止されており、現在は手前から通行止めとなっている。

　氷のトンネルは例年8月上旬頃に出来上がり、8月末頃に崩壊するようだ。崩落後の入口を出発して5分もしないうちにブリッジングの体制での遡行となる。幅が狭いゴルジュ・滝・函を直登・高巻きで越えて行くと、上流に大きな雪渓が見える。10m滝が入口である。雪渓の中は暗く、中にも10mほどの滝があるが暗くてルートを探せないため戻り、右岸の泥と岩のミックスと雪渓の固まった氷にバイルを決めて高巻き、沢床に下りる。ここで二股となっており左股の20m滝左岸を高巻き50mほど行くと、幻の大滝（50m）が現れる。ロープを出して大滝を直登する。上部はシャワークライムとなる。この上部にも10mほどの滝が連続しており、手足の短い者には苦しい沢登りとなる。更に3段滝（20m）の左岸を高巻くと、12m滝の上部で二股になっている。左股を詰めて行くと10m滝に着く。この滝は下部にホールド無くステミングで登るが手強い。この上でも二股になっているが、どちらを詰めても頂上は近い。左股から傾斜30度ほどの開けた草付き斜面を登り、浅い藪漕ぎで頂上手前の登山道に出る。

Time　氷のトンネル入口（7〜9h）
　　　　ウエンシリ岳

いやらしい雪渓と函地形が交互に出てくる

5〜7mの滝が連続している

50m大滝の取り付き

幻の50m大滝　ここは登るしかない

藻興部川ウエンシリ岳北面直登沢　無雪期　沢　！！！

　ウエンシリキャンプ場に車を置き、手前の橋から右に入る荒れた林道を行く。砂防を二つ越えて行くと450m二股に着く。左股に入る。直ぐに第3砂防が、これを越えたあたりで雪渓が出てくる。次の500m二股は右股を行く。雪渓が崩れて詰めづらい。540m二股に出る。ここからが核心で、右股は2段の滝となっており、ずっと上方には5～6段で100m近い滝が尾根に突き上げている。ここは左股の右岸リッジを登ってから川床に戻り、滝を越えて行くと580m二股に出る。ここは右股が本流であるが、直登するのは無理な10m滝が立ちはだかっている。一度、左股に入ってからバイルを使って右股の滝を高巻き、懸垂で先ほどの滝の上に出る。直ぐに10m滝があり、続く7m滝をステミングで越えて行くと640m二股に出る。ここは左股が本流で7m滝があるが直登できる。次に3mほどの小滝があるが、ホールドとなる所が全く無い。両岸函なので、巻くこともできず、ダブルアックスで何とか直登する。700m二股は右股、740m二股は左股を行く。この左股は10mほど行くと三股となっており、直登できるのは左股の12m滝しかなく、こちらを登る。しばらく詰めると10m滝が現れ、これを越えると沢筋は源頭の沢相となり、直ぐに水も涸れる。岩床の沢筋が続くが、やがて藪漕ぎとなる。次第に根マガリタケが濃くなって消耗戦となる、しばらく格闘すると上興部コース登山道に出る。ウエンシリ岳頂上には10分ほどで着く。

Time キャンプ場（2h）第3砂防（3h）700m二股（3h）ウエンシリ岳

標高540mの二股

標高640m二股手前の滝
左岸をシャワーライム

最後の三股は左股の12m滝を登る

標高640m二股は左股の7m滝を登る

エダマサクルー川ウエンシリ岳南面直登沢　無雪期　沢　!!*

上紋峠から滝上へ向かう途中、札久留峠への分岐手前で「しみづ橋」という橋を渡る。渡ってすぐ左の林道に入る。エダマサクルー川左岸沿いを進み、右岸へ渡る「枝間橋」の手前に駐車する。そこから左岸の林道跡を行き、まっすぐ踏み跡に分け入ると自然に沢へ導かれる。すぐに337m二股となって、左股は単調な河原歩きが続く。370m出合あたりからしだいに両岸が狭まってきて、遅くまで雪渓が残る。やがて深い函状地形に変わり、滝もいくつか現れて中には少々手強いものもある。440m二股には4段の滝が連なっており、1段目は左岸の草付を強引に攀じ登って右股に入る。2〜4段目は、直登したり高巻いたりといろいろなルートがとれる。沢はいったん開けるが、再び函状になって10m弱程度の滝が連続する。快適に水際を直登できるものもあれば、微妙な高巻きで越さねばならないものもある。核心部は、590m二股の手前で現れる10m直瀑で、左岸草付を高巻くにはダブルアックスが必要だ。直登はボルトを打っての人工登攀になる。590m二股は、9月の声を聞いてもいやらしい大雪渓が残っている。これより上流もしばらく滝が続くが、もう難しいものは出ない。頂上直下草付きのお花畑まで、トイ状のナメ滝が連続して快適な遡行となる。幕営適地は見当たらないので、1日で頂上へ抜けたい。

Time 枝間橋（7〜10h）
　　　ウエンシリ岳

楽しめる滝も多いが‥

時期が早いと雪渓の処理に時間がとられる

上部の小滝はほとんどが直登できる

函岳（はこだけ）（1129.3m）

本道の1000m級の山では屋根棟山とともに最北端に位置している。山頂台地は平坦で広大な雪原となっていて、視界が悪いと方向を見失いやすい。低山であるが冬山としては、道内でも屈指の寒冷地域なので、ひとたび荒れるとかなり過酷な条件に見まわれる。

平らな頂稜が特徴の函岳

道北・北見山地　函岳

パンケサックル川ルート　積雪期　稜　!*

道道220号線の咲来峠は冬でも駐車スペースがある。峠からパンケサックル川沿いの林道をしばらく進んでから、右岸に渡って532mの東コルに上がる。860mコブへの斜面は意外に急なので、雪崩に気をつけながら左から巻くと良い。屋根棟山の山頂台地に乗ると、名前の通り約3kmに渡って平坦な地形が続き、やがて函岳と導かれる。函岳山頂は巨大な気象レーダードームがある。山頂周辺はモンスターと呼ばれる樹氷が点在して美しく、晴れれば日本海やオホーツク海が遠望できる。ただ一度冬型になると平坦で特徴のない地形だけに厳しい状況に陥りやすい。

Time 咲来峠（3h）
　　　屋根棟山（1〜2h）
　　　函岳

860mコブへの登りは急斜面だ

屋根棟山は名前の通りの山容だ。

山頂にある巨大な気象レーダードーム

ポロヌプリ山 (841m)

中頓別町の東に位置するピークで、800m級の山としては本道最北となる。女性的な山容の珠文岳とは対照的に、ポロヌプリ山はゴツゴツと岩を纏った男性的な山である。地域柄、海からの影響を受けやすく、厳冬期では晴れることは少ない。しかし運良く天候に恵まれればオホーツク海に浮かぶ白い流氷が間近に見られる。

厳冬のポロヌプリ山

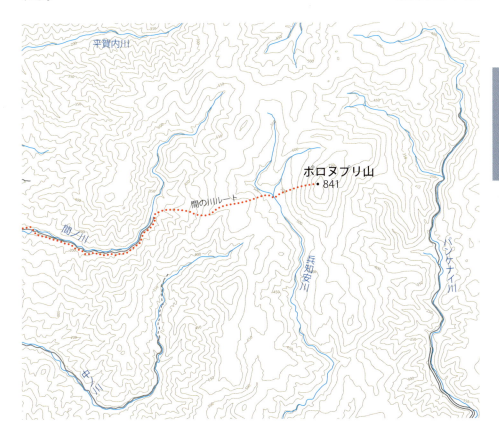

間の川ルート

積雪期　稜　！＊

　中頓別市街地から道道120号線で歌登へ向かい、兵知安橋手前から普通林道豊泉線に入る。
　間の川沿いの林道は7.5kmで終点となり、すぐ右手の尾根に取り付く。標高600mで平坦な地形に変わると正面に初めて目指す山容が現れる。ピークへは兵知安川に一度下って登り返すことになるが、直接目指す場合は山頂直下が急な岩稜帯となっていて、アイゼンピッケルが必要だ。スキーを使う場合は北側から大きく回りこむと良い。風が強くハイマツの露出した山頂からは、宗谷地方の低い山並みが一望できる。尚、珠文岳へは尾根伝いに縦走が可能だ。ただし条件が悪いと迷いやすい地形に加えて、強烈な西風に晒されることになる。

Time 兵知安橋（2〜3h）
　　　林道終点（4〜5h）
　　　ポロヌプリ山

岩がゴツゴツとした特徴的な山容だ

珠文岳へ延びる稜線

晴れていればオホーツク海に浮かぶ流氷が見られる

珠文岳 (760.9m)

この山は、大きくなだらかな二つの山から成り立っていて、山頂は西側にある。一見優しいイメージの山容だが、西側に延びる各支稜の尾根上には前鋭峰が立ちはだかり、行く手を阻んでいる。

斜内山より見る珠文岳

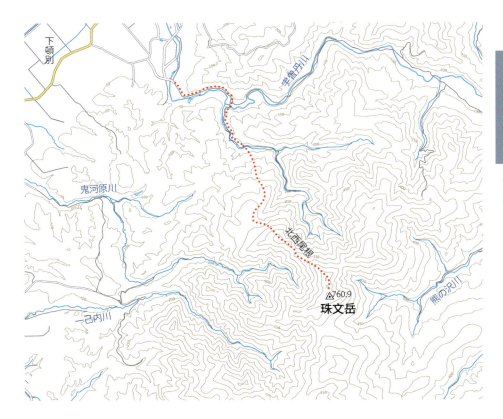

道北・北見山地

珠文岳

北西尾根

積雪期　稜　!*

　国道275号線浜頓別町下頓別にある「ウソタンナイ砂金採掘公園」の看板を折れて、宇曽丹川沿いの道を進むと、約4km先の宇曽丹橋手前が除雪終点となる。橋を渡って右岸の林道を歩き、途中で分岐する右股林道に入る。林道が東に向きを変える辺りで対岸の尾根に取り付く。初めは広く登りやすい尾根だが、次第に収束して細尾根の様相となる。570mコブから先は岩稜部分も出てくるのでうまくかわして越えていく。稜線はその先も小さなコブや、煩い灌木地帯が続いている。特に東側には大きな雪庇が発達しているので踏み抜きには注意が必要だ。標高740mで北東からの尾根が合流すると、山頂までは平坦で広尾根に変わって歩きやすい。

Time 宇曽丹橋（4〜6h）
　　　珠文岳

稜線の岩稜を越えるのがポイントになる

山頂が近づくと広尾根に変わる

不安定な雪面に苦労させられる

天塩山地

　天塩山地は道北地方の西側を形成する山地である。西端は日本海、そして東端は天塩川左岸域に面する広い幅を持ち、また南北にも長い稜線を持つ。主稜線は深川市ウッカの雨竜川を起点に、北は鬼刺山の先で天塩川に標高を落とす音威子府村筬島地区までの140kmを一般的に指す。1032mのピッシリ山が最高峰であるように低山が主体の山地であるが、冬季は日本海からの季節風をまともに受け、豪雪及び極寒の気象条件は北海道の中でも際立つ。以前は目を向けられることもなく地元の限られた登山者だけに登られていたが、近年では極上のパウダー斜面を求めるBCスキーヤーに人気が高まっている。しかしそれもアプローチの良い幌加内町市街地近郊の南部エリアに限局した話である。交通手段が極めて悪いピッシリ山近傍の中核部以北においては、冬季に登山者が容易に近づくことを許さず、相変わらずの静けさを保ち続けている。一方夏季においても、蛇行する川の周りには蕗やイタドリが覆いかぶさり、人を寄せ付けない雰囲気を醸し出している。そして沢を詰めれば猛烈なネマガリが行く手を阻む。そのような様々な条件の悪さも手伝って、この山域を訪れる人は極めて少ない。一見すると華やかな大雪や日高の陰に隠れて地味な印象を受けがちであるが、未だ俗化されずに残された山域としては、日本において最後と言っても過言ではない。山の高さによる魅力は乏しくても、原始的な山登りを求める人間にとっては貴重な存在であるのは間違いないだろう。

896m峰から見る天塩山地中核部

天塩山地南部

天塩山地北部

三頭山 (1009.1m)

ピッシリ山に次ぐ天塩山地第二位の標高を誇る山である。この山域において、夏道がつけられた数少ない山の一つでもある。政和温泉が登山口となり、アプローチも良いことから、天塩山地の中で最も多く登られている。近年は三頭山および周辺の山々でパウダースノーを求めるBCスキーヤーの人気が高まっている。山頂からの眺めは素晴らしく、道北の山並みが一望できる。

春の三頭山

政和コース・雨煙別コース　無雪期　道　一般向き

道北・天塩山地　三頭山

幌加内町政和にある道の駅「森と湖の里ほろかない」のすぐ南、一線川沿いの林道に入ると登山口がある。登山道は見晴らしの利かない樹林帯につけられていて、しばらくは単調な歩きを強いられる。標高590mが雨煙別コースと合流する丸山分岐で、大きな駐車スペースがある。大半の登山者は車でここまで来ている。小さなアップダウンを繰り返し、標高850mにある北電反射板を越えると急な登りに変わる。登り切ったコブは一頭目で、山頂は二頭目を経由した奥の三頭目にある。山頂部は雪渓が残る時期に視界が悪いと迷いやすい。

Time　政和登山口（1h）
　　　丸山分岐（2h）三頭山

620mコルから見る山頂方向

北へ延びる天塩山頂主稜線の展望が良い

ユニークな標柱のある山頂

雨煙別川三頭山西面直登沢　無雪期　沢　！

幌加内から国道275号線を北上し、雨煙別地区より三頭山雨煙別登山口の標識を左折して林道に入る。丸山登山口へ向かう分岐をやり過ごし、雨煙別川に架かる橋付近に車を置く。雨煙別川沿いの林道は荒れているので、林道分岐から歩くことになる。林道跡は標高290m付近まで続いており、適当なところから沢に降りる。平凡な流れを淡々と進むと、やがて地形図上の三ノ滝となる。この滝は高さ7m程度だが、大きな釜に落ちる様は豪快だ。左岸の枝沢を使って容易に巻いて滝上に出ると、再び傾斜のない緩い流れとなる。標高440mで三頭山直登沢が右から出合い、これに入るとすぐに15mの滝が現れる。570m二股は左股を取れば山頂まで容易に辿れる。一方、右股を取ればじきに滝が現れる。初めの7m滝は右の水流脇を直登でき、上部にはチムニー滝が続く。沢形は山頂近くまで続き、若干のネマガリを漕ぐと山頂直下の登山道に出る。

雨煙別川三ノ滝

570m右股に現れるチムニー滝

直登沢最大の15m滝

Time 標高300m入渓地点（1h）三ノ滝（1.5h）直登沢出合（2.5h）三頭山

一線川ルート　　積雪期　稜　！*

アプローチは「三頭山・政和コース」参照。一線川沿いの林道は約3kmで消失するがもう少し進んで、標高360m二股の尾根に取り付く。急な斜面にジグを切り、標高622mに延びる尾根に乗ると、次第に斜度がきつくなって、標高850mにある反射板へと続く。この辺りの斜面は降雪後に雪崩が起きやすい。頂上台地から山頂までは地形が複雑で視界が無いと迷いやすい。山頂からは晴れていれば北へ続く天塩山地南部主稜線、そして遠くには利尻山までも良く見える。このルートは夏道沿いのようなアップダウンがないために無駄がない。

`Time` 道の駅（4〜6h）三頭山

一線川沿いの林道のラッセル

東面にはオープン斜面が広がっている

山頂からは1000m級とは思えない大展望となる

釜尻山 (913m)

政和盆地の西に位置する山で、南東から望むと鋭い山容を見せる。古くは地元で政和岳と呼ばれていた。この山から北へ延びる天塩山地南部主稜線は、東側がスッパリと切れた断崖地形の山並みで、とても標高900m級とは思えない迫力に満ちている。

政和から見る釜尻山

五線川　　　　　無雪期　沢　！

幌加内町市街より国道275号線を北上し、政和市街を過ぎて五線川沿いの道路を進むと標高300m付近で林道終点となる。沢は道北らしい平坦で鬱蒼とした渓相で、しばらく進むと突然古い砂防ダムが現れる。顕著な390m二股を過ぎるとすぐに400m二股で、出合は滝となって合流する。更に奥に進むと滝が連続し、上部は20mほどの斜瀑がある。いずれの滝も崩れやすい岩質に苦労する。一段目の右岸から一気に巻いても良いがヤブが濃い。これらを越えると特に難しいところは無い。稜線が近づくと東面は断崖地形となり、浮石の多い急斜面を登るので落石に注意する。山頂は腰程度の笹で見晴らしが良い。小平蘂への稜線が北へ延び、眼下には蕎麦畑が広がる。尚、400m二股を右に入っても良い。出合付近の滝を越えると、山頂の北コルまで沢形が容易に突き上げている。

`Time` 林道終点（3.5h）釜尻山

F1は7m。両岸は草付きの泥壁。

道北・天塩山地 釜尻山

F3は20mのスラブ滝だ

山頂の笹は脛程度で、見晴らしが良い。

浅瀬川(あさせかわ)ルート

積雪期 稜 ！*

国道275号線幌加内町政和地区を左折し、約500m先の牛舎で除雪は終わる。浅瀬川沿いの道路を進むと正面には天塩山地南部主稜線の連なりが壁のように望まれる。林道は砂防ダムの先で終わりである。平坦で開けた沢地形を進んでから、適当なところで右手の尾根に取り付く。標高730mでいったん平坦になると目の前に尖った838Pが現れる。本峰への登りは急斜面で、雪崩やすく注意が必要だ。主稜線は季節風の影響で、東側に巨大な雪庇が常に張り出しているので近づかないように。山頂からの眺めはよく、低山ながら道北の山並みが一望できる。

Time 政和地区（5〜6h）
　　　釜尻山

稜線に張り出す巨大雪庇に注意する

頂上への登りでは雪崩に気を付ける

ピッシリ山（1031.5m）

天塩山地の最高峰である。丘陵状の山容は特徴に乏しく地味な印象を受ける。しかし豊富な高山植物、スケールの雄大な眺望などに恵まれ、四季を通じて楽しめる。残念ながら二本ある登山道のうち羽幌ルートは廃道となった。残された蕗の台ルートも道路状況により、登山口まで入れないことが多い。一方、冬期においても屈指の豪雪・寒冷地帯であるため登山条件は厳しい。アプローチも遠くなって、昔に比べ遥かなる山に変貌している。

ピッシリ山の山並み

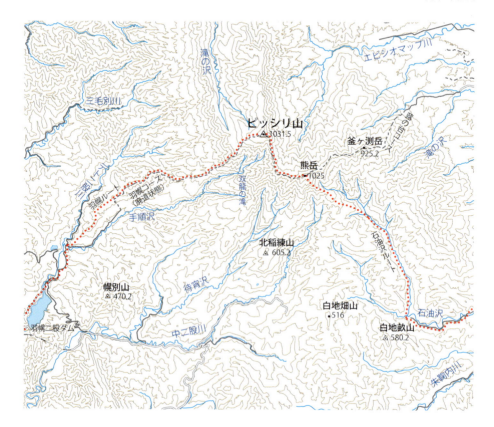

蕗の台コース　無雪期　道　一般向き

道北・天塩山地　ピッシリ山

朱鞠内湖西側の道道528号線は長らく通行止となっており、登山口へは母子里経由の道道688号線を使うことになる。蕗の台からダートとなり、案内版に従って滝の沢川沿いの林道に入ると、380m二股で沢に突き当たって登山口となる。登山口には数台の駐車スペースがある。いきなり沢の渡渉からスタートとなるため、増水時には靴を濡らさないように。登山道はよく整備されており、しっかり刈り分けられている。展望の良い尾根伝いのアップダウンを繰り返し、釜ケ渕岳（925m）、そして熊岳（1025m）を越えると、尾根は細くなる。最後は崩壊地の急斜面を注意して越えると、平坦なピッシリ山の頂上である。

Time 登山口（3h）
　　　熊岳（1.5h）ピッシリ山

稜線に上がると、朱鞠内湖が見渡せる

登山道は稜線上に忠実につけられている

山頂は広く展望は素晴らしい

滝ノ沢

無雪期　沢　！＊

遠別市街から道道688号線を約35キロ進むと、遠名橋を渡ったところにゲートがあり車両通行止めとなる。朱鞠内に向かう立派に舗装された工事中の道を歩き、正修トンネル手前で川に降りるとすぐに滝ノ沢川出合いとなる。滝ノ沢川は長大な割にスケールは大きくない。何度も蛇行を繰り返した平凡な渓相だ。時折現れる巨大な露頭を見ながら進むと、標高400mの大滝となる。下部からは1段目しか見えないが、3段25mほどはありそうだ。左岸から大巻きして沢に戻る。この上部からはゴルジュ地形や釜持ちの滝などが何度か現れて変化が出る。ホールドは安定しており、いずれも泳ぎやへつりで容易にかわすことができる。これらを抜けると、あとは特に問題になるところはない。沢形が尽きると猛烈なネマガリとハイマツが現れる。一時間程度のヤブ漕ぎを頑張ると平坦な山頂に到達する。この沢は出合から山頂まで距離がある。蛇行によって効率が上がらないが、大滝までに一泊すると余裕が出る。

標高400mの大滝

Time 滝ノ沢川出合（4h）
　　　標高400m大滝（9h）
　　　ピッシリ山

巨大なスラブ状の岩が両岸に現れる

ゴルジュ地帯

石油沢ルート　　積雪期　稜　！*

幌加内町朱鞠内「ふれあいの家まどか」がスタート地点となる。朱鞠内川沿いの林道に入り、朱鞠内川にかかる橋を渡ったところで石油沢沿いの林道に折れる。この林道は北電の作業小屋がある標高390mの送電線下まで続いている。林道終点付近で尾根に取り付いても良いが、地形は入り組んでおり複雑だ。石油沢は広いので雪に埋まっていれば標高500mまで沢を進んでから正面の広尾根に取り付いたほうが良い。この尾根は標高1025mの熊岳にまっすぐ延びていて分りやすい。熊岳の稜線に出ると初めて目指すピッシリ山が望まれる。山頂までの稜線はいつも風が強く、細い場所も二か所ほど出てくるので、雪庇を踏み抜かないように注意して進みたい。滅多に人の入らない静かな山頂からは道北の低い山並みが無数に広がり、時が経つのを忘れることだろう。この山の標高は低いが道内屈指の降雪量をほこる地域にあり、冬型が嵌れば数日荒天が続くのはざらだ。入念な準備と予備日等の対策が必要である。

Time **林道入口（4h）**
390m林道終点（3〜5h）
熊岳（2h）ピッシリ山

道北・天塩山地　ピッシリ山

390m林道終点と北電作業小屋

熊岳への尾根

ピッシリ山山頂

熊岳から見るピッシリ山

羽幌ルート

積雪期　稜　！*

地形図に記載されている羽幌コースに沿ったルートであるが、この夏道は現在ほとんど使われていない。登山口は羽幌二股ダムの先だが、積雪期に車が入れるのは羽幌町の上羽幌橋手前のゲートまでである。ここからダムの上流までは、羽幌二股ダム経由でも、すぐ左に分ける愛奴沢林道経由でも時間的にはさほど変わらない。いずれにしても尾根取り付きまで長く、豪雪地帯の深いラッセルの覚悟が必要だ。標高250m付近から手順沢右岸尾根末端に取りつく。初めゴチャついた地形もすぐに広くなり、標高600mまでは緩い尾根が続く。次第に尾根は細まり、845m標高点までは急な部分もあって歩きにくい。これを抜けると開けた地形となって山頂へ続いている。視界の悪い時は迷いやすい。

Time 道道ゲート（3h）尾根取付（5〜6h）ピッシリ山

雪に閉ざされた羽幌二股ダムを抜ける

山頂台地より辿ったルートを望む

鬼刺山 (728m)

天塩山地主稜線はこの山を最後に天塩川に標高を落としてゆく。南の稜線から眺めるその姿は、小ぶりながらも天を突くような鋭さがある。麓から山容を確認するのは難しく、隠れた秀峰となっている。

天狗山から見る鬼刺山

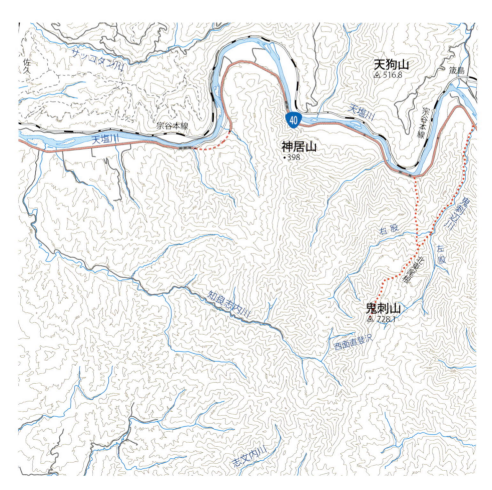

道北・天塩山地　鬼刺山

知良志内川 （ちらしない）

無雪期　沢　！

国道40号線から知良志内川沿いの林道に入る。途中にあるゲートは施錠されているので、佐久にある森林管理署に事前に確認しておく。林道は国道から約6km進んだ100m二股付近で崩壊している。しばらくは荒れた林道を歩き、適当なところから入渓する。道北らしい平坦で蛇行した沢を進んで、472Pの山腹を大きく回り終えると西面直登沢となる。標高300mにある出合いは小さく見落しやすい。直登沢に入ると沢幅が狭まり傾斜が出て、途中岩盤を伝う小滝がいくつか現れる。直登したり微妙な泥壁斜面を巻いたりして高度を上げる。水切れ後のヤブ漕ぎを頑張ると標高650で稜線に出る。頂上まではヤブが多少薄くなって歩きやすい。

Time 100m二股（4〜5h）鬼刺山

ホールドの乏しい小滝が続く

稜線に出るとヤブは薄い

鬼刺辺川左股沢　無雪期　沢　！*

音威子府から国道40号を西進し、筬島大橋の先で鬼刺辺川沿いの林道に入る。林道は1.5km先で崩壊しているので、適当に駐車して入渓する。いくつかの砂防ダムを越え、平坦な流れを進んで100m二股を左に入る。沢幅が狭まると、じきに小滝や滑滝が連続する。大半は直登できるが、非常に滑りやすい岩質なので神経を使う。240m二股を右に入ると、3段25m滝が現れて行く手を塞ぐ。2段目は見事な直瀑で、少し手前に戻って左岸を高巻くと良い。Co480二股を右に入ると直登沢となる。すぐに現れる8mの枯滝は岩が脆いので注意して超える。急峻な沢形は最後まで続き、ほぼヤブ漕ぎの無いまま山頂に至る。

Co190から滑滝が出始める

Time 駐車地点（0.5h）100m二股（5〜6h）鬼刺山

25m滝は三段になっている

山頂近くまで岩盤地形が続く

道北・天塩山地　鬼刺山

北東尾根

積雪期　稜　！

アプローチは「鬼刺辺川左股沢」参照。100m二股までは沢沿いを歩く。二股の尾根が取り付く北東尾根である。284mのコブを巻くように尾根に乗り、やや灌木のうるさい細尾根を詰めると、次第に尾根はすっきりとしてくる。605mポコの東側には疎林の良い斜面が広がり、向かいには621mの無名峰が良い山容で見られる。最後の詰めは急な尾根だが、スキーでも登ることが可能だ。東側には雪庇が常に張り出しているので注意しよう。鋭峰らしく山頂からの眺めは素晴らしい。低くうねうねとした道北の山並みが一望できる。また、時期が遅く川が開いている場合は、鬼刺辺川出合より国道を2.5km進み、物満内覆道脇から取りつくルートも有効だ。303mの西コルを抜け下ると北東尾根末端に当り、ショートカットができる。

`Time` 鬼刺辺川出合（5h）
　　　鬼刺山

北東尾根下部は比較的緩い地形だ

鬼刺山を起点に天塩山地主稜線が南に延びる

北にはペンケ山、パンケ山への連なりが良く見える

利尻山（りしりざん）

仙法志第一稜取付からの大展望

　利尻山は直径約19km、周囲約60kmの円形の島で、隣の礼文島が平坦な山であるのに対し島自体が利尻山そのものを構成している火山島である。別名利尻富士といわれるように見事な円錐形の成層火山で、洪積世の始めに（約1万年前）生成したといわれるが、比較的早く活動を停止したために現在では噴気も火口も見られない。山麓には、ポン山といわれるかつての小さな寄生火山があり、爆裂火口跡の姫沼やオタドマリ沼はこの山の風景にひときわ趣をそえている。またこの山はヒグマとヘビが生息していないという北海道の中では特異な地域のため、登山者はそれらに対する緊張から解き放たれる事ができる（2018年ヒグマの姿が一時的に見られたが2019年現在は島を離れたと思われる）。高山植物でも特筆すべき山で、固有種、分布の北限、南限にあたるものが多く、リシリヒナゲシ、ボタンキンバイ、リシリオウギ、リシリトウチソウなど貴重なものも多い。また南西側中腹にはチシマザクラの群生地があり、天然記念物に指定されている。

　利尻山は、仙法志二稜、南稜、東稜、東北稜、北稜、沓形稜、長浜尾根などの山稜が頂稜めがけて集中する。西壁には比較的登りやすい西壁中央リッジ、西壁左リッジや非常に困難なローソクツ岩Bフェース正面壁、西壁青い岩壁、右股奥壁、Aフェー

スそして再登の報を聞かないP2リッジがある。東側には東壁中央リッジ、東壁左リッジ、大槍リッジがある。利尻島の気象は北洋の海流に左右され、対馬暖流が北上している関係上、最北の地でありながら思いのほか気温は下がらない。冬の天候は晴れることが極めて少なく、ほとんどは猛烈に吹雪いているか、雲が低くたれ込めている。冬は視界に恵まれることが少ないが、ゴールデンウイークの頃には晴天に恵まれることが多い。しかし、地球温暖化のためか年々雪解けが早まり、時期によっては相当不安定なブッシュのリッジや岩場を登ることになる。北海道の山の中で利尻山は異彩を放つ海上の名峰であり、北海の荒法師の異名を持つ。しかし、ピークから見る日本海はそれらを吹きとばすくらいの感動を与えてくれ、決して忘れることのない山となるだろう。(S,M)

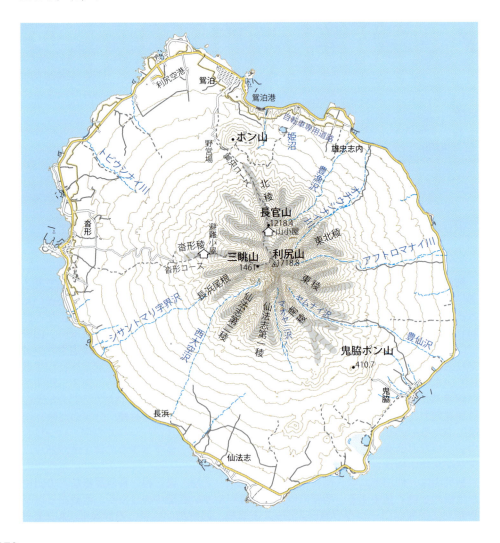

利尻山北峰（1718.7m）

　利尻山の頂上は、本峰、北峰、南峰の三つのピークから構成されているが、一般登山道から登れるのは北側にある北峰のみであり、そこが利尻山の頂上という事になる。北峰から南にある本峰、南峰へは基本的に立ち入り禁止となっている。

　なお、利尻山登山にあたっては、利尻山の自然を守るための「利尻ルール」として、以下の事柄が呼びかけられているので、遵守されたい。
　1．携帯トイレを使うこと
　2．ストックにゴムキャップを付けること
　3．植物の上に座らない、踏み込まない

　各登山コースに設置されている「携帯トイレブース」とは、携帯トイレを利用するためのテントであり、トイレットペーパーや、携帯トイレそのものは各自持参して利用する。

鴛泊（おしどまり）コース　　無雪期　道　一般向き

　もっとも一般的なコースであり、近年の百名山ブームの影響のためか非常に多くの人が集中している。登山口は北麓野営場から始まり、10分ほど歩くと、「甘露泉水」という湧水に出る。登山道上に水場はここだけである。出発して鬱蒼とした針葉樹林帯を抜け、明るい林から6合目を過ぎると最初のトイレブースがある。傾斜がきつくなってくるのを感じながら登ると開けた尾根上の第二見晴台、そして8合目の長官山に到着する。長官山避難小屋にはトイレブースが設置されている。避難小屋を発つと間もなく高山帯に入り、高山植物を多く見かけるようになる。このあたりから上は登山道の崩壊が進み脇にはロープが張ってある。えぐれが年々ひどくなるのはもろい地質、厳しい気象条件といった自然的要因と、大勢の登山者が踏みつける人為的な要因が重なることにより発生する。沓形コース分岐を過ぎると約1時間で待望の頂上に到着する。海上の独立峰ならではの、大パノラマは標高1718.7mとは思えない高度感と充実感を与えてくれるだろう。

Time 登山口（3h）長官山（1.5h）利尻山

長官山付近まで来ると頂上は近い

沓形コース　　無雪期　道　一般向き

　沓形の町より見返台までは車道があるので車を使うことも可能だが、海岸から山頂を目指すとより充実感が得られる。樹林帯の中をスタートして1時間ほどで6合目だ。この辺りよりハイ松が出てきて視界が開ける。約30分で10人程収容の沓形避難小屋に到着する。小屋から三眺山の間は傾斜がきついが時間的には短い。三眺山の頂上に立つと眼前に利尻山西壁が圧倒的に現れる。また鋭鋒が連なる仙法志稜の展望は、鴛泊コースでは見ることのできない沓形コースのみの特典と言える。ロープが張られた岩場「背負子投げの難所」を直上し、やせ尾根を20分ほど行くと登山道は北に曲がり、鴛泊コースに向かって山体崩壊地を渡る。ガレ場の道である「親知らず子知らず」と呼ばれるトラバースで、距離的にはそう長くはないものの足場が悪く、上部からの落石に注意が必要だ。鴛泊コースとの合流点から30分ほどで頂上となる。なお、このコース上に水場は無い。

Time 見返台園地（1.5h）避難小屋（1.5h）三眺山（1.5h）利尻山

三眺山から見る頂上とトラバースルート

尾根上から見る仙法志稜

北稜

積雪期　稜 ！*

積雪期の一般ルートは夏道と同じコース上を行くこのルートのみで、他は全てロープを使用するクライミングルートになる。北麓野営場までは4〜5月頃には車が入ることが出来る。冬季はここからスキーで夏道沿いに登るとラッセルなしに入れることもある。標高600m森林限界付近までくると雪がしまり始め、沢沿いにルートを取るとつぼ足でひざ上のラッセルとなる。沢の中にデブリは見られないことが多いが、東側斜面の雪質はゆるそうなので、状況によってはコースを尾根上にとると良い。尾根に出た標高1200m付近（長官山〜避難小屋付近）からアイゼンが必要になる場合が多い。避難小屋は積雪の状況にもよるが雪に埋もれている場合がある。稜線の雪質はアイゼンの爪がよく効く程度にしまり快適に登れるが、西側のトビウシナイ沢から吹き上げる風が強い。傾斜がきつくなり始めた頃頂上に到着する。冬は視界に恵まれることが少ないが、ゴールデンウィークの頃には晴天に恵まれることが多い。このルートは晴天時には格好のスキーコースになる為、バックカントリースキーヤーが増えている。

Time 北麓野営場（往復1d〜2d）
　　　利尻山

道北・利尻山

利尻山北峰

長官山を越えると尾根は細く急傾斜になってくる

上部はクラストしているので滑落には細心の注意が必要だ

積雪期用に二階に出入口がある
埋まって使えない事も

北峰に立つと目の前に本峰、奥に南峰が見える
右の岩塔は頂上ローソク岩

利尻山の登攀ルート

　利尻山は、一般登山道の2コース以外は全山クライミングルートともいえる程の凄まじい山である。迫力に満ちた大岩壁や岩稜、岩峰が数多くあり、岳人を魅了している。火山性の山のため岩はもろく、部分的に固いところはあるが崩壊が間断なく進み、深い谷は崩れた岩が堆積している。そのためクライミングルートは脆い岩が固く凍り付いた積雪期に多く登られている。その中でも比較的気候条件が良く雪庇がほぼ落ちきった春期、ゴールデンウィークの頃を中心に紹介してある。条件が良いと言っても気温が上がれば上部からの落石は避けられず、降雪があれば厳冬期と同様、吹雪になったり雪崩れることもある。それに足下の固雪にスリップは何としても避けなければならず、アルパインクライミングの総合力が試されるエリアである。また海の独立峰ゆえに特筆すべきは風の強さである。西高東低の冬型気圧配置になると海から山頂に吹き上げる風はロープを空中にあおり上げる。当然のことながら体感気温の低下は想像を超える。しかし、困難であっても一部を除いてルートはほぼ明瞭な点が利尻の特徴である。なおコースタイムは、気象条件及び積雪状況により大きく変化するので参考程度にされたい。アルパインルートはどこも同様だが、ハーケン、ボルトは必携である。

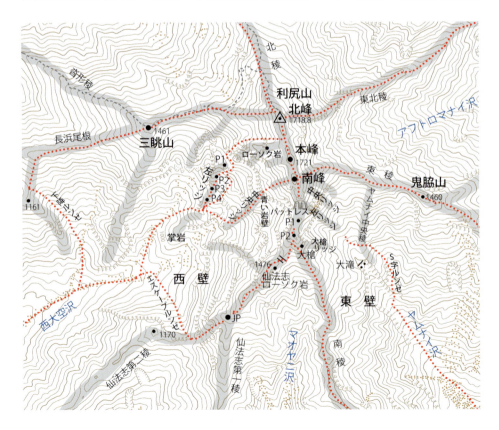

東稜

積雪期　稜

　車は林道の入り口からヤムナイ沢を渡る手前まで入れる事が近年多いようだ。また、ゴールデンウイーク前後はだいたいここまで道は開いている。沢を渡り林道をしばらく歩き標高400mあたりで尾根へ取付く。雪を繋げながら時々藪漕ぎし大きな雪渓とハイ松を漕いで550mの尾根上に出る。過去に登山道があったが既に廃道となっているので、雪渓を行く。どのみち鬼脇山に出るのだから歩きやすいところを登ることになる。

　冬期は石崎よりアフトロマナイ沢に沿った林道を使いタクシーで入れるところまで入り、スキー、もしくはスノーシューで標高1132mピークを目指す。ここから南峰基部まではビバークは困難となるため、出来るだけ鬼脇山へ接近して幕営する。夏に鬼脇山頂上に立つと良く分かるのだが、直ぐに右へ大きく尾根が湾曲しており、しかも下部はえぐれ方が激しいため、登山禁止の理由がとても良く理解できる。そのため、春はまだしも雪庇の張り出しが控えめになるが、冬期は大きく両面雪庇が張り出し、何処を進めばよいか判断に苦しむ場面になる。直ぐに右へ大きく巻く尾根は、頭で描くラインよりは右側、つまりアフトロマナイ沢に寄って進むほうが正解であろう。過去にも何度か想像を超える雪庇の張り出しを踏み抜いた事故が発生しているので、最大の核心はここにある。後はいくつかある岩塔を常にアフトロマナイ沢側を巻き、左へ折れヤムナイ沢に出た所より南峰基部下の斜面を上がれば南峰基部に到着する。利尻の稜の中で一番簡単なはずの東稜が一番油断できないと言われるのは、上記の冬期の雪庇の処理の困難さによる。

Time　春期　林道入口（9〜12h）
　　　　　　　南峰基部
　　　　　冬期　林道入口（2d〜3d）
　　　　　　　南峰基部

鬼脇山からの稜線
大きな雪庇が張り出している
踏み抜かないように

春期は雪庇も安定してきているが油断はできない

アフトロマナイ側の急斜面を登れば南峰だ

東北稜　　積雪期　稜

石崎よりアフトロマナイ川に沿う林道から入る。平坦な林道を2時間ほど歩いたところで、道は右へ大きく曲がり、アフトロマナイ川を渡ると、東北稜の末端である。石崎山と呼ばれている標高1003mを通過すると徐々に尾根は狭まり、傾斜は強くなり雪庇も出始める。怪奇な形の三本槍を過ぎると前方に2つ並んだ岩塔見えてくる。そこが門と呼ばれ凹角を攀る核心部ではあるが、注意しなければならないのはその先、ローソク岩を越えてからである。今は崩壊してしまった窓と呼ばれている地点とローソク岩のコルより右手（オチウシナイ側）へ雪壁を掘りブッシュを掘り起こしてアンカーを作る。もしくは既設のアンカーで約30mの懸垂で下部の急斜面に降り立つ。アンカーを作る際、雪の状態が良ければ苦労はしないのだが、東稜と同様に両面雪庇が巨大に発達している場合は雪庇崩壊に注意する。崩壊から転落によるロープ切断事故も発生しているので、慎重な行動が必要だ。降り立った急斜面を雪崩に注意しながら登り切れば2時間ほどで北峰頂上に出る。

`Time` 春期　林道入口　（12〜15h）
　　　　北峰頂上
　　　冬期　林道入口　（2d〜3d）
　　　　北峰頂上

窓付近よりローソク岩、三本槍を振り返る

懸垂地点への登り　雪庇に注意

厳冬期のローソク岩付近を登る

懸垂下降は慎重に

南稜

積雪期　稜

鬼脇からヤムナイ沢へ向かう林道に入る。1時間ほど歩くとヤムナイ沢に出る。道の状況にもよるが、春期はこの付近まで車で入ることが出来る。ヤムナイ沢に沿ってさらに歩いて行くと砂防ダムがあり、その近辺にテントを設営しても良いが、時間的に早ければここから南稜に向かい稜線に上がる方が次の日の行動が楽になる。天候不順の昨今、雪の上を歩けるときもあればハイ松の海となることもあり、標高1225mPまでの条件が大きく影響する。一見ハイ松の海であってもヤムナイ沢側は雪が残り、歩けることが多い。10時頃林道終点より順調に進めば標高1200mP付近のテン場適地には遅くても15時には到着するだろう。次の日1225mPより2度のラッペルを交えて最低コルへと進む。ブッシュの生えたリッジは狭く明瞭で、傾斜はきついが天候が悪くても迷うことはない。しばらく進むと大槍手前に出て急傾斜の正面を20mほど登り、大槍の肩を左へトラバースするとP2の基部に出る。ここは仙法志第二稜とのジャンクションでもあり、雪の状態によりビバークが可能な地点である。P2は雪がなければチムニー状を登るが、雪のついている時は苦しい。P2からは、懸垂で下降してしまうと完全に退路を断たれることになるから、慎重に進退を決定しなければならない。ハイ松を掘出して支点とし、20mの懸垂で下の岩稜に降り

最低コル付近から見る南稜

徐々に大槍が近づいて来る

P2から1回目のラッペル
左右に振られないように

立つ。2度目30mの懸垂は下部がえぐれていて、細い岩稜に体を振りながら降りるので注意したい。P1は、正面の急なルンゼとカンテを登り、中腹よりバンド状を左へトラバースするとバットレスとのわりと広いコルに出る。ここはビバークに使われることが多い。正面に現れるバットレスは大きく迫力があり、登りきると頂上と言う最高のシチュエーションである。この場所は左に深い西大空沢、右に東壁と東稜が見え、至福の一時であるが、核心の1Pを攀らない限り気を抜くことは出来ない。バットレスには左右の2ルートがあるのだが、通常右ルートのほうが利用される。右ルートは正面を7～8m登り、1ポイントのアブミを使いバンドに立つ。ここよりバンドを右へトラバースすると傾斜の急な凹角に入る。時期により出現するボロボロの氷柱を抱くように登り、左上してカンテに出て少し登るとビレイ点のハイ松テラスだ。左ルートは正面を少し直上して左へ4mほどトラバース、凹角から硬い岩をアブミで直上する。2P目から小灌木のリッジになりハイ松テラスに出る。ハイ松テラスから小滝のピッチを上り、S字ルンゼを2,3P登ると傾斜が落ちる。実質ここで終わりなのだが、あと3P～4Pほどでバットレ

バットレス1P目の登攀
1ポイントアブミを使うと楽になる

バットレスの登攀
雪が多いと残置が見つけにくい

バットレスの
ハイ松テラスから
見る仙法志稜

スの頭に出、南峰が現れる。南峰へは登らず、右からトラバースして南峰と本峰のコルへ出る。このあたりは雪によっては雪洞も掘れてビバークが可能だ。ここから本峰へ突き上げる正面のリッジを40m1ピッチで本峰へ、そして北峰は目の前にある。天候が良く、足の速いパーティなら標高1200mピークのテン場より一日で頂上を経て東稜、もしくは西稜、北稜へ下り、継続登攀も可能である。もし天候が悪い場合、南峰基部東側に雪洞もしくは掘り下げてテントを張り、快適な一夜は約束されるのだが、冬は時として大雪が降り、快適な一夜が一転、周囲は雪崩の巣となり、厳しい下山に変わることがあるので気を抜かず天候の変化に注意したい。特にバットレス付近では過去に低体温症による死亡事故や、墜落、疲労のため救助要請も発生している。

南峰のコルから本峰へ　1Pロープを出す

Time　春期　ヤムナイ沢（6〜7h）大槍基部（3〜4h）バットレス基部（3〜4h）南峰基部（1〜2h）北峰
　　　冬期　林道入口（2〜3d）北峰

バットレスルート図

仙法志第二稜

せんほうしだいにりょう

積雪期　稜

厳しいナイフリッジが続く

小屏風岩の通過

　長浜のしおり橋より西大空沢をしばらくつめていくと標高600m付近のBC適地に到着する。基本的には何処でもよいのだが、冬期には側壁からの雪崩による事故もあったので、これ以上奥へ入らないほうが良いだろう。BCから西大空沢を進むと手掌岩手前から右に仙法志第二稜上に伸びるエスケープルンゼが現れる。天候が悪く、視界が利かない場合、この上がり口を見つけることは困難となるので停滞したほうが無駄な動きをせずにすむ。エスケープルンゼをほぼ真っ直ぐに登るといよいよ仙法志第二稜に出、急な稜線を右に回りこむように登ると仙法志第一稜とのジャンクションとなる。厳冬期には傾斜がきつい為、足元から雪崩を発生させる危険があるので留意されたい。標高1430mピークを越えて、第1ギャップからハイ松ピーク、小岩塔、細いリッジを通過すると標高1476mピークとなる。春期の稜線は積雪量一つで薮山登りと、

小屏風岩の通過はバンドから

徐々に核心部が近づく

微妙なテクニックを必要とするクライミングに分かれてしまうが、冬期は雪庇、雪崩との戦いになり、途中敗退もまた困難だ。1476mピークから第2ギャップまでは20mほどの懸垂で下降。眼前に立ちふさがる小屏風岩は左へ一段降りてバンドをトラバース後、再び稜線に出る。間もなく右手に完璧なニードル仙法志ローソク岩が現れる。もう少し進むとマオヤニキレットへの懸垂となる。マオヤニ沢源頭部の急斜面上へ降りてから源頭部をトラバースし、雪壁を登るとP2の基部に出て南稜ルートと合流する。ここからは南稜と同じとなるのでそちらを参照されたい。仙法志第二稜は南稜の核心部がプラスされるので体力、気力ともに必要とされ、また結果として充実感は非常に大きいだろう。仙法志二稜は利尻山の数ある稜の中でも困難であり、アルパインクライミングの総合力が要求される。

Time 春季　西大空沢BC（4h）
　　　JP（5〜7h）
　　　P2基部（2〜3h）
　　　バットレス基部（3〜4h）
　　　南峰基部（1〜2h）北峰

ナイフリッジはどこも気が抜けない

マオヤニキレット

キレットから登ると南稜とのジャンクションは目の前だ

長浜ダイレクトリッジ　　積雪期　稜

　通称長浜尾根は沓形第3稜のことを指す。西大空沢BCより下降ルンゼから長浜尾根に上がり尾根上を三眺山目指して登る。三眺山に到着すると正面にダイレクトルートが見える。その基部から左には親不知子知らずの北稜ルートへ分岐する。長浜ダイレクトリッジはリッジ基部から4Pの快適なダブルアックスを交えたクライミングで利尻山北峰頂上に出る。このリッジは顕著な悪場がないので初心者を交えたパーティでも手ごろなルートと言える。ただし雪の状態次第ではビレイ点が見つからず、スタンディングアックスビレーになる場合がある。

Time 西大空沢BC（10〜12h）北峰

傾斜もきつくなく快適な登り

終了点付近より振り返る　下は長浜尾根

利尻山西壁

西壁のアプローチ（左股・左リッジ第一コルまで）

　西大空沢BCまでは「仙法志第二稜」を参照。BCよりさらに進むと、正面に手掌岩が見える。そこから左股に入り、第一コルを目指す。第一コルは西壁のほとんどのルート分岐となる要のポイントであり、厳冬期には雪洞ビバークが出来る。

Time 西大空沢BC（2h〜4h）第一コル

　第一コルは西壁左リッジP4の基部にあたり、第1ローソクルンゼを上がるとAフェイスの取付きになる。その外のルートは全て大斜面を右上トラバースして行かねばならず、前日や当日朝に降雪があった場合、雪崩の危険性が格段に高くなるので特に注意が必要だ。

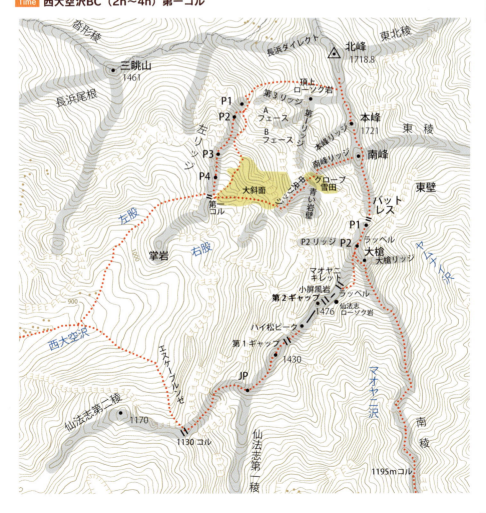

西壁全景（西大空沢より）

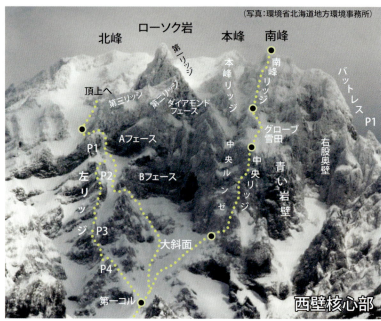

西壁核心部

（写真：環境省北海道地方環境事務所）

西壁中央リッジ〜南峰リッジ　　積雪期　岩

利尻山西壁左リッジと同じく基点となる西大空沢BCより進むと、正面に手掌岩が見える。そこより西大空沢左股に入り第1コルへ登る。第1コルより大斜面を、中央リッジ取付き目指して右へ300mほどトラバースして行く。大斜面は雪の状態によっては雪崩が起きるし、上部岩壁よりの落石、雪崩にも細心の注意が必要だ。早急に抜けなければならない場所ではあるが、雪の状態によってスタッカットになる。取付き地点より草付きバンドを右へ35mほどトラバース気味に登り、猛烈なブッシュ状リッジを約120m登る。スノーリッジを慎重に抜けると1ピッチで5mほどの露岩に着く。ここを一段上のバンド状に上がり、左右どちらかにトラバースして強引に直上する。その後急峻なブッシュと凹角を4ピッチでグローブ雪田に出る。ここは傾斜が緩く雪が多いのでビバークサイトとして利用できる。雪が多ければ雪洞も可能で、快適な一夜を過ごせるだろう。グローブ雪田の左端からは南峰リッジを登ることになる。夏にはうるさいブッシュも氷雪下になり、細いリッジだが快適に登れる。しかしながら地球温暖化の影響で雪の少ないシーズンにあたるとブッシュの影響をもろに受け苦労する。いずれにしても迷うことなく南峰頂上に到着する。頂上よりハイマツを掘り起こして反対側へ15mのラッペルで南峰、本峰のコル近くへ降り立つ。コルから目の前の急斜面を40m1Pの登りで本峰頂上に出て、北峰は目の前だ。

Time　B.C（2〜3h）第
　　一コル（4〜5h）
　　グローブ雪田（2〜3h）
　　南峰頂上

取り付きへ大斜面を渡る

ルートの大半はブッシュの急斜面登りだ

中間の露岩　ちょっと苦労だ

西壁左リッジ　　　積雪期　岩

　第1コルまでは「西壁のアプローチ」を参照。第1コルは西壁のほとんどのルート分岐となるカナメのポイントであり、BC出発は極力早めにしたい。第1コル到着は明るくなる頃がベストだろう。第1コルよりP4を登るが、時期によりうるさいブッシュあるいは雪壁となり、傾斜も強く確実なピンも取りにくい。P3基部よりハング気味のリッジを右へ巻くように草付きテラスへ出る。後は垂壁の雪壁を登るとP3頂上である。P3からルートは2通り有る。一つは時間はかかるが、落石の心配が少ないリッジ通しに行くか、右手の第2ローソクンゼの雪壁を詰めていくかに分かれる。第2ローソクルンゼは時間的に非常に短縮できるが、Aフェースからの落石が集中して落ちてくるので早い時間帯に通過したい。途中小さな滝が出てくるが困難ではない。恐らく時間的に早めに落石の避けられるAフェース基部に到着できるだろう。Aフェース基部から左へトラバースしてP1とのコンタクトルンゼを登る。近年雪や氷が少ないことが多く氷の付き具合などのタイミングが悪ければ苦労するが、登攀の核心はここで終わる。P1から第3ローソクルンゼを利尻山頂稜に真っ直ぐに登るか、ローソク岩との頂稜へ出る。単純な雪壁登りだが、意外と傾斜が強く全く油断は出来ない。後は北稜を降るか、もしくは北稜の途中より三兆山・長浜尾根経由で西大空沢へ下山する。

Time B.C（2〜3h）第1コル（5〜6h）
　　　　第4コル（2h）北峰

雪の状態によって忠実にリッジを登る

頂稜への最後の登りは滑落に注意

第3ローソクルンゼへの乗っ越し
氷がついていたら難しくないのだが・・

青い岩壁

通年　岩

冬季アプローチ
　冬期のアプローチは西大空沢左股へ入り、第一コルを通過後、大斜面下部を西壁中央リッジ基部へ向かってトラバースする。西壁中央リッジ基部より一旦中央リッジに上がり、懸垂二回で青壁基部に到着、壁に沿って右へ回り込むと取り付きとなる。冬期のアプローチは、二股を通過する前より常に表層雪崩の危険が伴い、同アプローチ春期の経験がなければ困難だ。また、しおり橋から青い岩壁基部まで二日を要する。したがってビバークすることになるが、雪洞の位置には注意が必要。

夏季アプローチ
　夏に取り付きに向かうアプローチは西大空沢右股へ入ることになる。二股近くまである残雪は途中にシュルンドが巾いっぱいに崩壊している事もある。右股雪渓を詰め、大滝の基部から大滝右岸尾根に取り付く。脆い斜面を左上し、一部きわどい箇所をフリーで抜けて垂直のブッシュ基部まで。ここはプロテクションが取れないのでアンザイレンしても気休めにしかならない。

　以下は2019年8月の記録である、ルートは春、冬もほぼ同じだが積雪期の困難さは数段に増す。ルート図を掲載していないが、必要な方は問い合わせされたい。

右股雪渓より　大滝と青い岩壁を望む

1P　35m
　垂直のブッシュ帯を腕力で登る。もげそうなブッシュをデットポイントで繋ぎ崩壊しかけた斜面を這い上がる。上部潅木の信頼の一本でビレー。
2P　30m
　草付きを右上し右股大滝の上部、右股沢へ降りる。

ここから青い岩壁
1P　30m　3級（無雪期取り付き）
　右股沢の浸み出しが最後の水場になる。青壁ルンゼとの分岐より取り付き、外傾斜したホールド・スタンスを拾い残雪期取り付きへ。
2P　35m　4級＋（残雪期取り付き）
　左側の凹角よりグサグサの岩から中間スラブに移り、直上をハングに押さえつけられ左へトラバース、そこから右上トラバースでジェードルテラスへ。

残雪期取り付きより左の凹角へ
中間スラブ以外とても悪い

ジェードルテラスより　ジェードル〜カンテを登る

3P　15m　5級＋
　ジェードルを上がり、カンテの細かいホールドを拾い外傾斜テラスへ。ボルトは1本を残し全て落石でへし折れ、そこからグサグサのスタンスを拾い残置テープを見つけ左上する。

4P　15m　4級＋
　左へトラバースしスレート状のフェースを直上。悪い岩質のランナウトに耐え左のテラスでビレー。

5P　25m　4級＋
　細かいスタンスを拾い右へトラバース、二本あるうち右側のシンクラックを登り大テラスでビレー

6P　20m　5級－
　テラスより青壁リッジをトラバース、フレーク状の岩から外傾テラスへ、さらに左へ高度感のあるトラバース。その後右上し正面テラスへ。

7P　35n　4級＋
　青壁リッジを左に回り込み、一段上がったジェードルをクラックと潅木をホールドに登る。ルンゼテラスはブッシュがうるさくジェードル上部でハンギングビレー。

8P　30m　5級－
　ジェードルから一歩右へ抜け、ブッシュと火山灰にはまった崩れそうな岩を抑えつけながら這い上がり、グローブの潅木で終了。

　ビバーク地はグローブ下部の中央に大きな岩があり、その下に整地された所がある。何とか二人が横になれるツェルトが張れる。グローブ雪田より西壁中央リッジルートと同一となる南峰リッジを6～7Pで南峰基部。残置ボルトは大体信用できるのと比べハーケンの半分は全く効いておらず。きかせるリスも少ない。常にルートが崩壊しておりルートファインデイングの力を要求される。

　冬季初登は1998年12月に札幌登攀倶楽部パーティに為されて以来次報を聞かない。春季にトレースしておかなければ失敗は免れない。国内最難の冬季登攀ルートの一つと言えよう。いきなり冬に行くのは無謀であるが夏期、春期においては綿密な計画を立てるならば、充実感のあるクライミングが楽しめるだろう。

脆いスレート状のフェース。ランナウトに耐える

外傾テラスからさらに左へ。高度感あるトラバース

正面テラスより青壁リッジを回り込みジェードルへ

Time	春期　西大空沢B.C（2h）第1コル（1h）西壁中央リッジ取付（3～4h）青壁（1d）グローブ雪田（3～4h）利尻山頂上
	冬期　参考timeなし（初登記録は参考にならない）

ローソク岩Aフェース　　積雪期　岩

第1コルまでは「西壁のアプローチ」を参照。第1コルからAフェース基部までは左リッジと同じルートだ。Aフェース基部まで到着すると、左リッジルートとは反対の右へとトラバースする。最も雪壁が盛り上がったところがローソク岩Aフェース取り付きとなる。左リッジの項でも書いたが、第2ローソクルンゼは落石が音もなく飛んでくるので、出来る限り早い時間帯に通過する必要がある。

1P
岩とブッシュの入り混じった壁を右上していくと浅いルンゼに入りブッシュを束ねたアンカーでピッチを切る。

2P
5mほど左上するとそこからは完全にハングしたブッシュ壁が30mほど続いている。核心部である。ブッシュは割り箸のように細く、束ねて引かねば抜ける恐れが大である。出来ればリーダーは空身でリードし、荷揚げしたほうがスピードアップできる。四苦八苦しながらハング地点までたどり着き、ブッシュを束ねたアンカーでピッチを切る。

3P
正面は無理なので、右上へ弱点を見つけトラバースして行くと間もなくダイアモンドフェースの左端に出、やっと傾斜が落ちるのでほっとするだろう。

4P
ここからは大斜面が真下に見え非常に高度感があるし、油断は禁物だ。相変わらず細い割り箸を束ねたアンカーであるし、ランナーも落ちたら飛ぶかもしれない。でもローソク第3リッジが目の前に見えてくるので気分は明るくなる。サイコロ状の岩基部を上がりハーケンと潅木でアンカーを作ると悪場を越えたことが実感できる。Aフェース基部からここまでは、確実なアンカーも、ランナーも取れないので細心の注意が必要だ。

この後、5P、6P、7P目とやさしいスノーリッジを進むと、ローソク岩第1リッジのコルに出る。ここからはローソク岩第1リッジルートを参照のこと。

初登以来数登しかされておらず非常にマイナーではあるが、左リッジ、ローソク岩第1リッジと繋げて一本で登るのはアルパインルートとして充実感は大きい。なお、冬季はAフェース下部まで到達すること自体が困難で危険であり、その上ビバークするところがAフェースにないため冬期登攀は難しい。

Time　西大空B.C（2〜3h）
　　　　　第1コル（2〜3h）
　　　　　Aフェース取付（7〜8h）
　　　　　ローソク第1リッジ取付（1〜2h）

ローソク岩第一リッジへ向かう

フェース4P目から高度感溢れる西大空沢を見る

ローソク岩Bフェース正面壁　　積雪期　岩

　西大空沢から西壁を見上げたものは、正面にいやでもローソク岩が目に入り、その下に真直ぐ大斜面まで落ち込むルンゼを見たことがあるに違いない。それは見るからに陰湿で、脆く、危険な香りを漂わせていることに気がつき目をそらす。まるでそこには登攀の対象とはならないと決め付けているかのようだが、実は初登以来数登されていることに驚く。危険は承知の上で登り切った者は、綿密な調査と研究を行い、勝算を確信した上での実行に違いない。ルートは明瞭で迷うことはない、しかし確実性には全く欠ける岩質がプロテクションを受け付けるかは、今日となっては不明である。ただ、このまま歴史の中に埋もれていくには全く惜しいルートである。Bフェースを抜けた後はだいぶましになったダイアモンドフェースを登り、ローソク岩第一リッジに出、ローソク岩第1リッジ頂上で終了。ローソク岩正面Bフェースを抜けるのには技量だけでは難しく、経験と強いモチベーションが必須だ。決して誰にでもお勧めできるルートではないが、西大空沢に立つ機会があれば見上げてほしい。同じ西壁にも数登の報しか聞かない右股奥壁、さらに初登のみとされているP2リッジなどもあるのだが、グローブ雪田から観察した限り崩壊が激しく、最早ルートは存在しているとは言いがたいので具体的な紹介はしない。

参考Time 西大空沢B.C（2h）大斜面最上部Bフェース正面（8〜10h）ダイヤモンドフェース取付き（4〜5h）ローソク岩第1リッジ末端（2h）ローソク岩頂上

頂上ローソク岩第一リッジ　　積雪期　岩

　ローソク岩基部に沿って下降して取り付きに向かうが、思ったより傾斜が強いので確保をしたほうが良い。ダイアモンドフェース右上部のコル状になった所からリッジに上がる。第1リッジは完全な岩なのだが積雪がない場合、積み木状となっているので、微妙な登りを強いられる。途中ナイフリッジとなり、跨ぐような登りになるが傾斜は見た目ほどなく、快適なクライミングが5Pほどで終了点となる。終了点から少し進み、ハイ松を利用して30mの懸垂で本峰とのコルへ降り立つ。ローソク岩のみで十分楽しい登攀になるが、ローソク岩Aフェース、ローソク岩Bフェース正面の最終場面でたどり着く場合、このリッジの快適な登りは、悪場を越えてきた者にとって素晴らしいプレゼントになるだろう。

Time 取り付き（2〜3h）ローソク岩頂上

本峰リッジ　　積雪期　岩

　ローソク岩第一リッジと南峰リッジの間に存在し、末端、すなわち取り付きは西壁中央ルンゼの終了点である。中央ルンゼはあまり登られることが少ないので実質ローソク岩第一リッジと南峰リッジの間のルンゼを約120m下降し、取り付きに至る。近年ゴールデンウィークの頃はブッシュ登りに終始することが多く登攀ルートとしては継続登攀の一部として登ると良いだろう。厳冬期は取り付きまで雪崩の発生が避けられないので登らないほうが賢明だ。約6P、120m。

利尻山東壁

東壁全景

東壁のアプローチ

春季

　春季に東壁に取り付くには、ヤムナイ沢をつめ、①ヤムナイ沢大滝手前の東稜の馬ノ背に出るS字ルンゼを登り、ヤムナイ沢中央稜を乗越してヤムナイ沢本谷をトラバースしてから取り付くのが一般的だが、②ヤムナイ沢大滝が氷結していたら直登して取り付くこともできる。この大滝は平均斜度60度、高さは約80m。中央は溝になって氷化している。ダブルアックスで一気に登ることもできるが①ルートの方が安全性は高い。なお特に、①、②のルートは共に雪崩、落石の通路となるので、通過には時間的配慮が必要となる。大滝の上には、広い雪原状の緩斜面が上部の岩壁へ続いている。

冬季

　冬期唯一の方法として東稜の末端から南峰の屈曲点の壁にアンカーを設け、壁寄りに左へトラバースして取り付き点に到達する方法がある。この方法は雪崩の巣に入ることになるので、ロープを繋ぎ確保しながら前進しなければならない。アンカーにはブッシュ及びスタンディングアックスビレーを多用する。南峰基部より下降。下降1P目。雪洞入り口から、45mザイルを2本つなぎ、スタンディングアックスビレーで確保し下る。80mで東壁に落ち込むルンゼの上につき、ブッシュを掘り出して確保する。

　下降2P目。東壁に落ち込むルンゼを、20m下り、東稜上で確保。

　下降3P目。東壁に入る。雪崩の巣に入る恐怖は大きい。東壁に落ち込むスノーリッジを、ザイル2本分85m下ると、足下からリッジの左右に雪崩が起きる可能性は高い。

　下降4P目。スノーリッジから、急なルンゼにクライムダウンし、対岸のリッジに渡る。40m。

　下降5P目。ブッシュを支点に、20mの懸垂下降で隣のルンゼに降り立つ。

下降6P目。雪壁を左上－左トラバースし、中央リッジ手前の深いルンゼのへりまで行く。確保支点はなく、スタンディングアックスビレー。40m。

　下降7P目。ルンゼをトラバースして、中央リッジ側壁でビレー。40m。鉛筆程の潅木数本で、不安定なビレー。

　下降8P目。雪壁を20mトラバースすると、東壁中央リッジの取り付きに到着。東壁左リッジはすぐ近くである。

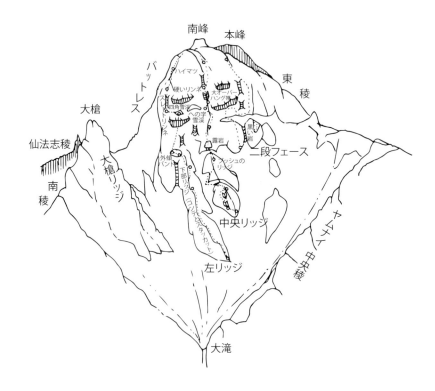

東壁左リッジ

積雪期　岩

取り付き点はヤムナイ沢中央稜から一番近く、下部は一番下まで伸びたリッジのテラスから始まる。潅木リッジ、雪壁、雪庇を交互に約200mほど登り、潅木の垂直リッジへと続く。ここからが核心部で、リッジ左の草付きルンゼを回り込み、40m2ピッチで広いテラス状バンドに出る。引き続き難しいオーバーハングを越すのだが、きわめて悪いので、確実なプロテクションを取りたい。慎重に登り切ると角型雪渓テラスに出る。頭上の東壁第2のオーバーハングに頭を押さえられ、左へ5～6mトラバースするとバットレスとのコンタクトラインに出る。ここはテラスになっており一息つける。さらに左に3mトラバースの後、垂直に近いボロボロのリンネを25m直上すると良いアンカーが有る。ボロボロの壁から開放され20mさらに登るとハイ松帯に入り、後はバットレスを80m登って南峰基部に着く。ルートも長くフリーで登れる魅力があるが、冬期には困難さが倍加する。何よりもアプローチに事前の調査が必要である。

Time　ヤムナイ沢B.C（4h）
　　　取付（10h）
　　　南峰基部（春期）

道北・利尻山

利尻山東壁

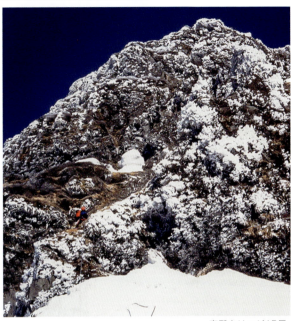

東壁左リッジ1P目

左リッジ3P目

東壁中央リッジ　　積雪期　岩

　東壁の中央から延びている岩稜で、末端は大きな岩を積み重ねた階段状になっている。60mほど登ると凹角に突き当たり、かぶり気味の困難な登攀になる。ここが下部の核心で、7mほどの垂直の草付き壁を人工を交えて登る。下部はホールドのない一枚岩、上部は泥に岩を詰めたようないやらしさである。ボルト、ハーケンの人工で抜けると大オーバーハング帯に突き当たる。直登を避け、壁の左上にトラバースし、ブッシュ帯へ回りこむ。ここを通過すると傾斜の緩い最後の岩場に到達する。最後に30mほどザイルを伸ばすとルンゼに入り、間もなく南峰の基部に達して終了となる。冬期は中間部より左リッジへ入り抜けなくてはならない場合もあるだろう。いずれにしても西壁左リッジ、西壁中央リッジよりは短くても困難さは勝る。

Time **ヤムナイ沢B.C（4h）**
　　　取付（7h）
　　　南峰基部（春期）

東壁より雲海を見る

南稜大槍ヤムナイ沢リッジ　　積雪期　岩

　鬼脇からヤムナイ沢を詰め、大滝右のS字ルンゼを落石を避けるために早朝に通過するか、あるいは東稜を登り、ヤムナイ沢中央稜を下降、大滝上部の雪渓をトラバースして大槍基部に向かう。基部から大槍頂上へは雪壁登りか、ブッシュ登りかシーズンによって相当変わる。当然のことながらブッシュ登りの方が困難さは増す。大槍頂上から南稜ルート上には2回の懸垂で降り立つ。この地点よりP2、P1、バットレスへとつないでいくと充実感はさらに増すが、天候悪化や時間切れの場合は南稜からの下山が可能だ。なお、冬期はアプローチにおける雪崩れの危険性が大きい。近年登攀の報は聞いていない。

正面左が大槍リッジ

Time **林道入口（9～11h）大槍頂上（春期）**

神居岩
かむいいわ

神居岩のミックスルート

　南面・東面は古くからアルパインルートとして登られてきた岩場だが、1980年代からフリークライミングのエリアとしてルートが一新され、注目を集めるようになった。そして近年、北東面がドライツールのエリアとして多くのルートが開拓され、冬季の休日等は必ず誰かが取付いているほどの賑わいだ。北海道を代表するルートが数多くあり、ぜひ一度はトライしてみたい岩である。

キナコロカムイ M10 25mを登る

カムイ岩北面ミックスエリア　ルート図
（直登ライン）

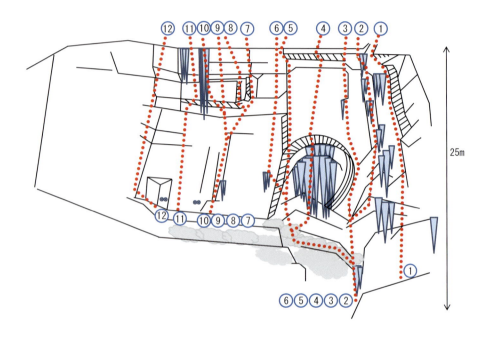

①	マンタラメ（源流）	M8	20m	B7		案外難しい
②	ラメトク（勇気）	M8-	25m	B8	★★	氷が多めで気持ちが良い
③	キナコロ・カムイ（龍神）	M10	25m	B9	★★	細かくて怖い
④	ニッネ・カムイ（魔人）	M10+	25m	B8・S2		細かすぎて非常に怖い
⑤	カンナ・カムイ（雷神）	M9-	25m	B7・S2	★★★★	カムイMIXといえばこれ
⑥	カンナ・カムイの左	M10	25m	B12		スッキリとしたライン
⑦	ワッカ（水）	M9	20m	B10	★★★	先ず目標にしたいライン
⑧	レラ（風）	M10	20m	B10		ホールドを探せるかが重要
⑨	イッメラ（雷光）	M10	20m	B9		ハングの真ん中を突破
⑩	コンル（氷）	M9-	25m	B7・S2		でかいツララにそっと乗る
⑪	コタン（村）	M9-	20m	B7	★	ツララロケットをかいくぐる
⑫	ユク（エゾシカ）	M10	20m	B7	★★★	中級者の目標ライン

M＊：ミックスグレード　　B：ボルト数　　S：スクリュー数

カムイ岩北面ミックスエリア　ルート図
（バリエーションライン）

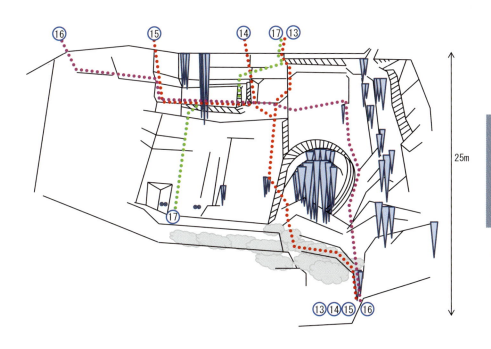

⑬	アペ（火）	M9	25m	B12		氷の有無で雰囲気が違う
⑭	ヌイ（炎）	M9+	27m	B12		多種のフッキングで登る
⑮	Right on time	M10+	33m	B14		トレーニングにちょうど良い長さ
⑯	斬鉄剣	M11+	45m	B18	★★★★	国内最難ルート
⑰	NAMARA	M10+	25m	B10		逆走ライン！衝突注意！

M＊：ミックスグレード　　B:ボルト数　　S:スクリュー数

③　キナコロカムイ（龍神）

M10 25m B9 ★★

　小さなポケットから可能性の高いものを選び、ジリジリと登っていく。後半はホールドが見えず、探りながらのクライミングとなる。持久力を試されるルート。

⑤　カンナ・カムイ（雷神）

M9− 25m B7・S ★★★★

　氷から最初の張り出しを越えるところが最初の核心。ガバが多いルートだが、微妙に遠くてパワーが必要。最後のハングを越える力を残せるかが重要。マントルを返して終わらせたい。

⑥　カンナカムイの左

M10 25m B12

　氷から左のフェイスに移り、そこから終了点まで直登する。右のカンナカムイに逃げてはいけない。細かなホールドを探す力が必要となる。

⑫　ユク（エゾシカ）

M10 20m B7 ★★★

　遠いホールドをつなぎ、甘いホールドのハングへ入る。足をきめるのが難しいが、気にせずパワーで突破したい。

道北・神居岩　神居岩のミックスルート

⑯ 斬鉄剣

M11+ 45m B18 ★★★★

　国内最難ルート（平成30年現在）カムイMIXをほぼ横断する全長50Mの課題

　中級者の目標、上級者のトレーニングに有効。60mロープでは地上まで降りられず、下部バンドから歩いて降りることになる。

斬鉄剣前半

斬鉄剣後半

利用できる山小屋一覧 (2019年)

名称	位置	内容 (宿泊利用の場合)	収容人員	料金 (冬季)	予約等連絡先	電話番号
大雪山						
黒岳石室	黒岳頂上より800m下	夏季 管理人常駐 予約不可 冬季 避難用	160	2000 (無料)	りんゆう観光	01658-5-3031
愛山渓ヒュッテ	愛山渓温泉	夏季 要予約 4月下旬～10月 冬季 避難用	40	2400 (無料)	りんゆう観光	01658-9-4525
姿見の池避難小屋	旭岳姿見の池	無人 避難用 通常の宿泊不可	30	無料	上川振興局自然環境係	0166-46-5900
白雲岳避難小屋	白雲岳付近	夏季：管理人常駐 予約不可 冬季：避難用	60	1000 (無料)	上川町商工観光課	01658-2-4058
忠別岳避難小屋	忠別岳の南側	無人 避難用 通年利用可	40	無料	上川振興局自然環境係	0166-46-5900
ヒサゴ沼避難小屋	ヒサゴ沼	無人 避難用 通年利用可（2020年から利用可）	40	無料	十勝振興局環境生活課	0155-26-9005
ヌプン小屋	ヌプントムラウシ温泉	災害のため使用不可 復旧予定無し（2019年）			新得町商工観光課	01566-4-0525
十勝連峰						
十勝岳避難小屋	望岳台からグラウンドコース途中	無人 避難用 通年利用可	30	無料	美瑛町観光振興係	0166-92-1111
美瑛富士避難小屋	美瑛富士と石垣山のコル	無人 避難用 通年利用可	20	無料	美瑛町観光振興係	0166-92-1111
上ホロカメットク山避難小屋	北東に尾根を降りた所	無人 避難用 通年利用可	30	無料	上富良野町商工観光課	0167-45-6400
ニングルの森管理棟	原始ヶ原コース登山口	無人 通年施錠 鍵借用の上利用	40	無料	富良野市商工観光課	0167-39-2312
夕張山地						
夕張岳ヒュッテ	夕張コース登山口	夏季管理人常駐(不定期) 冬季 避難用	40	1500 (無料)	ユウバリコザクラの会	0123-52-3306
ユーフレ小屋	旧道ユーフレ川畔	無人 避難用 通年利用可	25	無料	富良野市商工観光課	0167-39-2312

増毛山地							
暑寒荘	暑寒コース登山口	夏季日中のみ管理人 冬季は避難用のみ	40	無料	増毛町商工観光課	0164-53-1111
箸別小屋	箸別コース登山口	無人　避難用 通年利用可	15	無料	増毛町商工観光課	0164-53-1111
南暑寒荘	南暑寒岳登山口	夏季日中のみ管理人 冬季利用不可	70	利用協力金500	雨竜町産業建設課	0125-77-2214
神居尻避難小屋	神居尻山頂上稜線上	無人　避難用 通年利用可	10	無料	石狩振興局道民の森課	0133-22-2151
道北						
天塩岳ヒュッテ	天塩岳登山口	無人　避難用 通年利用可	50	無料	士別市朝日支所経済建設課	0165-28-2121
天塩岳避難小屋	新道コース途中	無人　避難用 通年利用可	18	無料	士別市朝日支所経済建設課	0165-28-2121
利尻山山小屋	鴛泊コース長官山	無人　避難用 通年利用可	20	無料	利尻富士町商工観光課	0163-82-1111
沓形コース避難小屋	沓形コース途中	無人　避難用 通年利用可	10	無料	利尻町産業推進課	0163-84-2345

沢グレード別検索

！の沢

表大雪	黒岳・桂月岳	白水川	24
	凌雲岳・上川岳	白水川上川岳北東面直登沢	30
	トムラウシ山・化雲岳	トムラウシ川上流地獄谷	49
		トムラウシ川ワセダ沢	50
東大雪	三国山	音更川中ノ六の沢	86
北大雪	支湧別岳	パンケ支湧別川	115
	ニセイチャロマップ岳	石ノ沢ニセイチャロマップ岳北西面直登沢	116
	ニセイカウシュッペ山	茅刈別第三支川	127
		茅刈別第四支川一ノ沢	128
	有明山・天狗岳	湧別川	136
十勝連峰	美瑛岳	アバレ川	192
夕張山地	夕張岳	ペンケモユーパロ川右股	210
		エバナオマントシュベツ川	212
	吉凶岳	エバナオマントシュベツ川右股	215
	鉢盛山	滝の沢	219
	中天狗	尻岸馬内川 中天狗北東面沢	263
暑寒別山塊	浜益岳	幌川左股沢	289
		暑寒別川浜益岳北東面沢	290
	雄冬山	マルヒラ川	295
樺戸山塊	樺戸山	札的沢一の沢	309
		札的沢六の沢	311
北見山地	チトカニウシ山	湧別川チトカニウシ山南面直登沢（熊ノ沢）	326
	雄柏山	オシラネップ川	330
	天塩富士	クッタラ川	338
天塩山地	三頭山	雨煙別川三頭山西面直登沢	356
	釜尻山	五線川	358
	鬼刺山	知良志内川	366

！*の沢

表大雪	小化雲岳	カウン沢	42
	トムラウシ山・化雲岳	クワウンナイ川	46
		トムラウシ川ヒサゴ沢	50
		トムラウシ川五色沢	51
		トムラウシ川スゲ沼沢	51
		パンケトムラウシ川（西沢）	52
	三川台〜トムラウシ山	ユウトムラウシ川	58
		辺別川	59
東大雪	石狩連峰	石狩沢	82
	ウペペサンケ山	幌加川北面直登沢	101
北大雪	武利岳	武利川中ノ沢	110
		武利川下ノ沢	111
	屏風岳	ニセイチャロマップ川第一川（九滝の沢）南面直登沢	118
	ニセイカウシュッペ山	荒井川1198m右沢	125
		茅刈別第四支川二の沢	129
		茅刈別第四支川三の沢	130
十勝連峰	富良野岳	三峰山沢	182
	美瑛岳	涸沢	193
夕張山地	夕張岳	トナシベツ川石詰り沢	211
	1415m峰（夕張マッターホルン）	シュウパロ川右股北面沢	222

403

暑寒別山塊	芦別岳	ユーフレ川本谷	228
	槙柏山	ユーフレ川支流東面沢	261
	暑寒別岳	暑寒別川本流	272
		新信砂川	274
	群別岳	群別川	279
		徳富川	281
		暑寒別川右股沢	282
	奥徳富岳	黄金沢	285
	浜益岳	幌小川	288
	浜益御殿	千代志別川	293
	雄冬山	留知暑寒沢小函の沢	294
	知来岳	滝ノ沢右股沢	299
	南暑寒岳	尾白利加川	303
樺戸山塊	樺戸山	札的沢本流	310
	樺戸山	札的沢三の沢	311
北見山地	チトカニウシ山	留辺志部川チトカニウシ山北西面直登沢	325
		オシラネップ川右股	327
	北見富士	丸瀬布川十三の滝沢	331
天塩山地	ピッシリ山	滝ノ沢	362
	鬼刺山	鬼刺辺川左股沢	367

!!の沢

表大雪	黒岳・桂月岳	黒岳沢本流	25
		赤石川	27
	白雲岳	赤岳沢（雄滝の沢）	35
	小化雲岳	ポンクワウンナイ川	41
	トムラウシ山・化雲岳	カムイサンケナイ川	48
北大雪	ニセイカウシュッペ山	ニセイノシキオマップ川	123
		荒井川（電気の沢）	124
		荒井川1198m左沢	125
		茅刈別川本流	126
夕張山地	鉢盛山	肌寒沢	218
	芦別岳	熊の沼沢	230
暑寒別山塊	暑寒別岳	ポンショカンベツ川	273
		恵岱別川	275
	群別岳	幌川本流	280

!!*の沢

表大雪	北鎮岳・比布岳・安足間岳・愛別岳	白川	19
		天幕沢	20
		リクマンベツ川	21
	白雲岳	忠別川ユウセツ沢	36
	トムラウシ山・化雲岳	忠別川化雲沢	40
東大雪	石狩連峰	音更川二十一の沢左股本谷	83
夕張山地	鉢盛山	鉢盛沢	217
	夫婦岩	αルンゼ	241
北見山地	ウエンシリ岳	エダマサクルー川ウエンシリ岳南面直登沢	344

!!!の沢

表大雪	黒岳・桂月岳	黒岳沢左股	26
東大雪	石狩連峰	音更川二十一の沢左股石狩岳最高点直登谷	84
夕張山地	芦別岳	ポントナシベツ川本流	231
		ポントナシベツ川ポントナシベツ岳直登沢	233
夕張山地	夫婦岩	γルンゼ	242

| 北見山地 | ウエンシリ岳 | 藻興部川ウエンシリ岳東面直登沢（氷のトンネル沢）············ 342 |
| | | 藻興部川ウエンシリ岳北面直登沢························ 343 |

未遡行の沢

| 北見山地 | チトカニウシ山 | 湧別川チトカニウシ山東面直登沢（三角点沢左股）········· 327 |
| 表大雪 | 黒岳・桂月岳 | 黒岳沢黒岳北面直登ルンゼ　記録なし················ 26 |

積雪期グレード別検索

! のルート

表大雪	旭岳	旭岳温泉ルート	16
東大雪	三国山	三国峠ルート	87
北大雪	武華山	イトムカ川ルート	108
	有明山・天狗岳	有明山北尾根	137
		天狗岳北尾根	139
十勝連峰	十勝岳	望岳台グラウンドルート	157
	三段山	三段山スロープ	159
		崖尾根（十勝岳温泉ルート）	160
	オプタテシケ山	トノカリ林道ルート	201
暑寒別山塊	群別岳	群別川左股ルート	284
	浜益御殿	幌ルート	292
北見山地	チトカニウシ山	北見峠ルート	328
		上越南西尾根ルート	329
天塩山地	鬼刺山	北東尾根	368

!* のルート

表大雪	北鎮岳・比布岳・安足間岳・愛別岳	白川尾根	22
	トムラウシ山・化雲岳	カムイサンケナイ川ルート	53
東大雪	ニペソツ山	幌加温泉ルート	93
		杉沢ルート	94
	ウペペサンケ山	メトセップルート	102
北大雪	武利岳	武華山〜武利岳	113
	屏風岳	屏風岳南西尾根	119
	ニセイカウシュッペ山	ニセイカウシュッペ山西尾根	131
		ニセイカウシュッペ〜アンギラス〜平山	133
十勝連峰	上ホロカメットク山	D尾根	162
	富良野岳	三峰山沢中間尾根	183
		原始ヶ原ルート	186
	下ホロカメットク山	原始ヶ原ルート	188
	境山	原始ヶ原ルート	189
	美瑛岳	涸沢左岸尾根	194
	美瑛富士	涸沢右岸尾根	197
	オプタテシケ山	西尾根	199
		東尾根（孤客沢右岸ルート）	200
夕張山地	夕張岳	夕張ルート	213
		金山ルート	214
	鉢盛山	鉢盛山東尾根（峯泊林道乗越ルート）	221
	芦別岳	ユーフレ川本谷	229
		冬尾根	234
	夕張中岳	東ルート	260
	幾春別岳	左股沢ルート	264
	夕張山地の縦走	芦別岳〜夕張岳	265
暑寒別山塊	暑寒別岳	暑寒ルート	276
	奥徳富岳	奥徳富岳南西尾根	286
	浜益岳	浜益岳南西尾根	291
	雄冬山	ケマフレルート	296
		マルヒラ川左岸尾根	297
	知来岳	南東尾根	300
	恵岱岳	北東ルート	304

樺戸山塊	樺戸山	神居尻岳〜ピンネシリ　縦走	312
北見山地	天塩岳	渚滑川一ノ沢右岸尾根	337
	渚滑岳	オサツナイ川ルート	339
	函岳	パンケサックル川ルート	346
	ポロヌプリ山	間の川ルート	348
	珠文岳	北西尾根	350
天塩山地	三頭山	一線川ルート	357
	釜尻山	浅瀬川ルート	359
	ピッシリ山	石油沢ルート	363
		羽幌ルート	364
利尻山	利尻山北峰	北稜	373

!!のルート

東大雪	石狩連峰	シュナイダー尾根	85
		音更川二十一の沢右股・第3尾根	85
	ニペソツ山	デルタルンゼ	97
	東大雪の稜線	ニペソツ山〜ウペペサンケ山	103
十勝連峰	上ホロカメットク山	OP尾根	163
	富良野岳	富良野岳北尾根	184
		ジャイアント尾根	185
夕張山地	鉢盛山	鉢盛山南東尾根	220
	1415m峰(夕張マッターホルン)	結梗川左岸ルート	223
	芦別岳	芦別岳北尾根・十八線沢ルート	235
暑寒別山塊	暑寒別岳	暑寒別岳北西尾根	277
	群別岳	群別岳南西尾根	283

!!*のルート

表大雪	凌雲岳・上川岳	凌雲岳北稜	31
東大雪	ニペソツ山	ニペソツ山南稜	95
北大雪	ニセイカウシュッペ山	ニセイカウシュッペ山南稜	132
大雪山系の縦走路	旭岳〜トムラウシ山	旭岳〜トムラウシ山	151

3巻の編集を終えて

北見労山　井上　孝志

　2014年12月に「北海道の山と谷」作成委員会にお誘いいただき、これまで微力ながらお手伝いさせていただきました。私以外の委員会メンバーの皆さんはキャリア、技術、知識どれをとっても素晴らしい実力者ばかりで、大変勉強になりました。自分が担当したのは道東や北大雪等の狭いエリアのごく一部のルートでしたが、山谷の記事を書くために仲間と共に現地調査をしたこの4年余りの経験は私にとってかけがえのない思い出になりました。

　ありがとうございました。

札幌中央勤労者山岳会　小山田隆博

　今から20年ほど前の大学生の頃、本格的に沢登りをやりたくて入った地元の山岳会で、まずはこれを買えと勧められたのが「山谷」だった。北海道の沢のルート集やガイド本は当時もほとんどなく、手にした時からそれはどんな高い教科書よりも僕にとっては価値のある本となった。特に日高の沢や利尻のバリエーションルートが収められた下巻は背表紙が擦り切れボロボロになるほど読み込んだ。山行計画を練る時はいつも片手にボロボロの『山谷』があった・・・・。そんな『山谷』の"新版"に携わることができた事に感謝を申し上げたい。この新しい「山谷」が一人でも多くの方にとって、山に向かうきっかけになればと思います。

道北ヤブ山会　荻野　真博

　第1回編集会議から丸4年が経ち、予定より1年遅れで全3巻が出揃うことになりました。途中、出版社の倒産という大きな出来事がありましたが、無事第3巻の出版にこぎつけられました。ネット全盛の現代において、恐らく最後になるであろうこの手の出版本に携われたことに本当に感謝いたします。私は主に第三巻を多く担当させていただきました。紙面の関係で掲載できたルートはほんの一握りしかありません。これらの山域においては、紹介できなかった魅力的なピークやルートが、他にも数多くあることを付け加えておきます。

札幌ピオレ山の会　櫻庭　尚身

　主に第1巻に掲載されている道南編で地元山岳会や山仲間との連絡調整、写真提供等でお手伝いさせていただきました。提供写真が採用されるのはうれしいもので、発行される

やいなや「ウォーリを探せ」ばりに提供写真の探索に精を出す自分がいました。

　本書は、そのコンセプトにあるように跡を辿るだけのガイドブックではなく、登山者に新たな発見をうながす本だと思っています。山と谷は自己実現の場、本書で紹介された未踏の山域を歩き、紹介記事以上の何かを探索してみたいと思っています。

山谷編集に参加して　　　　　　　　　　　　　　　　　美唄登攀道場　奈良　誠之

　依頼が来た時に、私の活動が山谷の役に立つのかを考えた。これまで山谷を見ながら活動した記憶はあまり無く、その他のガイドブックもそれほど見てはいない。改めて親父の残した古い山谷を見直してみると、非常に良くまとまり、登山者にとって大切な本であることが解った。いくつかのクライミングトポへの情報協力は行ってきたが、山谷のような分野の広いガイドブックの情報をどのように収集し、どのように集約しているのか？とても興味を感じ参加させていただくことにした。編集会議では各方面、各分野の本当に深い人たちが集まり、なぜそんな事まで知っているのかと思うほどの知識を落とし込んでいく。私の分野はアイスクライミング、ミックスクライミングであり非常に小さな範囲でしかないが、可能な限り手伝いたいと思った。思っただけではなく、せっかく本を更新するなら、古い本には載っていない新しい情報を提供したいと思い、これまで開拓されていない天人峡エリアでの開拓活動記録を提出させていただいた。ガイドブックは登山者の道しるべである一方、記録の集約でもあると思っている。またいつか新しい山谷が作られるとき、北海道の山と谷で素晴らしい活動が行われ、より深いガイドブックになるような、そういう登山が今後あれば良いと願っている。

自分にとっての山谷　　　　　　　　　　　　　　　　　帯広労山　西田　晋輔

　行く手を塞ぐ迷宮のハイマツをやり過ごし、圏谷のヒグマに囲まれ、或いは凍てつくシュカブラや、側壁からくる轟音の雪崩等々を乗り越えて、北海道の雄大な山々に奥深く分け入っていくと、そこには瞠目の景色が待っている。目の前に広がるのは人智を越えた畏怖の風景。行者のように、そんな危うい場所へと自分たちなりの存在意義の確認と、命がけの祈りを捧げるために入っていく。だから「山谷」は、やっぱりホントに北海道の山ヤのバイブルなのである。写真や文章を幾度となく見返したことか。憧ればかりが先行し、現場ではあえなくはじき返されることもしばしば。行間からは風や滝の音、山ヤの息遣いが聞こえてくる。今度はあの沢、あのルートへ。山谷をトレースし、更に山谷の先へ…。まさに自分たちの世界観を広げてくれた山谷と、そんな山行に付き合ってくれる仲間の存在が至宝であった。そんな「山谷」の新版の編集委員会に加えていただき、些少ながらもお手伝いさせていただいたことを、この上なく光栄に思います。写真提供や編集に関わっていただいたすべての方たちに厚く御礼申し上げます。

札幌登攀倶楽部　幕田　茂樹

　近年、さまざまな情報はネットにて収集することが常識になっている。その情報量は海のようにあふれ、本当に知りたいものを見つけるのは難しい。登山においても例外ではなく、自分に必要と思われるルートの情報は比較的容易に入手できる。問題なのは、初めて行くルートにおいてそれが信用できるかどうか判断出来ない事にある。むろん、事前に全てを知り尽くしては面白みに欠けるのは確かである。しかし、手探りの状態で登ることで窮地に立たされる危険もありうる。特に山岳会、学校山岳部などの組織に属さない人達は沢、岩、冬山において確かな情報を得る手段が限られていることが多いといえる。それらの人と、また組織に属している人にあっても系統立ち、読みやすく、カラー写真も豊富な「北海道の山と谷」シリーズは、時間をかけ実際に登り検証しているので一歩踏み出す場合、きっと役に立つことだろう。ヒマな時、ページをめくるだけでも時間があっという間に過ぎていくことは間違いない。

同人赤鬼沢　六角　俊幸

　山谷の編集を始めて4年が過ぎ、私も歳をとりました。日高の！！！の沢を全て行く目標も達成することは無く終わり。現在の目標は地図に載っている日高の山を全て登ることです。地元の神原さんが書いた「日高巡路」を読んだ頃は山の名前を見てもさっぱり解らなかったのが今では低山を残して今年と来年で終わりそうです。日高が終わったら次に何をするかはまだ考えていませんがピークだけではなくチャンスが有ればまた日高の沢を登りたいと思います。最後に山と谷作成会議の皆さんの尽力、山に同行して頂いた仲間や支えて貰った家族に感謝を述べ山谷を無事発刊できた事を喜びたいと思います。

「北海道の山と谷」作成会議

代表 **殿平　厚彦** 札幌中央山

A　　　氏	室蘭工大WV部OB		高橋　優太	網走山岳会
石井　昭彦	旭川山岳会		辻野　健治	札幌北稜クラブ・室蘭岳友会
伊藤　正博	網走山岳会		長水　　洋	札幌登攀倶楽部
井上　孝志	北見労山		奈良　誠之	美唄登攀道場
荻野　真博	道北ヤブ山会		西田　晋輔	帯広労山
小山田隆博	札幌中央労山		橋村　昭男	グループ・ド・ロシェ
金澤　弘明	札幌北稜クラブ		幕田　茂樹	札幌登攀倶楽部
菅野　依和	室蘭工大WV部OB		六角　俊幸	同人赤鬼沢
櫻庭　尚身	札幌ピオレ山の会		山形　　章	釧路労山
佐藤あゆみ	旭川山岳会			

■ 記事・写真等を提供協力していただいた方（敬称略）■

青木　実代	札幌中央労山	南　　真紀	札幌中央労山	藤井　裕里	北大フラテ山の会
伊藤　理恵	札幌中央労山	三宅　朋子	札幌中央労山	羽月	北大山岳部OB
井谷　良太	札幌中央労山	米澤　直樹	札幌中央労山	平井　啓介	北大山岳部OB
上田　康博	札幌中央労山	中川　博之	札幌登攀倶楽部	成田　　啓	北大山岳部
内海　弘昭	札幌中央労山	板橋　輝海	札幌北稜クラブ	神　　久子	札幌やまびこ山友会
大塚　美咲	札幌中央労山	栗山　靖人	札幌北稜クラブ	今井　智也	無所属
鴨沢　　修	札幌中央労山	山本　裕之	札幌北稜クラブ	近藤　　武	無所属
北波　智史	札幌中央労山	渡邉　大三	札幌北稜クラブ	千家　丈人	無所属
小林　和幸	札幌中央労山	渡部　祐輔	札幌北稜クラブ	遠山　重樹	無所属
佐藤　英樹	札幌中央労山	横尾　　恵	道北ヤブ山会	徳田　耕貴	無所属
沢田　君雄	札幌中央労山	遠山　朋子	北見労山	野口　道雄	無所属
鈴木　幸子	札幌中央労山	吉田　　貢	美唄登攀道場	野々村泰介	無所属
炭崎　　萌	札幌中央労山	相川　　創	㈱Finetrack	森田庄太郎	無所属
高橋　昂成	札幌中央労山	高田　和彦	BMC	吉川　雅幸	無所属
真柄　喜好	札幌中央労山	小林　　真	北大WV　OB		
三樹　　昇	札幌中央労山	亀野　力哉	北大フラテ山の会		

■ 参　考　文　献 ■

北海道夏山ガイド　　　　カムイミンタラ（寺口一孝）
利尻山登攀史（札幌登攀倶楽部）

新版　北海道の山と谷　3

2019年9月5日初版発行

　　著　者　　山と谷作成会議
　　　　　　　代表　殿平厚彦

　　発　売　　北海道出版企画センター
　　　　　　　〒001-0018　札幌市北区北18条西6丁目2-47
　　　　　　　Tel.011-737-1755　Fax.011-737-4007

　　印　刷　　株式会社北海道機関紙印刷所
　　　　　　　〒006-0832　札幌市手稲区曙2条3丁目2-34

● 本書の印刷・製本は十分注意して行っておりますが、万一不良品がありました場合、または落丁・乱丁のものはお取り替えいたします。
● 本書の写真・図版・本文などを無断で転載・複製することはできません。

　この地図の作成に当たっては、国土地理院長の承認を得て、同院発行の数値地図（国土基本情報）電子国土基本図（地図情報）、数値地図（国土基本情報）電子国土基本図（地名情報）及び数値地図（国土基本情報20万）を使用した。
（承認番号　令元情使、第477号）

ISBN978-4-8328-1908-5